Der Klassen-Coach

Hanna Hardeland ist Lehrerin und Lerncoach. Im deutschsprachigen Raum gilt sie als anerkannte Lerncoaching-/Lernberatungs-Expertin. Ihr Buch »Lerncoaching und Lernberatung.
Lernende individuell in ihrem Lernprozess wirksam begleiten und unterstützen. Ein Buch zur (Weiter-)Entwicklung der theoretischen und praktischen (Lern-) Coachingkompetenz« (2013) ist mittlerweile in der sechsten Auflage erhältlich. An ihrem Fortbildungsinstitut leitet Hanna Hardeland mit großem Erfolg die Ausbildung zum Lerncoach. Dieser Kurs wendet sich an Lehrer, Pädagogen, Ausbildungsleiter, Lerntherapeuten und Psychologen, die Lernende – an Institutionen oder als selbstständiger Lerncoach – coachen oder ihre Lerncoachkompetenzen ausbauen wollen. Hardeland gibt ihre Lerncoaching-Erfahrungen und bewährte Praxistipps weiter.

Schreiben Sie Hanna Hardeland, welche Erfahrungen Sie mit Klassen-Coaching gemacht haben. Möchten Sie mehr über Lerncoaching erfahren oder über dessen praktische Umsetzung diskutieren? Frau Hardeland kommt gern als Diskussionsteilnehmerin, Rednerin oder Fortbildnerin zu Ihrer Veranstaltung.
Alle weiteren Informationen finden Sie auf ihrer Website
www.hannahardeland.de.

Der Klassen-Coach

»Lehrst du noch
oder coachst du schon?«

3. unveränderte Auflage

Hanna Hardeland

Schneider Verlag Hohengehren

Umschlaggestaltung: palisander Design, Hamburg

Illustrationen:
Birgit Merkt, Flensburg: Abb. 3, 8–10, 13, 16, 18, 20–22, 26–27, 29, 31, 35, 37–38, 40–43, 46–48, 50–51, 53, 55–57, 59–62
palisander Design, Hamburg: Abb. 1, 2, 4–6, 12, 15, 19, 23, 25, 28, 30, 32, 34, 44–45, 49, 54, 58,63
Vanessa Ries, Hamburg: Abb. 14, 17, 52

Satz und Layout: BUCH & DESIGN Vanessa Weuffel, Köln

Lektorat: Annette Winkel, Hamburg

Gedruckt auf umweltfreundlichem Papier (chlor- und säurefrei hergestellt).

Bibliografische Information der Deutschen Nationalbibliothek
Die Deutsche Nationalbibliothek verzeichnet diese Publikation in der Deutschen Nationalbibliografie, detaillierte bibliografische Daten sind im Internet über ›http://dnb.d-nb.de‹ abrufbar.

ISBN: 978-3-8340-1842-7
Schneider Verlag Hohengehren, 73666 Baltmannsweiler
Homepage:www.paedagogik.de

Printed in Germany.
Druck: Appel & Klinger, Schneckenlohe

»Klassen-Coaching ist ein Ansatz, der die Lernenden als Hauptakteure ihres Lernprozesses anerkennt. Endlich wird in der Schule über das Lernen geredet!«

(Hanna Hardeland)

Dieses Buch widme ich den Lesern meines Buches »Lerncoaching und Lernberatung. Lernende in ihrem Lernprozess wirksam begleiten und unterstützen. Ein Buch zur (Weiter-)Entwicklung der theoretischen und praktischen (Lern-)Coachingkompetenz« (*Schneider Verlag 2016, 5. Auflage*) – die positiven Rückmeldungen dazu haben mich angespornt, dieses neue Buch zu schreiben. Es geht über die Idee des Einzel-Lerncoachings hinaus und enthält zahlreiche Methoden für das Klassen-Coaching mit Gruppen.

Außerdem danke ich den Teilnehmern meiner Lerncoach-Ausbildungen: Eure Begeisterung für das Lerncoaching und euer Wunsch, Lerncoaching mehr in die Klassenzimmer zu bringen, haben mich zu diesem Buch inspiriert.

Übersicht Download-Material/Kopiervorlagen (auf www.hannahardeland.de)

Kap. 2.2 – Lernbild aufstellen: Haus und Fußballfeld
Kap. 2.4 – Die Lernkarriere: Gold-Karte
Kap. 2.4 – Die Lernkarriere: Eigenschafts- und Ressourcenliste
Kap. 3.1 – Selbstvertrag: Mein Selbstvertrag
Kap. 3.3 – So sein wie ...: Eigenschafts- und Ressourcenliste
Kap. 3.3 – So sein wie ...: Leitfragen zur Charakterisierung des Vorbildes
Kap. 3.4 – Lernmotto: Lernmotto-Karte
Kap. 3.5 – Zielplakat: Ideenformular zum Ziel
Kap. 4.1 – Auf dem Prüfstein: Beobachtungsauftrag des kollegialen Live-Coachings
Kap. 4.2 – Kollegiales Live-Coaching: Beobachtungsauftrag des kollegialen Live-Coachings
Kap. 4.3 – Die tippgebende Gemeinschaft: Handlungsanweisung »tippgebende Gemeinschaft«
Kap. 4.3 – Die tippgebende Gemeinschaft: Persönliche Vorbereitung auf die »tippgebende Gemeinschaft«
Kap. 4.4 – Skalierung in Partnerarbeit/Gruppen: Handlungsanweisung für die Partnerarbeit
Kap. 4.5 – Der Mix: Vier-Felder-Matrix
Kap. 6.1 – Schatztruhe füllen: Schatz-Karte
Kap. 6.3 – Perlen sammeln: Eigenschafts- und Ressourcenliste
Kap. 6.4 – Schlüssel zum Erfolg: Erfolgskarte
Kap. 6.5 – Blanko-Lob: Eigenschafts- und Ressourcenliste
Kap. 7.1 – Flussüberquerung: Rettungsring, Floß und Luftmatratze

Vorwort

Nur drei Jahre nach Erscheinen des Buches »Lerncoaching und Lernberatung. Lernende in ihrem Lernprozess wirksam begleiten und unterstützen. Ein Buch zur (Weiter-)Entwicklung der theoretischen und praktischen (Lern-)Coachingkompetenz« ist die fünfte Auflage im Handel. Das freut mich sehr. Denn diese Nachfrage zeigt mir, dass die Idee, Lernende durch Lerncoaching zu unterstützen, von Lehrpersonen angenommen wird.

Dieser Erfolg lässt mich jedoch nicht darüber hinwegsehen, dass insbesondere Lehrer mit fehlenden Ressourcen zur praktischen Umsetzung von Lerncoaching zu kämpfen haben. Als Lehrerin weiß ich, dass im schulischen Alltag neben dem klassischen Unterricht und den organisatorischen Aufgaben kaum Freiraum für individuelle Beratung und Begleitung gegeben ist. Diese Tatsache stimmt mich nachdenklich und löst bei mir ein gewisses Unbehagen aus. Denn durch Lerncoaching werden Lernende ganzheitlich in ihrem Lernen gefördert und unterstützt. Hierbei wird darüber gesprochen, was in der Schule wichtig ist: das Lernen. Was bedeutet Lernen für die Schüler? Wie wird in einer Schulklasse gelernt? Was tun die Lernenden, um besser voranzukommen? Die vielen Rückmeldungen meiner Leser und das Feedback meiner Fortbildungsteilnehmer haben mich in der Auffassung bestärkt, dass Lerncoaching Lehrende und Lernende gleichermaßen bereichert.

Die Notwendigkeit einer praktischen Umsetzung von Lerncoaching besteht nicht zuletzt, da wir in einer Zeit leben, in der das Vorratswissen ausgedient hat. Schulen und Universitäten sollten sich nicht mehr als Instanzen der reinen Wissensvermittlung verstehen. Es sind vielmehr Orte, an denen Lernende geistig und sozial wachsen – entsprechend sollten sie ganzheitlich wahrgenommen werden.

Dieses Buch über Klassen-Coaching schließt die Lücke zwischen den institutionellen Rahmenbedingungen und dem Lerncoaching. Es ersetzt den Beratungsraum durch das Klassenzimmer. Sie erhalten zahlreiche praktische Anregungen und Methoden, um Lerncoaching – vollkommen systemunabhängig und in Ihrem eigenen Unterricht – im Klassenzimmer umzusetzen. Die verschiedenen Kapitel zeigen Ihnen Coaching-Methoden dahingehend, wie Sie mit Schülern im Plenum, in Gruppen- oder Einzelarbeit arbeiten. Im Mittelpunkt steht eine schüleraktive, stärken- und ressourcenorientierte Arbeit. Dabei wird eine wichtige Ressource genutzt: Die Lernenden unterstützen und beraten sich gegenseitig, sozusagen als Peer-Berater. Klassen-Coaching baut eine Brücke zwischen der Schule und dem Lern-/Lebensalltag der Schüler. Es gibt Gelegenheit, um über das Lernen miteinander ins Gespräch zu kommen,

gemeinsam nach Lösungen für Lernschwierigkeiten zu suchen und dabei die Verantwortung für das Lernen in die eigene Hand zu nehmen.
Dabei ist die Haltung der Lehrperson, des Klassen-Coaches, wichtig. Sie streifen die Rolle des Wissensvermittlers ab und schlüpfen in die des Coaches. Das Abstreifen allein genügt jedoch nicht: Der Klassen-Coach muss seine Rolle auch professionell und authentisch ausfüllen, sonst fühlen sich die Schüler wie in einem Theaterstück. Klassen-Coaching ist ein Arbeitsverfahren, das eine professionelle Haltung und das handwerkliche Können eines Lerncoaches voraussetzt: Als Klassen-Coach sollten Sie die Grundgedanken des Lerncoachings verinnerlicht haben, eine professionelle Beraterhaltung einnehmen sowie die coachingspezifische Gesprächsführung beherrschen und umsetzen können. Klassen-Coaching ist ein Verfahren, ein Weg, um den Coaching-Gedanken stärker in die Schule und die Klassen zu tragen.
Im Einstiegskapitel dieses Buches erfahren Sie mehr über die Grundgedanken, den Nutzen wie auch die praktische Einbettung und Umsetzung des Klassen-Coachings. Hierfür habe ich Beispiele für Klassen-Coaching-Themen gesammelt.
Den Mittelteil des Buches bilden die Kapitel zwei bis sieben. Hier stelle ich Ihnen 25 Klassen-Coaching-Methoden vor, die sich an den idealtypischen Phasen und Kernelementen eines Coaching-Prozesses orientieren: von der Standortbestimmung bis zur Transfersicherung. Jede Methode beschreibe ich ausführlich, so können Sie sich die konkrete Umsetzung im Klassenzimmer vorstellen. Dabei wird jeweils das methodische Vorgehen dargestellt. Die Lernenden entscheiden jeweils über lernrelevante Themen, mit denen sie arbeiten möchten.
Bitte verstehen Sie meine Ausführungen als Anregungen und passen Sie die Methoden individuell an Ihre Schüler an. In diesem Buch habe ich bewusst auf Angaben verzichtet, die sich auf Klassenstufen oder das Alter der Schüler beziehen; fast alle Methoden lassen sich auf unterschiedliche Alters- und Klassenstufen zuschneiden. Die in den Kapiteln zwei bis sieben vorgestellten Methoden weisen in der Tendenz ein unterschiedliches Anspruchsniveau bezogen auf die Eigenverantwortung und Selbstständigkeit der Lernenden auf: So arbeiten die Lernenden bei einigen Methoden sehr eigenständig, bei anderen lenkt der Klassen-Coach stärker und die Lernenden werden somit eher angeleitet. Je nach Anspruchsniveau sind die Klassen-Coaching-Methoden in den einzelnen Kapiteln aufgeführt. Zu Beginn des jeweiligen Kapitels werden einfachere, weniger komplexe Methoden dargestellt. Im Verlauf der einzelnen Kapitel steigt der Komplexitätsgrad der Methoden.
Zum Ende des Werkes finden Sie Antworten auf häufig gestellte Fragen rund um das Klassen-Coaching.

In diesem Buch werden häufig die Begriffe Lernender, Schüler oder Klassen-Coach verwendet. Um den Lesefluss zu erleichtern, wird jeweils (nur) die männliche Form verwandt. Damit sind jeweils Frauen und Männer gleichermaßen gemeint und angesprochen.
Ich wünsche Ihnen, dass das Lesen dieses Buches Ihre Lust auf Klassen-Coaching weckt bzw. steigert, Ihnen die Machbarkeit der praktischen Umsetzung zeigt und die Türen der Schulzimmer für Klassen-Coaching öffnet.

Gutes Gelingen und viel Erfolg wünscht Ihnen

Ihre Hanna Hardeland

PS: Schreiben Sie mir gern, wie Ihnen die Idee des Klassen-Coachings und/oder dieses Buch gefallen. Mich interessiert ferner, wie Sie Klassen-Coaching persönlich umsetzen. Sie erreichen mich über meine Website www.hannahardeland.de.

Material zum Downloaden

Einige Materialien dieses Buches finden Sie auf *www.hannahardeland.de* als kostenlosen Download. Im Buch sind die Download-Materialien an den jeweiligen Stellen mit einem Symbol versehen.

Erklärung der Symbole

Folgende Symbole finden Sie in diesem Buch:

Beispiele für Fragen, zur Einleitung oder Auswertung

Hilfestellungen

Download-Material

Beispiele aus dem Schulalltag

1.
Klassen-Coaching – das bedeutet es

»Auf einer Skala von 1 bis 10: Wie viel wissen Sie über Klassen-Coaching?«

Philosophen wie Richard David Precht, Hirnforscher wie Gerald Hüther oder Familientherapeuten wie Jesper Juul äußern sich vielfältig über den Sinn und Unsinn unseres Bildungssystems. Stark vereinfacht lautet ihre Kernbotschaft: »Schule und Unterricht müssen sich in Deutschland verändern.« In diesem Zusammenhang fallen dann häufig Aussagen wie folgende: Es ist ein Paradigmenwechsel vom Lehrer zum Coach/Lerncoach erforderlich. Doch was genau sich hinter diesem Vorschlag verbirgt, wissen viele Menschen eher nicht.
Mit großer Wahrscheinlichkeit begegnet Ihnen dieser Begriff erstmals, da das Klassen-Coaching ein von mir entwickelter Arbeitsansatz ist. Klassen-Coaching vereint die Idee des Coachings/Lerncoachings mit den Rahmenbedingungen des unterrichtlichen Alltags: Klassen-Coaching ist ein Arbeitsansatz, eine Form des Coachings, der/die in der Schulklasse oder einer Lerngruppe umgesetzt wird.

In diesem Kapitel des Buches erfahren Sie,

- was Klassen-Coaching ist;
- was für das Klassen-Coaching spricht;
  welche Themen/Anlässe im Klassen-Coaching bearbeitet werden können;
- welche Settings/Sozialformen sich hierfür eignen;
- wie Sie es bei sich in der Klasse einführen und was Sie dafür brauchen;
- wie Sie Ihre Rolle als Klassen-Coach ausfüllen.

1.1
Was ist Klassen-Coaching?

Klassen-Coaching ist ein von mir entwickelter Arbeitsansatz, bei dem der Lehrer als Klassen-Coach mehrere Lernende gleichzeitig begleitet und zwar im Unterricht. Die Schüler setzen sich dabei jeweils mit lernrelevanten Themen und Fragen auseinander. Es ist eine abgewandelte Form des Lerncoachings und des »Mehr-Personen-Coachings« (*Hauser 2016, 36*).
Der Begriff Klassen-Coaching umschreibt die Sozialform: Es kann im Klassenverband oder in Gruppen ab drei Schülern durchgeführt werden – unabhängig davon, ob die Lernenden einer Klasse oder einer Gruppe angehören, zum Beispiel im Rahmen von Tutorien oder Förderangeboten. Hierbei unterstützen sich die Lernenden innerhalb ihrer Peer-Gruppe gegenseitig. Sie übernehmen einen Teil der Coaching-Arbeit und unterstützen ihre Mitschüler als Peer-Berater. Die Bezeichnung »Peer« steht für eine Gruppe von gleichrangigen/-altrigen Personen mit ähnlichem (sozialen) Status. Es sind die Schüler einer Klasse oder einer Gruppe, die einen ähnlichen Erfahrungshintergrund und eine annähernd gleiche Interessenslage haben (*Opp/Unger 2006*).
Im Klassen-Coaching werden verschiedenste Methoden eingesetzt (Kap. 2 bis 7).
Dabei

- beraten bzw. unterstützen sich die Schüler als Peer-Berater gegenseitig,
- werden einzelne Lernende vom Klassen-Coach und den Peer-Beratern gecoacht oder
- reflektieren die Lernenden – angeleitet durch den Klassen-Coach – selbstständig ihren Lernprozess.

Es ist eine praktikable Form der Schülerbetreuung und gegenseitigen -beratung. Dabei nimmt der Klassen-Coach nicht die klassische Rolle des Wissensvermittlers, sondern eher die des Moderators, Initiators und/oder Gestalters ein (Kap. 1.7). Klassen-Coaching findet ins Unterrichtssetting integriert statt, etwa im klassischen Fächerunterricht. Dazu können Stundendeputate aus Unterrichtsstunden wie »Lernen lernen«, »Mentoring«, »Seminarfach« oder auch die Selbstlernzeiten genutzt werden.
Während das klassische Lerncoaching im vertraulichen, personenzentrierten 1:1-Setting als Vieraugengespräch stattfindet, sind beim Klassen-Coaching mehrere Lernende zeitgleich involviert. Die Tabelle 1 stellt die wesentlichen Unterschiede von Einzel-Lerncoaching und Klassen-Coaching gegenüber.

	EINZEL-LERNCOACHING	KLASSEN-LERNCOACHING
Setting	▸ 1:1-Lerncoaching: Schüler und Lerncoach ▸ Lehrperson hat als Lerncoach die Prozessverantwortung für den Lernenden ▸ außerhalb des Unterrichts oder separat am Rande des offenen Unterrichts ▸ muss von den Lernenden aktiv aufgesucht werden	▸ mehrere Lernende sind zeitgleich ins Klassen-Coaching involviert ▸ Lehrperson hat als Klassen-Coach die Prozessverantwortung für alle Schüler und/oder Lernende agieren gegenseitig als Coach bzw. Berater ▸ im (klassischen) Unterricht ▸ Klassen-Coaching ist Teil des Unterrichts und kein separates Beratungsangebot
Fokus & Ziel	▸ lernspezifische Themen ▸ Finden einer Lösung für das eingebrachte Lernanliegen ▸ Entwickeln von Handlungsalternativen ▸ individuelles Eingehen auf das Thema des jeweiligen Schülers	▸ lernspezifische Themen ▸ Selbstreflexion, Austausch über Lernerfahrungen, eigene Befindlichkeit ▸ Entwickeln von Handlungsalternativen ▸ Eingehen auf möglichst viele Schüler und eventuell unterschiedliche Themen
Methoden	▸ personenzentriertes, lösungs- und prozessorientiertes Coaching ▸ klassische Gesprächsführung, individuelle Coachingfragen und -methoden	▸ selbstreflexive Methoden, kommunikativer Austausch ▸ Methoden aus der kollegialen Beratung und verschiedene Feedbackverfahren
Dauer	▸ prozesshaft (zwei bis vier Termine), jeweils 10 bis 40 Minuten	▸ einmal etwa 20 bis 90 Minuten ▸ regelmäßig wiederkehrend
Gemeinsamkeiten	▸ Reflexionshilfe ▸ unterstützt Selbsterkenntnis ▸ fördert Problemlösekompetenz	

Tab. 1: Unterschiede Einzel-Lerncoaching und Klassen-Coaching

1.2
Argumente für Klassen-Coaching

Nachstehend werden die wesentlichen Argumente für Klassen-Coaching aufgeführt.

Lernkompetenz aufbauen – konstruktivistisches Lernverständnis

Klassen-Coaching basiert auf dem konstruktivistischen Lehr- und Lernverständnis (Abb. 1) – im Gegensatz zum instruierenden Lernverständnis (*Jundt 2004*). Beim konstruktivistischen Ansatz wird davon ausgegangen, dass jeder Lernende seine eigene Realität konstruiert. Lernen ist demnach ein »vom Gehirn gesteuerter Selbstgestaltungsprozess« (*Jundt 2004, 8*). Um lernkompetent zu werden, müssen Lernende ihre Konsumentenhaltung verlassen und selbst aktiv werden. Im Klassen-Coaching befassen sich die Lernenden mit lernbeeinflussenden Faktoren, individuellen Lernstrategien und ihren persönlichen Voraussetzungen. Sie reflektieren ihre Lernerfahrungen und entwickeln für sich selbst passende Ziele sowie Herangehensweisen. Wer sein eigenes Lernen versteht, planen, steuern und optimieren kann, kann seinen Lernprozess und die -ergebnisse positiv beeinflussen. Schließlich sind Fleiß und Motivation, neben der Intelligenz, die wichtigsten Voraussetzungen für die Lernfähigkeit und den Lernerfolg (*Roth 2011*).

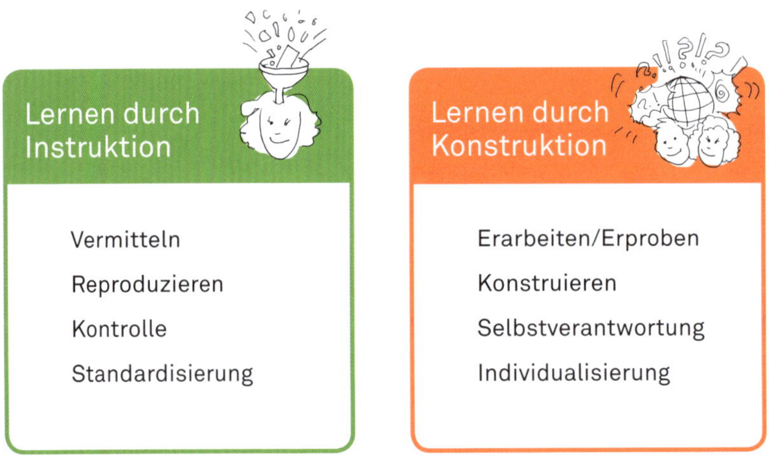

Abb. 1: Gegenüberstellung von Instruktion und Konstruktion beim Lernen

Aufbau einer Peer-Schulkultur – Schule als Erfahrungsraum

Klassen-Coaching ermöglicht, dass Schule oder Universität von den Lernenden als Orte des Lernens und Wachsens verstanden werden. Die Heranwachsenden sollten die Möglichkeit erhalten, sich mit ihrer Persönlichkeit, ihrer Lernentwicklung, ihrem Lernprozess und ihren Erfahrungen auseinanderzusetzen, um sich weiterzuentwickeln. Schule sollte sich nicht nur als ein Ort der

Wissensvermittlung verstehen, sondern auch als ein Ort, an dem Raum für Gespräche zum (Lern-)Alltag der Schüler gegeben ist (*Otto 2015*). Schließlich verbringen Lernende täglich viele Stunden auf engstem Raum in der Schule. Auch, wenn es an einigen Schulen bereits Ansätze von Lerncoaching und Lernbegleitung gibt, so erhalten die Lernenden aktuell noch zu wenige Gelegenheiten, um sich fachunabhängig über ihr Lernen auszutauschen. Schule sollte sich nicht nur als Lernort, sondern muss sich auch als Lebensraum verstehen, in dem das soziale Umfeld und die Ressourcen der Lernenden bestmöglich berücksichtigt werden. Als Ort, an dem sie von Lehrkräften und Mitschülern anerkannt und unterstützt werden, an dem Lernen sogar Spaß machen kann. Nur dann kann Schule eine stabilisierende und unterstützende Größe darstellen. Nur dann, wenn ein Lebenswelt-/Alltagsbezug hergestellt wird, verringert sich das Spannungsverhältnis zwischen der Lebenswelt der Lernenden und der Schule. Schulischen Inhalten sollte mehr lebenspraktische Bedeutung zukommen (*Otto 2015*). Genau darauf zielt Klassen-Coaching ab: Hier reflektieren die Lernenden ihr Lernen und/oder beraten sich gegenseitig. Die Kinder/Jugendlichen einer Klasse erleben im Alltag ähnliche schulische Belastungen und Sorgen. Deshalb sollten sie sich gegenseitig dazu besprechen und beraten, schließen wissen alle, wovon die Rede ist.

Handlungsänderung bewirken – bewusstes Handeln

Im Klassen-Coaching leiten die Schüler handlungsregulierende, ergebnisbezogene Schlussfolgerungen für ihr künftiges Handeln ab (*Krausler 2014; Knörl 2014; Landmann/Schmitz 2007*). Die Lernenden treffen eine bewusste Entscheidung, anstatt nach der Methode »Versuch – Irrtum« zu handeln (Abb. 2). Sie entwickeln Planungsfähigkeit und Zielstrebigkeit.
Die Schüler erhalten Raum, um sich zu entwickeln und zu erproben (*Otto 2015*).

Abb. 2: »Lernzyklus des Erfahrungslernens« nach Kolb 1984 (zit. nach Alke 2008, 37)

Selbstreflexion fördern – durch gezielte Aufträge

Wenn Lernende ihr Lernen reflektieren und daraus Schlussfolgerungen für ihren künftigen Lernprozess ableiten, können sie ihren Lernprozess positiv beeinflussen, dies wurde in Studien erwiesen (*Martin/Nicolaisen 2015*). Im Klassen-Coaching werden entsprechende Reflexionen angeleitet: Die Heranwachsenden halten einen Moment inne und reflektieren rückblickend ihr Denken, Handeln oder Fühlen (*Wyss/Ammann 2015; Lahm 2015; Honegger/Ammann/Hermann 2015; Krausler 2014; Offermanns 2004*). Es ist eine Form der »Ich-Arbeit«. Die Klassen-Coaching-Methoden (Kap. 2 bis 7) regen die Schüler zur spielerischen und kreativen Reflexion an. Je ungewöhnlicher die jeweilige Intervention oder die dieser zugrunde liegende Frage ist, desto intensiver denken die Lernenden über sich nach. Ihr Blickwinkel weitet sich, sie schauen mit der nötigen Distanz auf sich selbst und ihr Handeln (*Knörl 2014*). Durch die Unterstützung der Peer-Berater weitet sich ihr Lösungshorizont (*Riedener/Storch 2011*).

Eigenverantwortung fördern

Häufig geben Lehrpersonen ihren Schülern Tipps und Ratschläge: »Ich finde, du solltest ...!«, »Mach doch beim nächsten Mal einfach ...!«. Man versucht so, den Schüler zu etwas zu bewegen, was man selbst sinnvoll findet. Das ist jedoch häufig erfolglos. Warum? Weil man dabei etwas über die Köpfe der Schüler hinweg bestimmt oder annimmt. Die Lernenden sind dann nicht »persönlich involviert« (*Honegger/Ammann/Hermann 2015, 18*). Erst dann, wenn die Kinder/Jugendlichen selbst einen Entwicklungs- oder Veränderungsbedarf wahrnehmen, wollen sie (im Idealfall) die Verantwortung übernehmen. Ein professioneller Klassen-Coach gibt die Verantwortung in die Hände der Schüler und hält sich selbst zum Teil inhaltlich sehr zurück. Was passiert, wenn Sie sich als Klassen-Coach zurückziehen? Die Schüler werden aktiv, sie beraten sich gegenseitig bei relevanten Themen. Dadurch wird die eigene Bewusstwerdung gefördert, ein wesentlicher Schritt, um Veränderungsbereitschaft zu entwickeln und eigenverantwortlich zu handeln. Eine Lerncoach- oder Coach-Ausbildung hilft Lehrpersonen oftmals, sich besser zurückzunehmen und stärker an die Eigenverantwortung der Lernenden zu appellieren.

Bereicherung für die Lehrperson – die Themen der Lernenden

Schule ist eine Art Lebensraum; Lernende und Lehrende verbringen hier einen Großteil ihrer Zeit gemeinsam. Erhalten Lehrpersonen die Gelegenheit, sich mit ihren Schülern über deren Lernen und deren Lernhemmnisse zu unterhalten, so sind sie häufig erstaunt: »Ich wusste bei Schüler X gar nicht, dass ... !« Im Klassen-Coaching wird sich das ändern. Sie erfahren mehr über die Lernhürden und Herausforderungen Ihrer Schüler. In den Anfängen meiner Coaching-Arbeit war ich häufig davon überrascht, was Lernende so alles als schulische Herausforderung erleben. Durch meine Tätigkeit als Coach hat sich zugleich meine Arbeit als Lehrerin verändert: Ich konnte viele Hürden gleich vorwegnehmen und mich verstärkt auf die

Bedürfnisse der Lernenden einlassen. Erleben Schüler Klassen-Coaching als etwas Positives, so steigt die Wahrscheinlichkeit, dass sie sich auch auf ein Einzel-Lerncoaching einlassen. Da Lernende in der Regel ähnliche Lernanliegen haben, kann der Klassen-Coach vielen Lernenden (gleichzeitig) gerecht werden. Es entstehen keine »Versorgungslücken«.

1.3 Themen beim Klassen-Coaching

Klassen-Coaching befasst sich mit Themen rund ums Lernen, wie Lernstrategien, Umgang mit Klassenarbeiten, (Lern-)Motivation, Konzentration, Umgang mit Lernhürden etc. Sie sind in der Verantwortung, Anlässe zu schaffen, bei denen die Schüler ihr Lernen reflektieren. Im folgenden Kapitel werden mögliche Themen und die Verfahren zur Themenfindung dargestellt.

Übersicht über mögliche Themen und Schwerpunkte

Die neben stehende Auflistung dient Ihnen als Orientierung für mögliche Themen. Je nach Klassen- bzw. Altersstufe oder Schulform sind bestimmte Schwerpunkte bedeutungsvoller als andere.

Themen/Anliegen für das Klassen-Coaching festlegen

Das Klassen-Coaching funktioniert nur dann, wenn es Themen gibt, über die sich die Lernenden austauschen können. Es gibt zwei Möglichkeiten, um entsprechende Themen zu generieren:

- Themenvorschläge durch den Klassen-Coach,
- Themenvorschläge durch die Schüler.

Beide Varianten werden nachstehend erläutert.

Themenvorschläge durch den Klassen-Coach

Im Laufe der Schulwochen sammelt der Klassen-Coach sozusagen als »Trüffelsucher« (Kap. 1.7) mögliche Themen für das Klassen-Coaching. Diese werden der Klasse vorgeschlagen.

THEMEN	MÖGLICHE SCHWERPUNKTE
Leistung/ Lernerfolg	▶ mündliche Mitarbeit verbessern ▶ erfolgreiche Präsentationen abhalten ▶ konstruktiver Umgang mit Misserfolgen/Scheitern
(Lern-)Ziele	▶ Themen, Dinge, Ziele, die man erreichen möchte oder sich vornimmt ▶ sich selbst Ziele setzen ▶ mündliche Mitarbeit verbessern
Lernstrategie	▶ Wie lerne ich bestimmte praktische, theoretische, handwerkliche Dinge? ▶ Wie fülle ich Stofflücken? ▶ Wie bereite ich mich auf Tests oder Klassenarbeiten vor? ▶ Wie gehe ich an schwierige Aufgaben heran? ▶ Wie gehe ich mit meinen Hausaufgaben um? ▶ Wie bleibe ich motiviert »am Ball«? ▶ Wie überwinde ich Durststrecken? ▶ Wie lerne ich konzentriert? ▶ Wie organisiere ich meinen Arbeitsplatz? ▶ Wie setze ich Prioritäten?
Mitschüler/ Klassenklima	▶ gut zusammenarbeiten ▶ konstruktiver Umgang mit Konflikten
Persönlichkeit	▶ eigene Lernfähigkeit verbessern ▶ mit sich und seiner Leistung zufrieden sein ▶ Ressourcen entdecken ▶ produktiver Umgang mit Stress ▶ konstruktiver Umgang mit Lernhürden und Herausforderungen

THEMEN	MÖGLICHE SCHWERPUNKTE
Bestimmte Lernthemen	▸ positiver Umgang mit langweiligen Themen, schwierigen Fächern, kompliziertem Unterrichtsstoff ▸ konstruktiver Umgang mit schwierigen/missliebigen Themen ▸ Auswahl von wichtigen Lernthemen für die Klassenarbeit
Allgemeine Themen	▸ sich für ein Projektthema entscheiden, eine Facharbeit schreiben ▸ Damit bin ich zufrieden/das klappt gut/darauf bin ich stolz/das gefällt mir: ... ▸ Das sind für mich schwierige Lernsituationen: ... ▸ So arbeite ich in schwierigen Arbeitsgruppen: ... ▸ Konflikte mit Lehrern löse ich wie folgt: ... ▸ So behalte ich in schwierigen Situationen einen klaren Kopf: ...

Themengebiete und Schwerpunkte im Klassen-Coaching

Bei der Korrektur der Klassenarbeit vermutet der Klassen-Coach, dass sich die Schüler unzureichend vorbereitet haben – auch, weil die Klassenarbeit Anfang Januar, kurz nach den Weihnachtsferien, geschrieben wurde. Er regt das Thema »Ich und die Klassenarbeit« für ein Klassen-Coaching an und bittet die Lernenden, inhaltliche Schwerpunkte zu finden. Es entstehen vier Gruppen zu folgenden Schwerpunkten:

- Der frühe Vogel fängt den Wurm: So teile ich meine Zeit ein.
- Stück für Stück zum Glück: So meistere ich die Stoffmenge.
- Schluss mit Aufschieberitis: So schaffe ich es, zeitnah loszulegen.
- Jetzt schnalle ich es: So sorge ich dafür, dass ich den Stoff richtig verstehe.

Erstes Beispiel für die Themensuche zum Klassen-Coaching – der Klassen-Coach als Trüffelsucher

Die Klasse absolviert in einem halben Jahr die Abiturprüfung. Der Klassen-Coach bietet ein Klassen-Coaching zum Thema »Fit für die Prüfung« an.

Zweites Beispiel für die Themensuche zum Klassen-Coaching – der Klassen-Coach als Trüffelsucher

Um als Klassen-Coach passende Themenvorschläge zu finden, hilft es, sich in die Schul- und Alltagswelt der Lernenden hineinzuversetzen. Dazu können Sie sich folgende Fragen stellen:

- Mit welchen Lernhemmnissen kämpfen die Schüler derzeit im Alltag?
- Was beschäftigt die Klasse in Bezug auf ...?
- Wo herrscht Unsicherheit/Unzufriedenheit in der Klasse?
- In welchen Bereichen haben die Lernenden Entwicklungsmöglichkeiten?
- Wo und wie könnten sich die Lernenden gegenseitig unterstützen/beraten/beflügeln?

Themenvorschläge durch die Schüler

Die Klassen-Coaching-Themen können genauso gut von den Lernenden eingebracht werden; schließlich sind sie auch die Hauptpersonen – es geht um das Lernen der Schüler. Hierzu sammeln die Lernenden über das gesamte Schuljahr Themen für das Klassen-Coaching und bringen diese ein. Die Themensammlung erfolgt beispielsweise

- kontinuierlich an einer Pinnwand im Klassenraum: Eine Themenecke wird für das Klassen-Coaching reserviert. Die Lernenden tragen selbstständig ihre Themenwünsche ein; auch die Lehrperson kann ihre Ideen hier notieren.
- in einer anberaumten Austauschrunde: Die Schüler bekommen fünf bis zehn Minuten Zeit, um in Dreiergruppen aktuelle lern-/schulbezogene Themen zu sammeln. Anschließend werden diese auf Zuruf für alle sichtbar visualisiert. Regen Sie die Lernenden immer wieder dazu an, Themen einzubringen, etwa wenn die Schüler sich unzufrieden über ihr Lernen äußern.

Ein Schüler schimpft über viel zu viele Klassenarbeiten kurz vor den Ferien. Er beschwert sich darüber, dass er keinen Plan hat, wie er sich darauf gut vorbereiten soll. Er wisse noch nicht einmal, womit, wann und wie er mit dem Lernen beginnen solle. Anstatt die Äußerungen des Schülers als nichtig abzutun, animieren Sie ihn dazu, dass Thema beim nächsten Klassen-Coaching einzubringen: »Wäre das nicht ein Thema, was wir im nächsten Klassen-Coaching bearbeiten könnten? Schreibst du es auf die Liste?«

Beispiel für die Anregung der Lernenden zur Themensuche für das Klassen-Coaching

Von den Themenvorschlägen zum Klassen-Coaching

Wenn die Lernenden passende Themenvorschläge für das Klassen-Coaching ausgewählt haben, ist ein Zwischenschritt erforderlich, bevor das Klassen-Coaching beginnen kann: Die ausgewählten Themen werden jeweils zu einer konkreten, knackigen und inspirierenden Frage oder einem ansprechenden Impuls umformuliert (Abb. 3). Hier unterstützt der Klassen-Coach bei Bedarf bei der Formulierung.

So lautet das Thema »Produktiver Umgang mit Stress« im Klassen-Coaching beispielsweise »Relax & take it easy« oder »Nervosität gehört dazu, ich bewahre trotzdem Ruh'.«

Beispiel für die Formulierung eines konkreten, anregenden Impulses zur Bearbeitung im Klassen-Coaching

Dann wählt jeder Lernende ein für sich passendes Thema aus. So ist es möglich, dass in der Klasse arbeitsteilig zu bis zu fünf unterschiedlichen Themen gearbeitet wird – wobei dies auch von der Methode des Klassen-Coachings abhängig ist. Die Methoden »Skalierung in Partnerarbeit« (Kap. 4.4) oder »der Mix« (Kap. 4.5) ermöglichen ein arbeitsteiliges Vorgehen. Beim kollegialen Live-Coaching (Kap. 4.2) findet das Klassen-Coaching mit nur einem Schüler und dessen Thema statt.

Die individuelle Auswahl des Themas durch die Lernenden hat sich bewährt und entspricht dem Coaching-Gedanken: Nur wer ein Thema für sich als wichtig erachtet, wird sich auch interessiert darauf einlassen.

Abb. 3: Vom Themenvorschlag zum Klassen-Coaching

1.4
Sozialformen beim Klassen-Coaching

Klassen-Coaching kann in verschiedenen Sozialformen stattfinden. Die einzelnen Methoden (Kap. 2 bis 7) geben jeweils an, welche Sozialform sich hierfür anbietet. Sie können – entsprechend Ihrer Schülerklientel oder Ihrer Zielsetzung – auch eine andere Sozialform wählen. Jede Sozialform hat Vor- und Nachteile.
Bei Gruppenarbeiten bietet sich eine Gruppengröße von drei bis fünf Schülern an. Nachstehend werden die Chancen und Herausforderungen der jeweiligen Sozialform dargestellt.

	CHANCEN	HERAUSFORDERUNGEN
Einzelarbeit	▸ Intimität ist gewährleistet ▸ Autonomie zum Beispiel im Hinblick auf Themenwahl, Zeitpunkt, Methode ▸ geringer Organisationsaufwand	▸ Schüler sind auf sich selbst und die Aufgabe konzentriert ▸ eventuell Demotivation oder Abbruch durch Überforderung ▸ eingeschränkter Blickwinkel: Fremdwahrnehmung und Impulse von außen fehlen
Partnerarbeit	▸ Erweiterung des eigenen Denkprozesses, des Blickwinkels durch Fremdwahrnehmung ▸ gegenseitige Unterstützung erhöht teilweise die Lernmotivation ▸ wertschätzender, respektvoller Umgang wird geübt ▸ spontan mit dem Tischnachbarn durchführbar	▸ Chancen vom jeweiligen Partner abhängig ▸ eventuell Differenzen innerhalb der Partnerschaft

	CHANCEN	HERAUSFORDERUNGEN
Gruppenarbeit: 3 bis 5 Lernende	▸ facettenreiche Wahrnehmungen ▸ wertschätzender, respektvoller Umgang wird geübt ▸ strukturierte Zusammenarbeit wird geübt ▸ gegenseitige Unterstützung kann sich positiv auf die Lernmotivation auswirken	▸ Probleme bei Gruppenbildung (Antipathie, Sündenbock, Außenseiter) ▸ organisatorisch höherer Aufwand (Raum-, Material-, Zeitbedarf) ▸ gruppendynamische Prozesse können Reflexionsprozess beeinflussen ▸ Passivität einiger Mitglieder
Halbplenumsarbeit, zum Beispiel während Gruppenarbeiten, im Teilungsunterricht	▸ Klassen-Coach leitet und lenkt das Klassen-Coaching stärker, da er anwesend ist ▸ Klassen-Coach agiert als coachendes Vorbild ▸ Klassen-Coach kann seine Wahrnehmungen einbringen	▸ die andere Hälfte der Klasse muss beschäftigt werden und allein arbeiten (können) ▸ werden in den Halbplenumsgruppen unterschiedliche Themen bearbeitet, kann dies Konkurrenz/Rivalität befördern
Plenumsarbeit	▸ bei Plenumspräsentationen erhalten alle Schüler Einblick in die Ergebnisse ▸ Solidarität wird gefördert, wenn gespürt wird, dass es anderen ähnlich geht	▸ Gefahr der Langatmigkeit ▸ teilweise oberflächliche Reflexionen ▸ Antworten erfolgen eventuell nach sozialer Erwünschtheit, »[…] um der Norm zu entsprechen« (*Hardeland 2017, 19*)

Tab. 2: Übersicht über die Chancen und Herausforderungen der jeweiligen Sozialform

1.5
Klassen-Coaching einführen

Informieren Sie Ihre Klasse im Vorfeld über Sinn, Zweck, Themen und Vorgehensweise des Klassen-Coachings. Entsprechend dem motivationalen Schema von *Grawe* (*2004*) strebt jedes Individuum danach, seine Grundbedürfnisse zu befriedigen. Dazu zählen die Bedürfnisse nach »Lustgewinn« und »Orientierung/Kontrolle«. Wer Lernende informiert und ihnen das Klassen-Coaching »schmackhaft« macht, erhöht die Wahrscheinlichkeit, dass sich die Schüler darauf einlassen. Einige fühlen sich durch einen Lustgewinn dazu angespornt, mitzumachen, andere durch die inhaltliche Aufklärung, dass sie Orientierung haben und wissen, worum es geht. Daneben hat sich ein Input über die Individualität von Lernprozessen/das konstruktivistische Lernverständnis (Kap. 1.2) bewährt.

Wer Klassen-Coaching regelmäßig und ritualisiert anbietet, gibt den Lernenden die Möglichkeit, mit diesem Arbeitsansatz vertraut zu werden (*Petersen 2009*). Die Fähigkeit zur Reflexion entwickelt sich kontinuierlich und über einen längeren Zeitraum (*Knörl 2014*). Zugleich besteht die Gefahr, dass sich Klassen-Coaching abnutzt oder langweilig wird, wenn Sie es zu häufig und/oder zu einseitig anbieten. Sorgen Sie diesbezüglich für eine gute methodische Abwechslung. Im Weiteren sind wichtige Aspekte aufgeführt, die Sie bei der Einführung des Klassen-Coachings berücksichtigen sollten.

Führen Sie Beratungs-/Kommunikationsregeln ein

Klassen-Coaching lebt von einer guten, wertschätzenden Beratungs- und Kommunikationskultur in der Klasse. Vereinbaren Sie im Vorfeld wichtige Regeln, die für alle verbindlich sind, so schaffen Sie einen fürsorglichen, zugewandten und respektvollen Rahmen. Wobei das alleinige Aufstellen von Regeln nicht ausreichend ist – das wird in der Praxis häufig verkannt. Schließlich gilt es, die Regeln einzuhalten, es muss eine Handlungsumsetzung erfolgen. Hierzu sollte der Klassen-Coach die Regeln einüben, sie regelmäßig wiederholen und die Schüler vor den einzelnen Klassen-Coachings an wesentliche Regeln erinnern. Zudem sollte der Klassen-Coach auf deren Einhaltung achten und die Lernenden bei Missachtung der Regeln wertschätzend korrigieren. Folgende sieben Regeln haben sich als hilfreich erwiesen:

- Zuhören: Ich höre meinen Mitschülern aufmerksam zu und lasse sie ausreden.
- Respekt: Ich gehe respektvoll mit meinen Mitschülern um.
- Offenheit: Ich arbeite mit meinen Mitschülern zusammen, egal, ob ich mit ihnen befreundet bin oder nicht.
- Unterstützung: Ich stelle mich auf meine Mitschüler ein. Meine Tipps sollen ihnen helfen und gefallen.
- Akzeptanz: Ich akzeptiere, dass Menschen anders sind und anders denken als ich.

- Vertrauen/Vertraulichkeit: Alles, was wir besprochen haben, bleibt in diesem Raum.
- Selbstbestimmtheit: Jeder Schüler entscheidet selbst, welche Themen er beim Klassen-Coaching einbringt und/oder welche der erarbeiteten Lösungsideen er umsetzt. Wenn die Lernenden in der Gruppe arbeiten, erfolgt die Gruppenbildung anhand der thematischen Schwerpunkte.

Visualisieren Sie die Regeln im Klassenraum – möglichst an einem für alle sichtbaren Platz – und wiederholen Sie diese vor jedem Klassen-Coaching. Je nach Alter und Erfahrungen der Lernenden können die Prinzipien vereinfacht oder reduziert werden.

Passen Sie das Reflexionsniveau an

Sprachliche Ausdrucksfähigkeit ist eine notwendige Voraussetzung zur Reflexion. Die eigene Praxis hat gezeigt, dass auch jüngere, reflexionsunerfahrene und/oder sprachlich eingeschränkte Schüler in der Lage sind, über sich selbst und ihr Lernen zu reflektieren – vorausgesetzt, das Reflexionsniveau wird angepasst. Hierzu wird der von mir entwickelte Impuls- und Fragen-Trichter vorgestellt (Abb. 4):
Passen Sie Ihre Reflexionsfragen/-impulse an die Reflexionsfähigkeit Ihrer Schüler an. Der Schwierigkeitsgrad nimmt im unteren Teil des Trichters ab.

Abb. 4: Der Impuls- und Fragen-Trichter

Bei einer ausgeprägten Reflexionsfähigkeit des Schülers stellen Sie eher komplexe und offene Fragen, bei Lernenden mit geringer Reflexionsfähigkeit eher einfache/geschlossene Fragen. Oder Sie unterbreiten ganz konkrete Angebote, zum Beispiel mehrere Gefühlsangebote: »Bist du traurig oder verärgert?« Stellen Sie zunächst geschlossene Fragen und später offenere, konkretisierende W-Fragen. Je nach Alter, kognitiver Fähigkeit, Verständnisfähigkeit, Ausdrucksvermögen und/oder Reflexionsfähigkeit/-bereitschaft der Lerngruppe können Sie weitere Elemente zur Vereinfachung nut-zen, diese sind in Abb. 4 in den blauen Kreisen dargestellt. Die einzelnen Aspekte werden nachfolgend konkret erläutert:

- Visualisierungshilfe: Visualisierte Reflexionsfragen oder -impulse, Bilder, Gefühlskarten oder visualisierte Vorlagen/Abbildungen unterstützen die Reflexion.
- Bedenkzeit: Mehr Zeit zum Nachdenken hilft insbesondere introvertierten Lernenden.
- gedankliche Einstimmung/Hinführung: Eine Fantasiereise oder eine vorwegnehmende Zusammenfassung (ein Beispiel finden Sie in Anhang 3) erleichtert die gedankliche Anknüpfung, dies ist gewissermaßen ein inhaltliches Warm-up.

- »Erinnert euch an die letzte Schulwoche. Da haben wir uns mit den Bundesländern beschäftigt. Jeder von euch hat ein Referat erstellt.«
- »Ihr findet hier einige Bilder und Gegenstände, diese haben vielleicht etwas mit dem Thema zu tun. Schaut euch alles in Ruhe an, um euch gedanklich auf das Thema einzustimmen.«
- »Tauscht euch vorab über das Thema aus. Erzählt von euren Erlebnissen. Danach bekommt ihr von mir eine konkrete Aufgabe.«
- »Denkt an eure letzte Klassenarbeit zurück. [Pause] In welchem Fach habt ihr die Arbeit geschrieben? [Pause. Jetzt wird der einzelne Schüler angesprochen.] Wie hast du dich darauf vorbereitet? Wie sahen deine Lernunterlagen aus?«

Beispiele für die gedankliche Einstimmung/Hinführung

- Anspruchsniveau der Fragen: Man unterscheidet zwischen einfachen und anspruchsvollen Fragen, wie zirkulären oder hypothetischen Fragen:

- Zirkuläre Frage: »Wenn ich deine Lernunterlagen fragen würde, wie oft und wie intensiv du sie in die Hand genommen hast, was würden sie mir antworten?«
- Hypothetische Frage: »Gehen wir davon aus, ab morgen wärst du motivierter. Wie würdest du dann an dein Lernen herangehen?«

1.6 Das persönliche Klassen-Coaching-Logbuch

Die Lernenden gewinnen in jedem Klassen-Coaching Erkenntnisse, unabhängig davon, ob sie dabei ein Ziel formulieren oder bisher ungeahnte Ressourcen entdecken. Damit diese Erkenntnisse im Alltag nicht verpuffen, sollten Sie gleich zu Beginn ein Klassen-Coaching-Logbuch einführen – vorausgesetzt, Klassen-Coaching wird regelmäßig durchgeführt. Dies ist ein einfacher Hefter im DIN-A4-Format, welchen die Schüler selbst anschaulich gestalten und verschönern können, wenn sie möchten. In dieses Logbuch heften die Schüler ihre Schreibvorlagen und Kopien ein und notieren ihre Reflexionsergebnisse. Es kommt in der Regel am Ende oder zu Beginn des Klassen-Coachings zum Einsatz. Das Logbuch ist eine Mischung aus Planungs-, Arbeits-, Entwicklungs-, Erkenntnis-, Erinnerungs- und Lerntagebuch. Es kann auch für Lernentwicklungs- oder Lernstandsgespräche genutzt werden (*Hardeland 2017*).
Der Logbucheintrag bewirkt eine tiefergehende Auseinandersetzung mit Handlungen, Gedanken und Gefühlen. Die Lernenden drücken ihr inneres Erleben aus, ihr Denk- und Lernprozess kann intensiviert werden (*Honegger/Beglinger 2015; Krausler 2014*). In den Klassen-Coaching-Methoden (Kap. 2 bis 7) finden Sie jeweils Anregungen für abschließende Logbucheinträge. Darüber hinaus gibt es die Möglichkeit, weitere schriftliche Reflexionsaufträge für das Logbuch zu kreieren (Anhang 1). Die Vor- und Nachteile schriftlicher Reflexionen werden in Tab. 3 dargestellt.

Die Lernenden entscheiden situativ, ob und was sie in ihrem Logbuch preisgeben. Empfindet ein Schüler, dass Sie wertfrei und aufrichtig auf ihn eingehen, so fürchtet er auch keine abwertenden Kommentare (Kap. 1.7). In dem Fall steigt die Bereitschaft, das Logbuch zu zeigen. In der Schule herrscht ein Macht- und Kompetenzgefälle vom Lehrer zum Schüler (*Martin 2015 a*). Entsprechend neigen (viele) Lernende zu angepassten, erwünschten Antworten, sie möchten dadurch den Erwartungen der Lehrpersonen gerecht werden (*Hardeland 2017*).

Wer ein Logbuch einsieht, sollte weder eine qualitative noch eine quantitative (Text-)Beurteilung vornehmen. Lediglich der Reflexionsinhalt ist für den Schüler von Bedeutung. Schließlich sind dies persönliche Dokumente der Lernenden. Logbucheinträge können Sie zum Beispiel anhand des Coaching-Analyseinstruments »Drei-Ebenen-Modell zur Gesprächsführung« (*Nowak/Bögel 2015, 224*) (siehe Anhang 1, »Die schriftliche Reflexion im Logbuch«) auswerten.

VORTEILE DES SCHREIBENS IM KLASSEN-COACHING-LOGBUCH	NACHTEILE DES SCHREIBENS IM KLASSEN-COACHING-LOGBUCH
Schüler ▸ denken in Ruhe über ... nach und schreiben ... auf. ▸ vertiefen ihre Erkenntnisse durch die Verschriftlichung. (Unbewusste) Gedanken, Handlungen, Gefühle werden bewusst (*Hermann/Furer 2015*). ▸ haben im Nachhinein die Möglichkeit, in ihre Logbücher zu schauen, Nachhaltigkeit wird gesichert. ▸ erhalten eine schriftliche Ausdrucksmöglichkeit, insbesondere introvertierte. ▸ nehmen ihre Ergebnisse ernster, die Verbindlichkeit der Ergebnisse des Klassen-Coachings steigt.	**Schüler** ▸ haben mitunter Schwierigkeiten, sich schriftlich auszudrücken, das Vokabular fehlt. ▸ können die kontinuierliche Dokumentation als lästig empfinden. ▸ sind manchmal begrenzt offen und wägen genau ab, was sie preisgeben (*Honegger/Ammann/Hermann 2015; Lahm 2015*). ▸ sind gegebenenfalls gehemmt, ihren Gedanken freien Lauf zu lassen – der innere Zensor blockiert sie. ▸ werden vom Klassen-Coach beurteilt.

Tab. 3: Vor- und Nachteile des schriftlichen Reflektierens im Logbuch

1.7 Die wertschätzende Grundhaltung des Klassen-Coaches

Mit Ihrer wertschätzenden Grundhaltung als Klassen-Coach legen Sie das Fundament für ein erfolgreiches Klassen-Coaching. Als Klassen-Coach sollten Sie daher eine Ausbildung zum Coach oder Lerncoach vorweisen. Wer auf Basis einer solchen Ausbildung professionelle 1:1-Coachings durchführen kann, wird sich leichter in die Rolle des Klassen-Coaches einfinden. Denn hier besteht die Herausforderung, eine ganze Klasse im Blick zu haben.
Während Sie im Schulalltag als Wissensvermittler agieren, nehmen Sie als Klassen-Coach eine moderierende, beratende und beobachtende Rolle ein. Zwischen diesen beiden Rollen gibt es einige Schnittmengen und Gegensätze. Diese sind in der nachstehenden Tabelle 4 verdeutlicht.

LEHRER ALS VERMITTLER	LEHRER ALS KLASSEN-COACH
Er gestaltet den Unterricht inhaltlich und methodisch, wirkt erzieherisch und sanktionierend auf die Lernenden ein. Er trägt die inhaltliche Verantwortung und hat den Unterricht so zu gestalten, dass die Lernenden die Inhalte verstehen. Er sorgt (im Idealfall) für einen reibungslosen, störungsfreien Unterricht.	Er ist inhaltlich neutral und allparteilich. Er regt die Schüler dazu an, sich mit einem von ihnen selbst gewählten Lernthema auseinanderzusetzen. Dabei trägt er die methodische Verantwortung für die Prozessgestaltung, nicht für den Inhalt/die Ergebnisse.
Er weiß die Lösung. Die Schüler arbeiten an dem richtigen Ergebnis.	Er selbst kennt die Lösung nicht und ist ergebnisoffen/hält sich inhaltlich heraus.
Er stellt Fragen, um Lernziele zu erreichen und richtige/erwartete Antworten zu hören.	Er stellt Fragen, um Lernende zum Nachdenken und zur Erweiterung der eigenen Perspektive anzuregen.

Tab. 4: Unterschiede, Gemeinsamkeiten und Rollen als Vermittler/Klassen-Coach

<table>
<tr><th>LEHRER ALS VERMITTLER</th><th>LEHRER ALS KLASSEN-COACH</th></tr>
<tr><td>Er stellt fachliche Fragen oder Aufgaben, unter Berücksichtigung des Lehrplans.</td><td>Er nutzt eine Gesprächsführung, Interventionen und Fragen auf Grundlage seiner Lerncoaching-Kompetenz.</td></tr>
<tr><td>Er beurteilt und bewertet das Arbeitsverhalten, die Arbeitsleistung und das Ergebnis der Schüler nach bestimmten kompetenzorientierten Kriterien.</td><td>Er regt die Klasse zur Selbstreflexion an. Er unterstützt die Lernenden bei der Erarbeitung der eigenen, persönlich passenden Ideen. Er hinterfragt die eigenen Ideen/Ziele der Lernenden, um deren Horizont zu erweitern, er akzeptiert die Ziele und Ideen wertfrei.</td></tr>
<tr><td>Er geht (im Ideal) wertschätzend und zugewandt auf die Schüler ein, verkörpert Autorität und muss gelegentlich den eigenen Willen oder den des Systems durchsetzen.</td><td>Er geht wertschätzend, empathisch und glaubwürdig auf die Bedürfnisse der Lernenden ein. Er hält seine eigenen inhaltlichen Prioritäten zurück.</td></tr>
<tr><td colspan="2">Der Lehrer fokussiert auf lernspezifische Themen/Fragen.</td></tr>
<tr><td colspan="2">Der Lehrer motiviert in der Regel die Klasse zur Mitarbeit: Er begeistert die Lernenden, sich aktiv einzubringen und weckt deren Lernfreude.</td></tr>
<tr><td colspan="2">Der Lehrer erklärt Arbeitsaufträge, moderiert/leitet die Arbeitsphasen. Bei fehlendem inhaltlichen Wissen sorgt er für einen fachlichen MiniInput.</td></tr>
<tr><td colspan="2">Der Lehrer sorgt für eine möglichst hohe Schüleraktivität und -beteiligung.</td></tr>
<tr><td colspan="2">Der Lehrer ist erfahren in der Arbeit mit Gruppen.</td></tr>
<tr><td colspan="2">Der Lehrer hat alle Schüler und Gruppen im Blick, wendet sich allen zu, bei Bedarf auch Einzelnen.</td></tr>
<tr><td colspan="2">Der Lehrer achtet auf die Zeiteinhaltung.</td></tr>
</table>

Tab. 4: Unterschiede, Gemeinsamkeiten und Rollen als Vermittler/Klassen-Coach

Es sollte transparent sein, in welcher Rolle Sie sich jeweils befinden. Symbolisieren Sie für die Lernenden sichtbar, wenn Sie die Rolle als Klassen-Coach einnehmen, etwa durch das Anstecken eines »Klassen-Coach-Buttons« oder das Sitzen bei den Schülern anstatt am Lehrerpult. Neben diesen äußerlichen Faktoren ist es viel entscheidender, dass Sie den Klassen-Coach authentisch verkörpern; sich damit identifizieren.
Wer eine Ausbildung als Coach oder Lerncoach absolviert hat, kann diese Rollen leichter voneinander trennen und situativ einnehmen.

Glauben Sie an die Potenziale und Stärken Ihrer Schüler

Eine der wichtigsten Voraussetzungen für das Klassen-Coaching ist der Glaube an die Potenziale und Stärken der Lernenden. Häufig teilen mir Lehrpersonen Folgendes mit: »Meine Schüler können nicht reflektieren.« Wer als Klassen-Coach skeptisch ist, ob sich die Lernenden im Klassen-Coaching ausreichend gegenseitig unterstützen, wird im Sinne der selbsterfüllenden Prophezeiung voraussichtlich eher dürftige Ergebnisse hervorbringen. Leider trauen Lehrpersonen (und auch Eltern) ihren Schülern (bzw. Kindern) häufig zu wenig eigenständige Problemlösefähigkeit zu, stattdessen greift man ihnen vorschnell unter die Arme.
Trauen und muten Sie den Kindern/Jugendlichen mehr zu! Diese brauchen Zeit und Übung, um das Klassen-Coaching zu üben und zu erlernen. Die Fähigkeiten zur Selbstreflexion und zur gegenseitigen Beratung dürfen nicht vorausgesetzt werden.

Geben Sie Verantwortung ab und halten Sie sich zurück

Wer den Lernenden als Klassen-Coach die Verantwortung für das Lernen überträgt, gibt einen Teil seiner Kontrolle ab (*Konrad 2015*). Die Lernenden wählen ihre zu bearbeitenden Themen selbst und entwickeln ihre eigenen Lösungswege. Halten Sie sich inhaltlich zurück und nehmen Sie stattdessen eine moderierende, unterstützende Funktion ein – ich weiß, das verlangt Ihnen einiges ab.

Im Klassen-Coaching stehen folgende zwei Themen zur Auswahl:

- »Mutigwerden: So schaffe ich es, mich zu melden« und
- »Selbstorganisation: So halte ich meine Mappe und meine Unterlagen in Schuss«.

Eine zurückhaltende Schülerin wählt das Thema der Selbstorganisation, obwohl die Lehrperson für die Schülerin das Thema »Mutigwerden« viel passender findet. Anstatt auf die Schülerin zuzugehen und ihr das andere Thema nahezulegen, hält sich der Lehrer beim Klassen-Coaching bewusst zurück und überlässt ihr die Entscheidung.

Möglicherweise nutzt die Lehrkraft Ihre Irritation angesichts der Themenwahl produktiv und bittet jeden Schüler in der abschließenden Blitzlichtrunde um ein Statement zur Themenwahl: »Zum Abschluss hätte ich gern von jedem von euch eine kurze Info: Wieso habe ich mir das Thema ausgesucht? Wie zufrieden bin ich mit meinem Ergebnis?«

Abb. 5: Rolle des Klassen-Coaches im Klassen-Coaching

Streuen Sie Mini-Inputs ein

Kinder/Jugendliche sind in der Lage, im Klassen-Coaching – auch ohne fachliches, lernstrategisches Hintergrundwissen – eigenständige Lösungen für die von ihnen eingebrachten Lernprobleme zu entwickeln. Oft reicht es, sich bewusst einer Frage zuzuwenden, und schon fließen die Ideen.

Dennoch habe ich die Erfahrung gemacht, dass Lernende an bestimmten Schlüsselstellen von einem fachlichen Mini-Input profitieren – zum Beispiel dann, wenn es um Themen wie Lernstrategien, Prüfungskompetenz oder Motivation geht.

Beim Klassen-Coaching »Der Mix« (Kap. 4.5) bearbeiten die Schüler folgendes Thema: »So präge ich mir langweiligen Lernstoff am besten ein«. Die Lernenden sammeln im Brainstorming ihre Ideen: viele Wiederholungen, ins Handy diktieren, sich eine filmische Szene vorstellen. Darüber hinaus bitten die Lernenden den Klassen-Coach um Informationen zu weiteren kognitiven Lernstrategien, wenn ihnen weitere Ideen fehlen.

Beispiel für einen Mini-Input durch den Klassen-Coach

Anstatt die Lernenden mit ihrer Unwissenheit allein zu lassen oder sie mit Tipps zu überhäufen, streuen Sie einen kurzen, verständlichen und praxistauglichen Mini-Input, zu »Bessere Konzentration durch …« oder »Der Lernplan – so planst du dein Lernen«, ein. Hierdurch erhalten die Schüler neue Informationen und ihr Handlungsspektrum erweitert sich.
Gemäß dem chinesischen Sprichwort bezwecken Sie damit Folgendes: »Wer einem Mann einen Fisch schenkt, gibt ihm für einen Tag zu essen. Wer ihn das Fischen lehrt, gibt ihm ein Leben lang zu essen.«
Vorsicht! Sorgen Sie durch Ihr Auftreten und Ihr Vorgehen für Rollenklarheit. Das Risiko ist groß, bei einem Mini-Input wieder in die gewohnte Rolle des Vermittlers zu rutschen. Der Input sollte sich daher auf die wesentlichen Aspekte konzentrieren, das heißt genau zum Thema/zur Frage der Lernenden passen.

Erstellen Sie eine Übersicht über anschaulich aufbereite Mini-Inputs zu relevanten Lernthemen und halten Sie diese griffbereit. Hier haben sich anschauliche Visualisierungen in Form von Illustrationen, Übersichten oder Schaubildern bewährt. Einige meiner Materialien finden Sie als Visualisierungen in meinem Buch »Lerncoaching und Lernberatung« (*Hardeland, 2016*) oder unter www.lerncoaching-shop.de.

Seien Sie ein »Trüffelsucher«, spüren Sie Themen und Anlässe auf

Suchen Sie – auch gemeinsam mit den Schülern – nach Themen für das Klassen-Coaching, die für die Lernenden bedeutsam sind (Kap. 1.3). Sehr häufig äußern Schüler scheinbar nebenbei, mit welchen Lernhürden sie zu kämpfen haben oder was sie bezogen auf ihr Lernen positiv gestimmt hat. Solche Bemerkungen überhören wir im Schulalltag mitunter. Seien Sie aufmerksam und hören Sie sensibel zu, dann können Sie diese »Steilvorlagen« nutzen und daraus gezielt Themen für ein Klassen-Coaching ableiten.

Ein Schüler klagt auf dem Schulflur: »Puh, das wird mir alles zu viel. Ich weiß gar nicht, wie ich die ganzen Klassenarbeiten schaffen soll.«
Der Klassen-Coach merkt sich »Umgang mit vielen Klassenarbeiten« als Thema für das nächste Klassen-Coaching.

Tragen Sie zu einer Kultur des Vertrauens und der Zuwendung bei

Lernende sollten die Schule als angstfreien Ort, als Ort der Zuwendung und des ehrlichen, wertschätzenden Austauschs erleben. Meist erhalten sie jedoch entweder nur dann Aufmerksamkeit, wenn sie herausragende Leistungen erbringen oder sich fehlerhaft bzw. entgegen der Norm verhalten. Diejenigen hingegen, die »mitschwimmen«, erhalten kaum Bestärkung. Klassen-Coaching ist ein stärken- und ressourcenorientierter Arbeitsansatz. Dabei herrscht eine »Zuwendungskultur« (*Gührs/Nowak 2006, 292*): Positives wird bewusst hervorgehoben, sodass jeder eine positive Bestärkung für seinen Beitrag erfährt, auch wenn er nichts Herausragendes geleistet hat. Positive Zuwendung wird zum Beispiel durch eine fürsorgliche Stimme, nette Worte, ein Lächeln vermittelt. Nun kann man sich die Frage stellen, ob das nicht Schönfärberei ist. Selbstverständlich sollte die positive Zuwendung realistisch und begründet sein. Wer gequält versucht, eine positive Rückmeldung zu formulieren, wirkt unglaubwürdig. Wenn erforderlich, ist im Klassen-Coaching auch Raum für kritische Rückmeldungen, zum Beispiel dann, wenn sich Lernende gar nicht eingebracht oder sich über ihre Mitschüler lustig gemacht haben. Dennoch sollte insgesamt die positive Zuwendung im Vordergrund stehen. Sie ist ein hochwirksames Mittel, um Lernende in ihrem Selbstvertrauen zu stärken – vorausgesetzt, der Feedbackgeber ist authentisch und das Feedback scheint angemessen (*Gührs/Nowak 2006*). Wenn Sie hier als Vorbild vorangehen, werden Sie diesbezüglich eine Sogwirkung auf die Lernenden ausüben.

Seien Sie motivierend und humorvoll

Wenn es Ihnen gelingt, eine entspannte, positive, motivierende Arbeitsatmosphäre im Klassenraum herzustellen, lassen sich die Lernenden leichter und bereitwilliger auf das Klassen-Coaching ein. Ein motivierendes Lächeln, ein freundlicher Blick oder ein humorvoll-wertschätzender Kommentar des Klassen-Coaches wirken sich positiv auf die Klasse aus. Wer anderen ein Lächeln schenkt, erhält meist eines zurück. Diese Tatsache beruht auf den Spiegelneuronen: Diese handlungssteuernden Nervenzellen bewirken, dass wir in Resonanz auf das Wahrgenommene reagieren. Es tritt eine Art »Spiegeleffekt« (*Schinzilarz/Friedli 2013, 283*) ein: In sozialen Kontexten reagieren wir durch diesen Spiegeleffekt synchron auf die Gefühlsäußerungen unseres Gegenübers. Bieten Sie Ihren Schülern einen ermunternden, fröhlichen Gesichtsausdruck oder ein freundliches Wort an, so werden die Lernenden höchstwahrscheinlich ebenfalls positiv reagieren. Wesentlich dabei ist, dass Sie authentisch sind, nicht den Gute-Laune-Clown mimen und dabei womöglich unglaubwürdig wirken. Noch so kreative Klassen-Coaching-Methoden (Kap. 2 bis 7) können langweilig, trocken oder gar lebensfremd wirken, wenn Sie diese zu ernst oder verbissen umsetzen. Gerade die in diesem Buch vorgestellten Methoden sollen die Neugier wecken, ein Gefühl von Machbarkeit vermitteln und den Umgang mit teilweise als schwierig erlebten Lernhemmnissen erleichtern. Das angespannte Verhältnis zum Lernen wird aufgelockert und bestenfalls aufgelöst. Als Klassen-Coach sollte es Ihnen gelingen, ein gutes Gleichgewicht zwischen motivierenden, humorvollen Arrangements und der dazugehörigen Regel-/Ablaufeinhaltung (Kap. 1.6) herzustellen.

Öffnen Sie »Denktüren« und inspirieren Sie mit spannenden Impulsen

Klassen-Coaching lebt auch und gerade von Ihren Impulsen und Fragen: »[...] [D]ie richtige Frage am richtigen Ort kann eine starke Anregung und Unterstützung für Lern- und Denkprozesse sein« (*Prior 2010, 60*). Durch Ihre Fragen oder einen entsprechenden Impuls lenken Sie die Aufmerksamkeit der Schüler bewusst auf ein Thema, ihre Lernerfahrungen, Gefühle oder Gedanken. Wem es gelingt, seine Schüler hier zu inspirieren oder zu überraschen, weckt die Neugier, sich auf das Klassen-Coaching einzulassen (Beispiel siehe Kasten). Neben dem Inhalt der Frage, dem Was, ist es bedeutend, wie Sie die Frage stellen: Geben Sie den Schülern zum Beispiel die Möglichkeit, sich durch ein paar einleitende Worte auf die Gedankenreise zu begeben? Oder fallen Sie quasi mit der Frage ins Haus? Sorgen Sie für eine methodisch ansprechende Gestaltung, eine attraktive Visualisierung und variieren Sie jeweils die Sozialform. Wer das Klassen-Coaching lieblos ankündigt, wie bei diesem Negativbeispiel: »Wir beschäftigen uns in dieser Stunde mit euren bisherigen Lernstrategien«, muss sich nicht wundern, wenn sich die Lernenden gelangweilt zurücklehnen. Gelingt es hingegen, die Fragen und Impulse mit einer Prise Originalität zu würzen, so wird den Lernenden das Klassen-Coaching schmackhaft gemacht (*Wehrle 2012*).

»Jeder von euch lernt mit bestimmten Lernstrategien: Der eine fertigt Mindmaps an, der andere Tabellen und wiederum andere lesen vielleicht nur in ihrem Hefter. Die meisten Schüler lernen immer nach ein und demselben System. Doch wer eine wirklich gute Strategie wählt, wird erfolgreicher oder auch stressfreier lernen. Das kann sogar dazu führen, dass ihr am Nachmittag oder am Wochenende mehr Freizeit habt, weil das Lernen schneller geht. Heute werden wir uns damit beschäftigen: Wie kann ich ein bestimmtes Thema mit guten Lernstrategien besonders effektiv lernen? Übrigens: So steigert ihr auch eure Lernzufriedenheit.«

Beispiel für einen motivierenden Einstieg ins Klassen-Coaching durch den Klassen-Coach

»Gute« Coaching-Fragen unterstützen, dass die Gedanken fließen. Aber nicht nur das. Sie wirken sich auch positiv auf die Beziehungsgestaltung aus: Lässt sich der Schüler auf die Frage ein oder verweigert er sich? (*Geißler 2010, in Knörl 2014*). Muten Sie Ihren Schülern auch kompliziertere Fragen zu wie die zirkuläre oder hypothetische Frage (Kap. 1.5 »Passen Sie das Reflexionsniveau an«). Und warten Sie dann ab. Eine gute Antwort erfordert Bedenkzeit. Insofern ist es gegebenenfalls sogar ein Zeichen für die Qualität Ihrer Frage, wenn der Lernende daraufhin längere Zeit überlegt (*Radatz 2003*).

In meinen Fortbildungen höre ich häufiger Folgendes: »Meine Schüler haben überhaupt keine Lust, zu reflektieren. Das können und wollen die gar nicht.« Damit machen es sich viele Lehrpersonen zu leicht: Die Lernenden sind ein Spiegel Ihrer Aktionen. Worauf kommt es an, damit Sie die Denktüren Ihrer Schüler öffnen? Es folgt eine knappe Auflistung dessen, was Sie bei der Entwicklung von Impulsen/Fragen beachten können:

- Was ist das Ziel, was soll mit der Frage/dem Impuls erreichen werden?
- Welcher Fragentyp eignet sich?
- Wie werden die Lernenden auf die Bearbeitung eingestimmt (Kap. 1.5)?

Mehr über einige Fragentypen/Impulse finden Sie im Anhang 2.

Sorgen Sie für Nachhaltigkeit und Praxistransfer

Meist reicht es nicht, wenn Lernende über ihre Umsetzungsideen in Bezug auf ihre Lernveränderung sprechen und den Wunsch nach einer Veränderung kundtun. Dem sollten auch Taten folgen. Als Lehrperson wissen Sie, wie schwierig es ist, für Nachhaltigkeit zu sorgen. Viele Lehrerkollegen signalisieren, dass sie bereits aufgegeben haben: »Das hat doch gar keinen Zweck, die Schüler verändern sich sowieso nicht.« Wer seine bisherigen Vorgehens- und Verhaltensweisen durchbrechen will, muss einen neuen Weg gehen. Neurobiologen wie Manfred Spitzer (*2006*) betonen, dass nur eine kontinuierliche Erinnerung an die eigenen Vorhaben die neuen neuronalen Verknüpfungen im Gehirn festigt. Er vergleicht diesen Prozess mit einem Trampelpfad, der vielfach beschritten werden muss, um zu einem ausgeprägten, erkennbaren Weg zu werden. Was können Sie tun, um diesen Transfer zu sichern? Die folgenden sechs Tipps geben Ihnen hierfür Anregungen:

1. Lassen Sie den Lernenden Wahlfreiheit bei der Themenwahl im Klassen-Coaching (Kap. 1.3).
2. Nutzen Sie Methoden wie die Bilderarbeit (Kap. 3.4), um bei den Lernenden ein positives Gefühl zum Lernen zu erzeugen (*Storch/Krause 2007*). Bildhafte Zielformulierungen, zum Beispiel »Ich starte mit voller Power durch – wie ein Porsche«, wirken besonders motivierend (*Hardeland/Nicolaisen 2015*).
3. Tragen Sie dafür Sorge, dass jedes Klassen-Coaching »rund« und verbindlich abgeschlossen wird. Jeder nimmt am Ende seine ersten konkreten Ideen, den ersten Umsetzungsschritt für sein Lernen mit aus dem Klassen-Coaching.
4. Bieten Sie den Lernenden anschauliche Materialien wie Vorlagen zur Erarbeitung und Ergebnissicherung (siehe Download-Material).
5. Hängen Sie die im Klassen-Coaching erstellten Produkte sichtbar im Klassenzimmer auf. So würdigen Sie die Ergebnisse, indem Sie ihnen den nötigen Raum verschaffen. Nutzen Sie den vorhandenen Platz, um immer wieder an die Regeln zu erinnern.
6. Regen Sie in regelmäßigen Abständen Kurzreflexionen zum bisherigen Umsetzungsstand an. Erfragen Sie, wer welche Erfolge wie erreicht hat.

Schaffen Sie den geeigneten Rahmen

Sorgen Sie für ein passendes Setting, damit sich alle gut auf das Klassen-Coaching einlassen können. In diesem Buch erhalten Sie in den Methoden (Kap. 2 bis 7) konkrete Ideen unter dem Aspekt »Voraussetzungen/Vorbereitung«.

Sorgen Sie für geeignete Räumlichkeiten, etwa solche mit einem angrenzenden Arbeitsraum, oder stellen Sie Moderationswände als Raumteiler auf. So haben Sie alle Schüler im Blick. Wer selbst unruhig ist, weil ein Teil der Klasse selbstständig und individualisiert lernt, während er sich den Schülern im Klassen-Coaching widmet, wird keiner Gruppe gerecht.

Auch der Zeitpunkt eines Klassen-Coachings sollte passend gewählt werden: Wenn Sie ausschließlich Randstunden für das Klassen-Coaching wählen, werden Sie es schwer haben, müde Schüler zu motivieren. Stellen Sie ein offenes, bewegungsfreies Setting im Klassenraum her, etwa mit Gruppentischen und einem Stuhlkreis.

2.

Standort bestimmen: »Wie lernst du eigentlich?«

Was wissen Sie als Lehrperson von Ihren Schülern, wenn Sie täglich mehrere Schulklassen mit jeweils 20 bis 30 Schülern unterrichten? Und das meist nur über einen Zeitraum von maximal 90 Minuten. Sie stellen Vermutungen über den fachlichen Lernstand an oder beobachten das Arbeitsverhalten. Doch wissen Sie, wie Ihre Schüler lernen? Was sie hemmt oder beflügelt? Wer im herkömmlichen Schulalltag maximal ein bis zwei Zeitstunden im Schuljahr für individuelle Gespräche zur Verfügung hat, wird diese Fragen schwerlich beantworten können.
Als Klassen-Coach schaffen Sie Anlässe, damit die Lernenden selbst mehr über ihre Lernweise und positiven bzw. negativen lernbeeinflussenden Faktoren erfahren – auch dann, wenn sich die Lernenden damit größtenteils selbst beschäftigen oder einander gegenseitig beraten. Sie selbst erfahren (nebenbei) mehr über die Lernprozesse Ihrer Schüler. Mit den hier aufgeführten Methoden geben Sie den Lernenden quasi eine Taschenlampe in die Hand. Damit beleuchten sie ihr eigenes Lernen. Sie werden zum Nachdenken über sich selbst inspiriert. Denn lernen kann der Lernende letztlich nur selbst.

»Was antworten Ihre Schüler, wenn Sie diese nach ihrer Lernausgangslage fragen?«

In diesem Kapitel des Buches lernen Sie vier Klassen-Coaching-Methoden kennen. Die Lernenden

- fassen ihre aktuelle Lernsituation gleich mehrfach hintereinander in Worte (*5 × 3*);
- erhalten einen gestalterischen Zugang zu sich selbst und ihrem Lernprozess (*Lernbild*);
- setzen sich mit hinderlichen, lernhemmenden Aussagen auseinander (*Inspektion*);
- visualisieren ihre bisherigen Lernerfolge und -erfahrungen (*Lernkarriere*).

2.1
5 x 3 (Minuten) – sich vielfältig austauschen

Viele Menschen sprechen gern mit verschiedenen Personen über ein und dasselbe Thema. Warum? Weil sie in jedem Gespräch neue Erkenntnisse gewinnen. Oder weil sie von den unterschiedlichsten Fragen oder Anmerkungen ihrer Gesprächspartner profitieren können.
Mit diesem Klassen-Coaching eröffnen Sie den Lernenden die Möglichkeit, sich gleich fünf Mal zu einem bestimmten Thema auszutauschen. Hierbei kommen nicht nur die Lernenden in Bewegung, sondern auch ihre Gedanken und Sichtweisen.

Sozialform / Dauer

- Gruppengröße/Sozialform: gesamte Klasse, mindestens zehn Schüler
- Zeit: ca. 20 bis 45 Minuten

Ziele

Die Lernenden

- gewinnen neue Erkenntnisse.
- fassen ihr Lernthema in Worte.
- gehen empathisch und flexibel auf ihr Gegenüber ein.

Beschreibung

Bei dieser Übung tauschen sich die Kinder/Jugendlichen mehrfach über ein und dasselbe Lernthema aus. Unabhängig davon, was das Gegenüber sagt, bei jedem erneuten Gespräch verändert sich unsere Sichtweise auf das Thema. Wie wäre es, wenn Sie sich dieses Prinzip im Klassen-Coaching zunutze machen? Entscheidend ist, dass die Lernenden in kurzen Klassen-Coaching-Sequenzen mehrere Gespräche miteinander führen. Sind drei Minuten Gesprächszeit vergangen, rotieren die Lernenden und beginnen ein Gespräch mit einem neuen Peer-Berater. So absolvieren die Lernenden fünf Drei-Minuten-Coachings. Dabei tauschen sie sich jeweils über ein und dasselbe Thema aus. Inhaltlich bieten sich Themen/Impulse wie folgende an:

- Damit bin ich gerade beim Lernen unzufrieden: ...
- Ich weiß nicht so recht, wie ich die Lernhürde X meistern kann /will.
- Inhaltlich habe ich im Unterricht gerade Schwierigkeiten bei /mit ...

Beispiele von Satzanfängen für die inhaltliche Arbeit bei der Methode 5 x 3

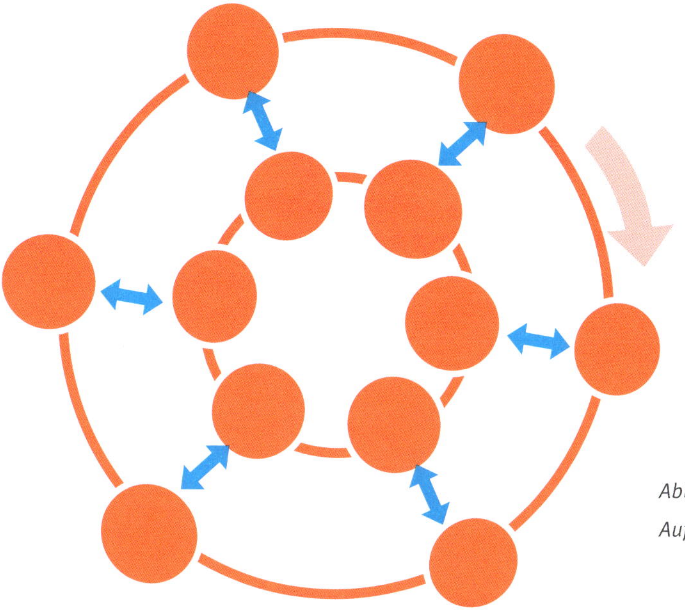

Abb. 6: Der Innen- und Außenkreis

Durchführung

Schritt 1: Hinführung

Erläutern Sie vorab Ziel und Ablauf dieses Klassen-Coachings. Bitten Sie die Lernenden, sich ein Thema zu suchen; alternativ geben Sie ein Thema vor. Weisen Sie die Lernenden ein, dass die Schüler im Außenkreis (Abb. 6) ein Thema einbringen, im Innenkreis befinden sich die Peer-Coaches. Zeigen Sie den Lernenden auf, welche lösungsorientierten Fragen die Peer-Berater stellen können. Hierfür bietet sich eine für alle sichtbare Visualisierung an:

- Wie soll es dir nach diesem Gespräch gehen?
- Was klappt gut?
- Womit bist du zufrieden?
- Welche Idee hast du selbst?
- Was kann dir dabei helfen, es zu schaffen?
- Wann hat es einmal besser geklappt?

Beispiele für lösungsorientierte Fragen der Peer-Berater

Schritt 2: Kreisbildung

Teilen Sie die Klasse durch Abzählen in zwei Gruppen. Eine Gruppe bildet den Innenkreis: Die Lernenden stellen sich zu einem geschlossenen Kreis zusammen und schauen nach außen. Die zweite Gruppe bildet den Außenkreis. Dazu stellt sich je ein Lernender des Innenkreises vor einen Schüler des äußeren Kreises. Somit schauen sich jeweils zwei Lernende an und stehen sich gegenüber. Bei ungerader Schülerzahl stehen zwei Schüler im Außenkreis nebeneinander, sie arbeiten mit einem Schüler des Innenkreises zusammen, sodass eine Dreiergruppe entsteht.

Schritt 3: Peer-Coaching in Partnerschaften

Die Lernenden tauschen sich in ihren Partnerschaften aus. Der Klassen-Coach gibt nach Ablauf der drei Minuten ein Zeichen, damit die Lernenden ihre Gespräche beenden. Wahlweise können Sie auch die letzte Gesprächsminute ankündigen, sodass die Peer-Berater das Gesprächsende einleiten können. Anschließend bewegen sich die Lernenden des Innen- oder Außenkreises ein bis zwei Plätze weiter. Nach der Rotation haben sich neue Gesprächspartnerschaften gebildet. Die nächste Runde beginnt.

Schritt 4: Kurzauswertung in Einzel- oder Partnerarbeit

Im Anschluss erhalten die Lernenden Gelegenheit, sich in Einzel- oder Partnerarbeit – dann mit einem Partner, der die gleiche Aufgabe wie sie selbst erfüllt hat – über die Erfahrungen und Erkenntnisse auszutauschen. Das heißt, Ratsuchende sprechen mit anderen Ratsuchenden, Peer-Berater mit anderen Peer-Beratern (Tab. 5).

AUSWERTUNGSFRAGEN RATSUCHENDE	AUSWERTUNGSFRAGEN PEER-BERATER
▸ Welche neuen Ideen/Anregungen habe ich gewonnen? ▸ Was hat mir dabei geholfen, diese neuen Ideen zu entwickeln? ▸ Was möchte ich jetzt tun?	▸ Wie zufrieden bin ich mit meinem Gespräch? ▸ Was davon kann ich nachvollziehen/geht mir ähnlich? ▸ Welche Ideen kommen mir im Nachhinein?

Tab. 5: Auswertungsfragen der Kurzauswertung in Einzel- oder Partnerarbeit

Schritt 5: Auswertung

In der gemeinsamen Plenumsauswertung erfragen Sie, welche Themen Inhalt der Gespräche waren. Zusätzlich bitten Sie die Lernenden um einige kurze Statements zu ihren Erfahrungen/Erkenntnissen.

Aufgaben des Klassen-Coaches

Diese Methode bietet Ihnen vielfache Möglichkeiten bezüglich der inhaltlichen und methodischen Ausgestaltung: Die Zahl der Gespräche, die Dauer der Gespräche, die inhaltlichen Schwerpunkte – hier können Sie flexibel variieren. Eines ist jedoch wichtig: Machen Sie sich im Vorfeld genau Gedanken über diese Aspekte, sodass Sie sich für eine Variante entscheiden. Bei Bedarf können Sie die Kinder/Jugendlichen situativ bei einzelnen Gesprächen unterstützen.

Voraussetzungen/Vorbereitung

Erstellen Sie den Arbeitsauftrag und passen Sie diesen an Ihre Schülerklientel an. Es bietet sich an, dieses lebendige Klassen-Coaching in einem größeren Raum oder der Pausenhalle durchzuführen, sodass sich die Gesprächspartner jeweils ein wenig separieren können. Aufgrund dessen empfiehlt sich zugleich eine Durchführung im Stehen, dann können sich die Lernenden einige Schritte voneinander entfernen. Als Klassen-Coach sollten Sie es gut aushalten können, wenn es in der Klasse etwas lauter zugeht; Gleiches gilt für Ihre Klasse. Trotz dieses Geräuschpegels sollten Sie sich konzentrieren können, um den Gesamtprozess zu lenken.
Wahlweise können Sie diese Methode auch in einem Stuhlkreis durchführen. Es ist von Vorteil, wenn in der Klasse eine »Flüsterkultur« herrscht.

Chancen

Die Methode ermöglicht einen facettenreichen, schüleraktiven Austausch. Dieses Klassen-Coaching können Sie spontan und flexibel einsetzen, etwa dann, wenn in der Klasse Unzufriedenheit spürbar ist. Es besteht die Möglichkeit, seinen Unmut kundzutun und in eine produktive Richtung zu lenken. Zudem wird ein intensiver Austausch der Schüler untereinander provoziert. Die wechselnden Gesprächspartner wirken sich positiv auf das Klassenklima aus. Hierbei kommt wahrhaft einiges in Bewegung.

Stolpersteine

Wer Schwierigkeiten mit einem hohen Geräuschpegel hat, sollte möglicherweise auf diese Methode verzichten. Eventuell lassen sich nicht alle Paarungen mit der gleichen Intensität auf diese Übung ein. Gelegentlich nutzen Lernende die Zeit, um sich über andere Dinge auszutauschen. Wenn Sie dieses Vorgehen ausprobieren, sollten Sie sich bereits im Vorfeld Gedanken darüber machen, wie Sie auf »Querulanten« reagieren wollen. Es hat sich bewährt, gleich zu Beginn dieser Übung transparent zu machen, weshalb dabei mehrere Gesprächssequenzen stattfinden. So erkennen die Schüler die Sinnhaftigkeit des Klassen-Coachings und lassen sich auf mehrere Gespräche ein.

Sollten einige Lernende Nebengespräche führen, die sich nicht auf das Lernen beziehen, so können Sie diese dulden, wenn sie sich im Rahmen halten. Ansonsten bitten Sie die Lernenden, gern auf humorvolle Weise, sich wieder dem Thema Lernen zu widmen.

Eine Voraussetzung für diese Methode ist, dass sich Lernende mit einem aktuellen, lernrelevanten Thema einbringen – zum Beispiel Problemen mit ihrer Organisation oder Vergesslichkeit.

Hinweise

Dieses Klassen-Coaching können Sie sowohl im Stehen als auch im Sitzen durchführen. Je nach Lerngruppe, Thema und Tageszeit können Sie die Länge der einzelnen Gespräche und auch die Vielzahl der wechselnden Gesprächspartner verändern. Es hat sich bewährt, hierbei auf die Lerngruppe Rücksicht zu nehmen. Diese Methode kann auch durchgeführt werden, indem sich Lernende über positive Lernerlebnisse/-erfolge unterhalten.

Es kann hilfreich sein, wenn die Lernenden ihr Thema vorab auf eine Karte schreiben, so ist es präsent.

Wer variieren möchte, kann den Lernenden nach jeder Runde eine Minute Zeit zur Verfügung stellen: Dann besteht die Möglichkeit, sich kurz Notizen über die gewonnenen Erkenntnisse und Einsichten zu machen.

Es ist nicht das oberste Ziel dieser Methode, dass Lernende neue Einsichten oder Ideen entwickeln. Allein das mehrfache Thematisieren eines lernspezifischen Aspekts erzielt Wirkung. Daher eignet sich dieses Vorgehen besonders für Klassen, die erste Erfahrungen mit dem Klassen-Coaching sammeln.

Quellen

Neumann, G. (*2014*): *Turbo-Coaching.* In: Schmid, B.; Koenig, O. (Hrsg.) (2014): *Train the Coach: Methoden, Übungen und Interventionen für die professionelle Weiterbildung von Coachs, Teamcoachs, Change-Agents, Organisationsentwicklern und Führungskräften.* Bonn: managerSeminare. S. 108–113.

2.2
Lernbild aufstellen – dem Lernen Ausdruck verleihen

Schüler lernen jeden Tag, das ist ganz selbstverständlich. Was jedoch verstehen die Schüler unter Lernen? Wie sieht ihr Lernprozess aus? Welche lernbeeinflussenden Faktoren spielen dabei eine Rolle? Was gelingt ihnen gut? Womit haben sie Schwierigkeiten? Im Lernbild stellen die Schüler ihr Alltagsgeschäft, das Lernen, dar.

Sozialform/Dauer

- Gruppengröße/Sozialform: gesamte Klasse, ca. fünf Schüler je Gruppentisch
- Zeit: ca. 60 bis 90 Minuten

Ziele

Die Lernenden

- reflektieren ihre Lernsituation.
- werden sich ihrer individuellen Fortschritte bewusst.
- entdecken ihre Fähigkeiten und Ressourcen.
- probieren sich in kreativen Ausdrucksmöglichkeiten aus.
- blicken aus einer anderen Perspektive auf ihren Lernprozess.

Beschreibung

In diesem Klassen-Coaching verschaffen sich die Lernenden einen Überblick über die lernbeeinflussenden Faktoren und ihr eigenes Lernhandeln. Das Lernen wird kreativ als Gebilde oder Visualisierung dargestellt und anschließend betrachtet (Abb. 7). Dazu kann eine dreidimensionale Darstellung angefertigt werden. Jeder Lernende stellt sein eigenes Lernbild auf, dazu formieren sich die Lernenden an einem Gruppentisch. Der Klassen-Coach stellt pro Gruppentisch verschiedene Materialien (siehe »Voraussetzungen/Vorbereitung«) bereit. Das Lernbild macht das eigene Lernverhalten und Lernfortschritte sichtbar.
Anschließend betrachten die Schüler ihr Gebilde aus der Vogelperspektive und reflektieren es. Dabei gewinnen sie neue Einsichten, die sie für ihre künftige Lernentwicklung nutzen können.

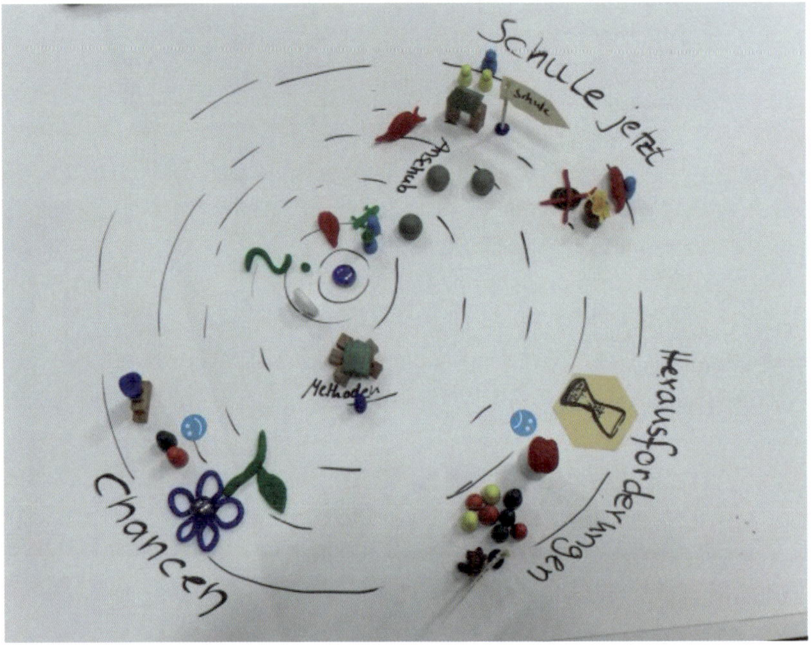

Abb. 7: Beispiel eines Lernbildes

Abb. 8: Ablauf »Lernbild aufstellen«

Durchführung

Schritt 1: Hinführung

Der Klassen-Coach erläutert die Aufgabe (Arbeitsauftrag siehe Kasten):

»In diesem Klassen-Coaching geht es nicht um fachliches Wissen wie Mathe oder Deutsch, es geht um euer Lernen: darum, wie ihr lernt.«

Arbeitsauftrag

Damit ihr euer Lernen besser versteht, stellt ihr wichtige Elemente eures Lernens oder euren Lernprozess bildlich dar. Stellt euch dazu vor, ihr steht unsichtbar in der Tür eines Raumes, in dem ihr gerade lernt. Ihr schaut euch selbst beim Lernen zu. Die Überschrift für euren Arbeitsauftrag lautet: »So lernen wir: ...«.

Erstellt ein Bild, das zum Beispiel folgende Elemente zeigt:

- wie und wann ihr lernt: Wo sitzt ihr? Was steht/liegt auf dem Tisch? Welche Materialien nutzt ihr?
- welche Lernmomente euch Spaß bereiten: Stellt positive Lernerlebnisse und -situationen sowie gute Bedingungen für euer Lernen dar.
- wann Lernen für euch schwierig ist: Zeichnet ungünstige, schwierige Bedingungen oder auch störende/hemmende Faktoren.

Visualisiert Gemeinsamkeiten und Unterschiede. Jeder von euch findet sich und sein Lernen in diesem Bild wieder. Beschriftet die einzelnen Elemente oder verbindet sie miteinander. Ihr könnt auch Symbole einzeichnen. Nutzt die unterschiedlichsten Materialien, um ein dreideimensionales Bild zu erstellen.

Arbeitsauftrag »Lernbild aufstellen«

Im Anschluss an die Gruppenbildung erhalten die Lernenden für jede Gruppe einen visualisierten Arbeitsauftrag und begeben sich an ihre Gruppentische mit den dort ausliegenden Materialien (siehe »Voraussetzungen/Vorbereitung«).

Schritt 2: Lernbild aufstellen in Gruppen

Die Lernenden zeichnen/visualisieren ihr Lernbild auf einem Plakat/Flipchart-Papier. Des Weiteren stellen sie dazu passende Materialien auf, dann wird das Bild dreidimensional. Ein Klassen-Coach beobachtet die Geschehnisse in den jeweiligen Gruppen und unterstützt bei Bedarf. Zum Ende dieser Arbeitsphase bitten Sie die Lernenden, die Aufmerksamkeit wieder aufs Plenum zu richten. Der Klassen-Coach erläutert den Arbeitsauftrag (siehe Kasten) für die folgende Reflexion.

Schritt 3: Reflexion in der Gruppe

Die Lernenden reflektieren gemeinsam anhand des Arbeitsauftrages ihr Lernbild. Durch diesen Austausch werden ihnen bestimmte Aspekte bewusster, die ihr Lernen hemmen oder fördern. Der Klassen-Coach händigt im Anschluss jedem Lernenden die Leitfragen zum Einkleben in das Klassen-Coaching-Logbuch (Kap. 1.7) aus. Jeder Schüler reflektiert sich und sein Lernen in diesem Zuge in Einzelarbeit. Diese Analyse hilft, Konsequenzen für das künftige Lernverhalten und kommende Herausforderungen abzuleiten. Außerdem werden sich die Schüler ihrer Stärken bewusst.

Reflexion in der Gruppe: fünf Minuten
Betrachtet euer Lernbild aus einem Abstand von ein bis zwei Metern. Geht um den Gruppentisch herum. Beantwortet dann in der Gruppe folgende Fragen:

- »Was fällt euch an dem Bild besonders auf?«
- »Was wird euch jetzt klarer?«
- »Welche Ideen kommen euch, wenn ihr an euer künftiges Lernen denkt?«

Hierfür habt ihr fünf Minuten Zeit.
Nachdem ihr euch gemeinsam in der Gruppe ausgetauscht habt, nimmt sich jeder zehn Minuten Zeit für sich allein.

Beantworte die folgenden Fragen und notiere deine Ergebnisse im Klassen-Coaching-Logbuch.
Einzelauswertung: zehn Minuten

- »Was gelingt dir beim Lernen gut?«
- »Welche positiven Eigenschaften, Vorgehensweisen, Rahmenbedingungen, Erlebnisse hast du (gehabt), die dir beim Lernen helfen?«
- »Welche Dinge hemmen dich beim Lernen?«
- »Das nimmst du dir für die Zukunft vor, weiter so oder anders zu machen: ...«

Arbeitsauftrag Lernbild in den Gruppen auswerten

Schritt 4: Auswertung

Die Plenumsrunde findet im Stehen im Klassenraum statt. Sie legen die visualisierten Satzanfänge in der Klasse auf dem Fußboden aus und bitten die Lernenden, sich dazu zu stellen und sich dazu zu äußern. Folgende Satzanfänge sind denkbar:

- »Diese neuen Einsichten habe ich durch das Lernbild erhalten: ...«
- »Das nehme ich mir für die Zukunft vor: ...«
- »So ist es mir bei diesem Klassen-Coaching ergangen: ...«

Aufgaben des Klassen-Coaches

Sorgen Sie für eine anschauliche Erläuterung des Auftrages, etwa anhand der Materialien, die Sie den Lernenden zur Verfügung stellen. Insgesamt nehmen Sie eine inspirierende Rolle ein, um den gestalterischen Prozess der Schüler anzuregen. Möglicherweise werden Sie um die Bereitstellung weiterer Utensilien gebeten.

Voraussetzungen/Vorbereitung

Erstellen Sie den Arbeitsauftrag und passen Sie den Auftrag an Ihre Schülerklientel an. Legen Sie für diese Übung unterschiedlichste Materialien parat: Flipchartbögen, Plakate, Moderationsstifte, Kleber, Scheren, buntes Papier, Moderationskarten, Schleichtiere, Holzklötze und/oder Flemo-Kästen®. Sorgen Sie für eine ausreichende Zahl von Gruppentischen, sodass die Lernenden in Ruhe ihre Lernwelt aufstellen können. Es ist ratsam, einen Fotoapparat griffbereit zu haben. So können Sie die Lernbilder der Schüler fotografieren und kopieren; die Lernenden können die Bilder in ihr Logbuch einkleben. Für die abschließende Reflexion im Plenum visualisieren Sie die Leitfragen auf farbigem DIN-A3-Papier.

Chancen

Dieses kreative Klassen-Coaching verschafft Lernenden einen praktischen, gestalterischen Zugang zu ihrem Lernen. Es verlangt ihnen zugleich eine Selbstreflexion ab. Hier wird ein bildliches Verfahren genutzt, um dem eigenen Lernen Ausdruck zu verleihen. Diese Methode regt auch Lernende an, die sich ungern mündlich oder schriftlich einbringen.

Stolpersteine

Möglicherweise bereitet der offene Arbeitsauftrag einigen Schülern Schwierigkeiten. Dann gilt es, eine kleine Durststrecke zu überstehen. Unterstützen Sie die Lernenden durch Impulse wie folgende:

»Wie lernt ihr? [Klassen-Coach blickt in die Runde und wartet die Antwort der Schüler ab.] Schaut euch die Materialien an, wie könnt ihr das jetzt in einem Bild darstellen?«

Mithilfe dieser Anleitung erhalten die Schüler konkretere Vorstellungen vom Vorgehen und können meist selbstständig weiterarbeiten. Gelegentlich nimmt der spielerische und gestalterische Teil überhand, im Rahmen eines solchen Auftrages ist das vollkommen in Ordnung. Unabhängig von der Art des Gebildes: Die Lernenden setzen sich unweigerlich mit sich selbst und ihrem Lernprozess auseinander.

Hinweise

Bieten Sie den Lernenden wahlweise Bildervorlagen mit den Umrissen eines Hauses, eines Fußballfeldes, eines Musikinstruments, eines Autos oder eines Zirkus an. (Ein Haus und ein Fußballfeld finden Sie beim Download-Material.) Hier tragen die Lernenden Stichworte zu ihrem Lernen wie »Unlust« oder »Klassenarbeit« ein. Je nach Alter und Entwicklungsstand der Lernenden vereinfachen Sie so den Arbeitsauftrag.

DOWNLOAD

Alternativ können die Lernenden ein gemeinsames Gruppenbild erstellen. Diese Aufgabe ist dann anspruchsvoller, da dem ein Einigungsprozess vorangeht.

Quellen

Diese Methode wurde 2013 von **Hardeland,** H. entwickelt.

2.3 Die Inspektion – Lernhemmer identifizieren

Fast jeder Lernende kennt das: »Jetzt will ich mich erst einmal entspannen« oder »Damit fange ich morgen an«. Häufig wird das Lernen dann vertagt oder fällt ganz aus. Hierfür gibt es jede Menge Ausreden. Doch bevor man diese Vorwände entkräften kann, muss man sie erst einmal identifizieren. In diesem Klassen-Coaching setzen sich die Lernenden bewusst mit ihren Lernhemmern sowie deren Vor- und Nachteilen auseinander. Wer mag, kann sogar jeweils ein Gegenmittel dafür entwickeln.

Sozialform/Dauer

- Gruppengröße/Sozialform: gesamte Klasse, drei bis vier Schüler je Gruppe
- Zeit: ca. 45 bis 60 Minuten

Ziele

Die Lernenden
- identifizieren ihre Lernhemmer.
- analysieren ihre Lernhemmnisse im Hinblick auf deren Vor- und Nachteile.
- entwickeln Möglichkeiten/Ideen zum produktiven Umgang mit ihren Lernhemmnissen.

Beschreibung

Viele Schüler bremsen sich selbst beim Lernen mit »Ja-aber-Sätzen« aus. Der (Lern-)Druck wird dadurch jedoch nicht weniger, sondern nur verschoben. Am Ende macht sich ein schlechtes Gewissen breit. Meist hilft auch kein Zetern und Jammern der Eltern, ganz im Gegenteil: Wer sich bedrängt fühlt, fängt erst recht nicht mit dem Lernen an. Oft merken die Lernenden selbst gar nicht, welche lernhemmenden Ausreden sie sich einfallen lassen. In diesem Klassen-Coaching gehen die Schüler selbst auf Spurensuche und identifizieren ihre Ausreden; dies geschieht durch die Arbeit mit hemmenden Glaubenssätzen. Anstatt sich in Hilflosigkeit und Ohnmacht zu flüchten, beginnen die Lernenden, sich mit ihrem »Widersacher«, den eigenen Ausreden, auseinanderzusetzen. Dieses Klassen-Coaching unterstützt die Schüler dabei, die Muster ihres eigenen Lernverhaltens zu erkennen und in eine produktive Richtung zu lenken. Dazu identifizieren die Lernenden vorab die Aussagen, die sie beim Lernen hemmen, um diese dann im Detail zu beleuchten und zu entkräften (Tab. 6).

LERNHEMMENDE AUSSAGEN	
▸ »Das mache ich einmal ganz in Ruhe, wenn ich richtig Zeit dafür habe.« ▸ »Für das Fach X kann man nicht lernen.« ▸ »Ich warte noch mal ab, was wirklich in der Klassenarbeit drankommt, dann fange ich an zu lernen.« ▸ »Vorher muss ich noch aufräumen.« ▸ »Ich habe die letzten Male zu viel gelernt, das kam dann alles gar nicht dran.« ▸ »Och nö, darauf habe ich jetzt keine Lust.« ▸ »Das schaffe ich heute eh nicht mehr.« ▸ »Ich kann das sowieso nicht.« ▸ »Das lerne ich lieber mit X zusammen.«	▸ »Das guckt sich eh keiner an.« ▸ »Ich weiß nicht, womit ich anfangen soll.« ▸ »Zum Lernen brauche ich (mehr) Druck.« ▸ »Das Lernen bringt doch eh nichts.« ▸ »Da muss ich morgen erst einmal die anderen fragen.« ▸ »Ich fange erst drei Tage vor der Klassenarbeit an, sonst vergesse ich alles wieder.« ▸ »Die anderen machen das auch nicht.« ▸ »Ich muss mir erst einmal die Unterlagen besorgen.« ▸ »Das mache ich morgen/später.«

Tab. 6: Übersicht über einige lernhemmende Aussagen

Abb. 9: Ablauf der »Inspektion«

Durchführung

Schritt 1: Hinführung

Erläutern Sie, vielleicht auch anhand eines Beispiels, was typische hemmende Lerngedanken/Aussagen sein können. Informieren Sie die Lernenden, weshalb es ratsam ist, diese kritischen Gedanken zu identifizieren und sich mit ihnen zu beschäftigen:

»Viele von euch sind wahrscheinlich auch einmal genervt, wenn Hausaufgaben gemacht werden müssen oder wenn es an das Lernen für Klassenarbeiten geht. Theoretisch wissen wir es alle, ja, man muss sich einfach nur hinsetzen und anfangen. Und trotzdem findet man immer wieder Ausreden. Oder manchmal machen sich hemmende Gedanken breit, die einen davon abhalten, zu lernen. Bitte sammelt jetzt in Dreiergruppen eure hemmenden Gedanken wie ... [Klassen-Coach nennt ein passendes Beispiel, je nach Situation der Lernenden]. Schreibt diese Ausreden/Einwände bitte auf Karten. Dafür habt ihr zehn Minuten Zeit.«

Schritt 2: Themenbestimmung

Die Lernenden sammeln ihre kritischen Gedanken/Lernhemmer. In dieser Phase unterstützen und inspirieren Sie, falls den Lernenden die Ideen fehlen. Nachdem Sie die beschrifteten Karten eingesammelt haben, clustern Sie diese an einer Moderationswand. Anschließend dürfen die Lernenden mit einem Moderationsstift, Klebepunkten oder durch einen Fingerzeig kennzeichnen, welche hemmenden Aussagen sie inhaltlich interessant finden. Somit identifizieren sie gemeinsam die wichtigsten fünf Lernhemmer. Jede Gruppe beschäftigt sich im Anschluss intensiv mit einem dieser Lernhemmer. Dazu dürfen sich die Gruppen ihren Lernhemmer aussuchen. Angenommen, mehrere Gruppen interessieren sich für dasselbe Thema: Dann arbeiten die Gruppen arbeitsgleich. Wichtig ist, dass sich die Lernenden mit einem negativen Gedanken beschäftigen, der für sie selbst von Interesse bzw. ihnen geläufig ist.

Schritt 3: Erarbeitung in Gruppen – arbeitsgleich oder -teilig

Die Schüler bearbeiten den Arbeitsauftrag (siehe Kasten) zu »ihrem« Lernhemmer. Der Klassen-Coach unterstützt die Gruppen, falls erforderlich. In der Regel sind Sie besonders gefragt, wenn es um die positiven Auswirkungen des hemmenden Gedankens oder mögliche Strategien zu dessen Bewältigung geht.

Arbeitsauftrag

Tauscht euch innerhalb der Gruppe zu eurem Lernhemmer aus. Sprecht dabei über folgende Aspekte. Notiert eure Ergebnisse auf einem Plakat:

- Welchen Nutzen könnte dieser gedankliche Lernhemmer für euch haben?
- Welche negativen Auswirkungen hat dieser gedankliche Lernhemmer?
- Was könnt ihr tun, um diesen Lernhemmer zu entkräften? Sammelt hierzu konkrete Strategien.

Arbeitsauftrag »Inspektion«

Schritt 4: Auswertung

Die Gruppen veröffentlichen ihre Arbeitsergebnisse zum Beispiel in Form einer Präsentation oder mittels der allgemein bekannten Marktplatz-Methode. An dieser Stelle sind Sie gefragt: Angenommen, Sie sehen während der Gruppenarbeiten, dass die Strategien zum Überwinden des Lernhemmers zu allgemein und/oder zu wenig praktikabel sind. Dann sollten Sie sich für die Präsentationsvariante entscheiden, dabei hat der Klassen-Coach die Möglichkeit, die Arbeitsergebnisse der einzelnen Gruppen durch konkretere Ideen zu bereichern. Hierbei gehen Sie selbstverständlich wertschätzend und sensibel vor.

Regen Sie im Anschluss an die Veröffentlichung ein gemeinsames Plenumsgespräch über die hemmenden Vorwände und deren Entkräftigung an. Stellen Sie dazu beispielsweise Fragen wie folgende:

- »Angenommen, dieses Klassen-Coaching hat dir genützt. Was könnte das positive Ergebnis sein?«
- »Welcher Lernhemmer kommt dir bekannt vor?«
- »Was wird für dich ohne deinen gedanklichen Lernhemmer besser sein?«
- »Was machst du künftig, wenn sich der lernhemmende Satz wieder meldet?«

Wer möchte, kann diese Fragen auch für die Plenumsauswertung visualisieren. Anschließend erhalten die Lernenden Zeit, um ihre Erkenntnisse und die nächsten Schritte in ihr Logbuch zu schreiben.

Aufgaben des Klassen-Coaches

Beschäftigen Sie sich vor diesem Klassen-Coaching mit möglichen hemmenden Gedanken und Aussagen der Lernenden (Tab. 6). Seien Sie als »Trüffelsucher« bereits im Vorfeld sensibel und achten Sie auf hemmende Äußerungen der Lernenden. Diese können Sie dann bewusst als Beispiele beim Klassen-Coaching einbringen. Setzen Sie sich auch mit möglichen Gegenmaßnahmen/Interventionen zu den jeweiligen Lernhemmern auseinander. Dann unterstützt der Klassen-Coach die einzelnen Gruppen mit einem Mini-Input (Kap. 1.7), falls die Lernenden keine lösungsorientierten Gegenmaßnahmen finden. Bei dieser Übung ist es wichtig, ausdrücklich in der Klassen-Coach-Rolle zu bleiben und dies durch die eigene Zurückhaltung zu signalisieren. Es kann auch hilfreich sein, wenn Sie als Klassen-Coach mögliche Lernhemmer einbringen. So erleichtern Sie den Lernenden, hemmende Faktoren zu äußern. Würden Sie in der Funktion als Lehrkraft wahrgenommen, so bestünde die Gefahr, dass sich die Lernenden bewusst zurückhalten, da sie ihrerseits eine Bewertung befürchten. Möglicherweise steigen Sie auch mit einem exemplarischen Beispiel von sich selbst ein: Sie erläutern den Lernenden, mit welchen hemmenden Gedanken Sie beispielsweise bei der Korrektur von Klassenarbeiten zu kämpfen haben. Schildern Sie dann Ihre Strategien zum Überwinden der hemmenden Gedanken. Zeigen Sie, dass Sie auch mit Hemmnissen zu kämpfen haben, so wecken Sie das Vertrauen der Lernenden und ihre Bereitschaft, sich zu öffnen.

Voraussetzungen/Vorbereitung

Sie sollten einige hemmende Lerngedanken parat haben, um gegebenenfalls inspirieren und unterstützen zu können, falls die Lernenden selbst keine Ideen haben. Möglicherweise bieten Sie eine kleine Fantasiereise zur Einstimmung auf eine klassische Lernsituation an. Auf dieser Grundlage können die Lernenden dann aus ihrer Fantasie hemmende Gedanken ableiten. Planen Sie Zeit für eine anschließende Präsentation oder einen Marktplatz ein. Hierdurch erhalten die Lernenden Gelegenheit, um wertvolle Anregungen/Tipps der anderen Gruppen anzunehmen. Die Erfahrungen übertragen die Lernenden dann ins Klassen-Coaching-Logbuch. Passen Sie den Arbeitsauftrag an Ihre Schülerklientel an.

Chancen

Dieses Klassen-Coaching wirkt nachhaltig, da den hemmenden Gedanken Ausdruck verliehen wird. Sie werden bewusst thematisiert und somit transparent. Nur wer um seine eigenen Hürden weiß, kann diese überwinden. Die Schüler entwickeln einen produktiven, lösungsorientierten Umgang mit ihren Lernhemmnissen. Durch die Entwicklung kreativer Ideen kann die Bereitschaft geweckt werden, eine andere Sichtweise zu entwickeln oder mit seinen hemmenden Gedanken ins Gericht zu gehen. Die Schüler profitieren von den Ideen der anderen. Sie nehmen wahr, dass auch ihre erfolgreichen, guten Mitschüler mitunter von hemmenden Gedanken geplagt werden; dies ist nicht nur ein Problem der schwächeren Lernenden. Dieses Vorgehen besticht durch seine enttabuisierende und humorvolle Herangehensweise. Lernende lassen sich daher erfahrungsgemäß gern auf dieses Klassen-Coaching ein.

Stolpersteine

Es ist nicht das Ziel dieser Übung, alle lernhemmenden Gedanken für immer und ewig aus dem Weg zu räumen. Vielmehr geht es hierbei um eine bewusste und konstruktive Auseinandersetzung mit eigenen hemmenden oder abwertenden Gedanken. Schließlich haben einige hemmende Aussagen sogar ihre Berechtigung und können sich förderlich auf das Lernverhalten auswirken: So mancher Lernende braucht tatsächlich hinreichend Druck, um schließlich mit dem Lernen produktiv voranzukommen. Achten Sie bei der Auswertung im Plenum darauf, dass auch dieser Aspekt berechtigt ist und angesprochen wird. Für manche Lernende kann diese Strategie überaus hilfreich und ratsam sein, während andere Schüler unter dem schlechten Gewissen aufgrund ihres Aufschiebeverhaltens leiden und sich gestresst fühlen oder gar schämen.
Was ist, wenn die Schüler am Ende nur den Nutzen in den Lernhemmern sehen? Wie reagieren Sie darauf? Dann akzeptieren Sie diese Entscheidung als Klassen-Coach – auch wenn es Ihnen in Ihrer Rolle als Vermittler schwerfallen würde. Schließlich bietet dieses Klassen-Coaching eine Plattform zur bewussten Auseinandersetzung mit lernbeeinflussenden Faktoren. Die Entscheidung, wie jeder Lernende damit umgeht, trifft er selbst – höchstwahrscheinlich sogar auf Grundlage seiner Reflexion.

Hinweise

Wer möchte, kann die Lernenden auf dieses Klassen-Coaching vorbereiten: Fordern Sie die Lernenden etwa zwei bis drei Tage vorher auf, ihre lernhemmenden Gedanken/Aussagen zu sammeln:

»Achtet in den nächsten Tagen einmal bewusst darauf, welche Ausreden ihr dafür habt, NICHT zu lernen oder eure Hausaufgaben NICHT zu machen. Schreibt diese auf.«

Es hat sich bewährt, das Gespräch über die hemmenden Gedanken nicht zu einem einmaligen Erlebnis werden zu lassen. Wiederholen Sie Gespräche über die hemmenden Faktoren, gerade auch in intensiven Lernphasen, sodass sich die Lernenden erneut an ihre Strategien erinnern. Es reicht aus, wenn sich die Schüler nach etwa zwei Wochen noch einmal in einem zehnminütigen Gespräch über ihre Erkenntnisse bezüglich dieses Klassen-Coachings austauschen. Möglicherweise berichten einige der Lernenden von erfolgreichen Strategien und andere passen ihre bisherigen Strategien an, da sie sich an den Erfolgen ihrer Mitschüler orientieren.
Sollten Sie keine Doppelstunde zur Verfügung haben, so können Sie das Klassen-Coaching nach der Sammlung der hemmenden Gedanken oder nach der Erarbeitungsphase unterbrechen und in der folgenden Unterrichtsstunde inhaltlich weiterarbeiten.

Quellen

Keller, E. (2013): *Nachhaltigkeit in Beratung und Training. Konzept und Methoden.*
Bonn: managerSeminare.

Wehrle, M. (2014): *Die 50 kreativsten Coaching-Ideen. Das große Workbook für Einsteiger und Profis zur Entwicklung der eigenen Coaching-Fähigkeit.*
Bonn: manager-Seminare.

2.4
Die Lernkarriere – positive Erfahrungen aufs Papier bringen

Welche Lernsituationen bleiben in den Köpfen? Leider viel zu häufig die misslungenen. Bei diesem Klassen-Coaching ist es anders. Die Schüler beschäftigen sich mit ihren bisherigen Lernfolgen und positiven Lernerlebnissen. Wer weiß, wann und wie er am besten lernt, kann der Gestalter seines eigenen erfolgreichen Lernens sein.

Sozialform/Dauer

- Gruppengröße/Sozialform: gesamte Klasse, Dreiergruppen
- Zeit: ca. 45 bis 90 Minuten

Ziele

Die Lernenden

- setzen sich mit ihrem bisherigen Lernen und ihren Lernerfahrungen auseinander.
- werden sich ihrer positiven Erfahrungen sowie Ressourcen und förderlicher Muster bewusst.
- entwickeln Ideen, um ihr Lernen künftig positiv zu gestalten.
- profitieren von den positiven Erfahrungen ihrer Mitschüler.

Beschreibung

Was im beruflichen Kontext der Lebenslauf ist, ist im schulischen die Lernkarriere. Jeder Schüler zeichnet sich durch seine ganz persönliche Lernlaufbahn aus. Nur wissen viele gar nicht, was sie brauchen, um effektiv oder erfolgreich zu lernen. Diese bildliche Darstellung macht lehrreiche Erfahrungen, erfolgreiche Momente und lernförderliche Faktoren sichtbar. Wenn es gelingt, den Blick auf das eigene Lernen in eine positive Richtung zu lenken, dann verändern sich die Haltung und die Einstellung der Schüler. Sie fühlen sich gestärkt.

Die Lernenden erstellen eine Grafik ihrer Lerngeschichte. Dort werden beispielsweise folgende Gesichtspunkte abgebildet:

- erfreuliche Lern- oder Schulsituationen mit Lehrern, Eltern oder Mitschülern,
- gemeisterte Prüfungssituationen (Test, Klassenarbeit, Prüfung, Präsentation),
- Lieblingsfächer,
- Aha-Erlebnisse,
- motivierende Lern-/Schulerfahrungen,
- positive Rückmeldungen zum eigenen Lernverhalten, -ergebnis oder -prozess und
- als produktiv erlebte Lernprozesse.

Abb. 10: Ablauf »Die bisherige Lernkarriere«

Durchführung

Schritt 1: Hinführung und Anfertigung der Visualisierung

Schlagen Sie den Schülern vor, ihre bisherige Lernkarriere zu Papier zu bringen. Erklären Sie den Auftrag. Gehen Sie dabei besonders auf die beiden Achsen ein. Zeigen Sie die Pole der beiden Achsen anhand eines Beispiels auf. Klären Sie gemeinsam im Plenum Fragen.

Anschließend erhalten die Lernenden etwa 20 bis 30 Minuten Zeit, um eine Visualisierung anzufertigen. Wecken Sie Interesse daran, indem Sie den Auftrag beispielsweise wie folgt in eine Geschichte einbetten:

»Stellt euch vor, ihr präsentiert eure positive Lernkarriere in einem Vorstellungsgespräch. In diesem Gespräch möchten die Anwesenden mehr über euch und eure Schulkarriere erfahren. Erstellt eine ansprechende Grafik und nicht eine schnell dahingekritzelte Darstellung.«

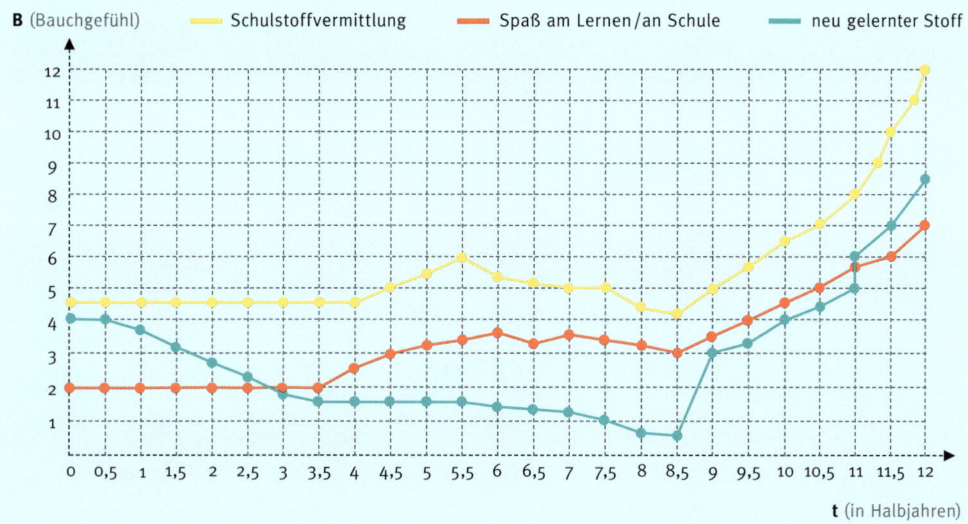

Abb. 11a: Beispiel der Lernkarriere einer Schülerin

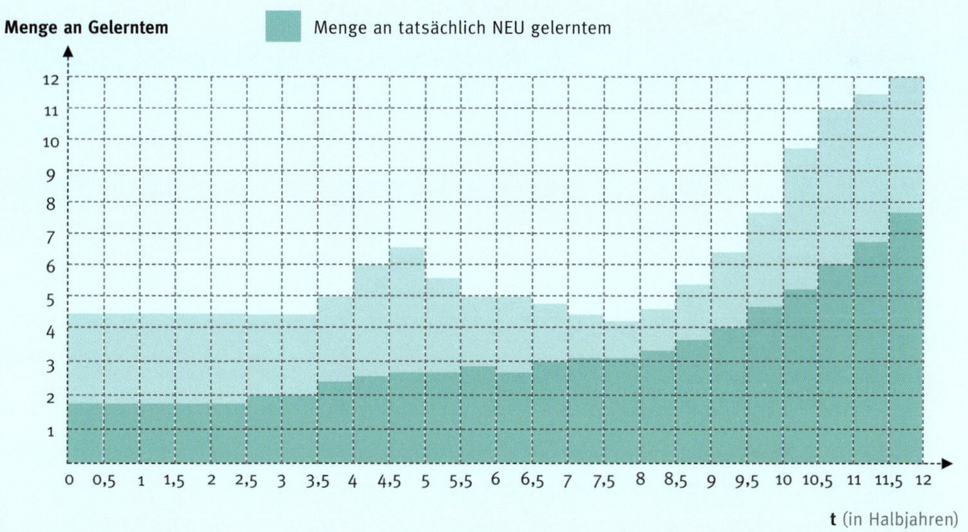

Abb. 11b: Beispiel der Lernkarriere einer Schülerin

Schritt 2: Positive Auswertung der bisherigen Lernkarriere in Dreiergruppen

Nachdem alle Lernenden ihre Grafiken angefertigt haben, bilden Sie Dreiergruppen und verteilen die Arbeitsaufträge (siehe Kasten). Erläutern Sie den genauen Arbeitsauftrag: Die Lernenden erhalten goldfarbene Zettel als ihre »Gold-Karten« (Abb. 12 und Download-Material) und notieren jeweils gemeinsam – in Anschluss an die Betrachtung der jeweiligen Lernkarriere – die positiven lernbeeinflussenden Faktoren und ihre positiven Eigenschaften/Ressourcen, wie Engagement, Durchsetzungsstärke und die Fähigkeit, sich gut auszudrücken. Dabei werden nicht die kompletten Erlebnisse, sondern die Ressourcen notiert (Tab. 7).

DOWN-LOAD

Abb. 12: Beispiel einer ausgefüllten »Gold-Karte«

Erklären Sie den Auftrag anhand eines Beispiels an der Tafel. Möglicherweise geben Sie den Lernenden dazu zusätzlich Hilfsmittel an die Hand (siehe »Aufgaben des Klassen-Coaches«).

Arbeitsauftrag »Lernkarriere«

Ein Schüler (A) legt seine visualisierte Lernkarriere in die Tischmitte. Ein anderer Schüler (B) lenkt das Gespräch: Er bittet den Schüler A, seine Lernkarriere vorzustellen. Ein Beobachter (C) hört aufmerksam zu und schreibt positive Dinge, hilfreiche Eigenschaften etc. über den Schüler A auf, die ihm beim Lernen helfen. Der Schüler B darf auch Fragen stellen, um mehr über die Lernkarriere von Schüler A zu erfahren.

Ihr sprecht etwa zehn Minuten über die Lernkarriere von Schüler A.

Danach nehmt ihr die Gold-Karten und notiert jeweils positive lernbeeinflussende Faktoren und positive Eigenschaften/Ressourcen von Schüler A. Der Beobachter C darf dabei helfen und positive Faktoren nennen. Hinterher erhält der Schüler A seinen Stapel an Gold-Karten und weiß nun, was ihm beim Lernen hilft und guttut. Nach zehn Minuten wechselt ihr in euren Gruppen, sodass jeder Schüler einmal im Mittelpunkt steht und hinterher seine Gold-Karten-Wortliste hat.

Arbeitsauftrag Auswertung der »Lernkarriere«

ERLEBNIS DES SCHÜLERS	KOMPLIMENT FÜR DEN SCHÜLER
▸ »Ich hatte ein schönes Erlebnis im Sportunterricht. Herr Meyer hat mich für meinen Handstand gelobt.«	▸ »Du kannst stolz sein, weil du den Handstand so oft geübt hast, bis er geklappt hat.« ▸ »Du warst ausdauernd, weil du viel trainiert hast.«

Tab. 7: Beispiel für Notizen auf der Gold-Karte

Nun führt ein Schüler A (Abb. 10) das Gespräch und ein dritter Schüler hört aufmerksam zu. Er versucht dabei, bereits Ressourcen/positive Eigenschaften herauszuhören. Das Gespräch kann durch konkrete Auswertungsfragen unterstützt werden (Tab. 8).

AUSWERTUNGSFRAGEN (IN ANLEHNUNG AN »MEINE STÄRKEN UND ICH-KARTEN« VON HARDELAND (2014)	
▸ »An welche Lernsituationen erinnerst du dich gern?« ▸ »Wann macht dir Lernen Spaß?« ▸ »Welche schwierigen Situationen hast du erfolgreich gelöst?« ▸ »Welche besondere Fähigkeit hat dir dabei geholfen?« ▸ »Wie sehen für dich gute Lernbedingungen aus?« ▸ »Wie hast du es geschafft, dass ...?«	▸ »Was hat dich motiviert, um das zu tun?« ▸ »Was genau hat dein Lehrer an dir gelobt?« ▸ »Wie kannst du deine positiven Lernerfahrungen für dein jetziges Lernen nutzen?« ▸ »Welcher deiner Erfolge war dir besonders wichtig? Warum?« ▸ »Wann fühlst du dich in einer Lerngruppe wohl?« ▸ »Was, sagen deine Mitschüler, kannst du gut?«

Tab. 8: Auswertungsfragen bezüglich der »Lernkarriere«

Die Schüler notieren die Ressourcen des entsprechenden Mitschülers auf Karten. Abschließend erhalten die Schüler ihre Gold-Karten. Die Erkenntnisse werden ins Logbuch eingetragen, wer mag, klebt seine Gold-Karten mit den Ressourcen dort ein.

Schritt 4: Auswertung

Bei der Auswertung im Plenum tauschen Sie sich mit den Lernenden über deren Erfahrungen aus. Dazu bieten sich folgende Fragen an:

- »Wie seid ihr mit der Übung zurechtgekommen?«
- »Was hat euch gut daran gefallen?«

Aufgaben des Klassen-Coaches

In der Regel sind Sie bei diesem Klassen-Coaching wenig gefordert; die Schüler arbeiten überwiegend selbstständig. Vorausgesetzt, Sie nehmen sich im Vorfeld Zeit, erklären den Arbeitsauftrag gut und geben konkrete, visualisierte Handlungsanweisungen. Möglicherweise erklären Sie das konkrete Vorgehen auch anhand eines Beispiels.

DOWNLOAD

Um die Schüler zu unterstützen, können Sie ihnen Listen mit positiven Eigenschaften/Ressourcen aushändigen. Eine solche Liste finden Sie zum Downloaden.

Voraussetzungen/Vorbereitung

Bereiten Sie die Arbeitsaufträge und die Leitfragen für die einzelnen Gruppen sorgfältig vor. So können Sie jeder Gruppe einen Stapel an Leitfragen zum Nacheinander-Bearbeiten geben. Je gründlicher Sie dieses Klassen-Coaching vorbereiten, desto selbstständiger werden die Schüler arbeiten.
Erhalten die Lernenden goldfarbene Karten, wie Goldstücke ausgeschnitten, so wirken die Ressourcen noch wertvoller.
Alternativ kann die Aufgabe gestalterisch bearbeitet werden: Dazu legen Sie Materialien wie den Flemo-Kasten®, Seile, farbige Papierstreifen und andere Utensilien bereit.

Chancen

Die Lernenden setzen sich bewusst mit ihren Ressourcen auseinander und unterstützen sich dabei gegenseitig. Die Schüler gehen bewusst auf Schatzsuche und beschäftigen sich intensiv mit positiven (Lern-)Eigenschaften. Sie spüren die Wertschätzung ihrer Mitschüler. Wann haben Schüler schon einmal von ihren positiven Lernerlebnissen berichtet? Es besteht endlich einmal die Möglichkeit dazu und am Ende geht auch noch jeder mit einer Hand voll Goldschätzen nach Hause. Dieses Vorgehen ist sehr flexibel, es kann in kleine Sequenzen unterteilt und somit situativ passend eingesetzt werden.

Stolpersteine

Es kann sein, dass Lernende durch diese Methode an zurückliegende negative (Lern-)Erlebnisse erinnert werden, auch wenn der Arbeitsauftrag explizit auf positive Lernerlebnisse abzielt. Ich selbst habe dies allerdings noch nicht erlebt. Dennoch sollten Sie diesbezüglich sensibilisiert sein. Bieten Sie entsprechenden Lernenden dann ein Einzel-Lerncoaching an.
Dieses Klassen-Coaching ist anspruchsvoll und nicht für jeden Schüler zu bewältigen. Einige Schüler tun sich schwer damit, die Ressourcen aufzutun. Seien Sie im Hinblick auf die Formulierungen der Lernenden milde, allein das Gespräch über positive Lernerfahrungen beflügelt. Was ist, wenn ein Schüler gar keine positiven Erlebnisse gehabt hat? Grundsätzlich ist dann der Klassen-Coach gefragt. Unterstützen Sie den betreffenden Schüler bei der Erstellung seiner positiven Lernkarriere, fragen Sie konkret nach und regen Sie den Schüler dazu an, auf seine Erfolge zu blicken. Meist ist es das Konstrukt des Schülers, es gäbe keine positiven Erfahrungen. In der Praxis wurde ich häufig eines Besseren belehrt. Angenommen, es lassen sich per se keine positiven Erfahrungen ausfindig machen, dann erweitern Sie den Auftrag um den Privatbereich. Versuchen Sie, positive Lernerfahrungen in Bezug auf Sport, Hobbys oder Ähnliches aufzudecken. Des Weiteren kann es sehr hilfreich sein, den Lernenden Folgendes zu fragen: »Wann war es weniger schlimm?« Meist können Lernende hinsichtlich dieser abgeschwächten Form der Ausnahme antworten.

Hinweise

Abhängig von der Schülerklientel können Sie den Zeitraum der Lerngeschichte auf das letzte halbe Jahr, das letzte Jahr, die letzten zwei oder fünf Jahre begrenzen.
Fertigen Sie sicherheitshalber konkrete Handlungsanweisungen zur Erstellung der Grafik an. Einige Lernende brauchen diesbezüglich konkretere Anweisungen. Hier führen Sie die einzelnen Schritte zur Durchführung des Auftrages auf, etwa wie folgt:

> »Denke an deine Schulzeit zurück. Sammle jetzt erst ein paar Highlights, positive Lernerfahrungen. Schreibe diese in Form einer Ideensammlung auf. Danach ordnest du diese Höhepunkte in ein zweiachsiges Koordinatensystem ein.«

Das Klassen-Coaching kann auch in kleinere Etappen unterteilt werden, es müssen nicht alle Schritte am Stück absolviert werden. So kann die grafische Aufbereitung in einer Unterrichtsstunde erfolgen. Gespräche über die einzelnen Lernkarrieren können Sie jeweils aufteilen, sodass die Schüler in jeder Unterrichtsstunde ein Gespräch führen.

Quellen

Hardeland, H. (2016): *Lernende in ihrem Lernprozess wirksam begleiten und unterstützen. Ein Buch zur (Weiter-)Entwicklung der theoretischen und praktischen (Lern-)Coachingkompetenz.* 5., korrigierte Auflage. Baltmannsweiler: Schneider Verlag Hohengehren.

3.
Vision entwickeln: »Was willst du erreichen?«

Wer sein Lernverhalten verändern will, muss erst einmal wissen, welches Ziel er anvisiert. Die meisten Schüler wissen sehr genau, was sie nicht wollen: »Ich möchte mich nicht mit langweiligen Hausaufgaben herumquälen«, »Ich will keine Prüfungsangst mehr haben« oder »Ich will nicht mehr so unmotiviert sein«. Doch fragt man die Lernenden, was sie stattdessen wollen, haben sie oft keine Idee. Oder sie kennen nur ein unkonkretes Fernziel wie folgendes: »Ich will meinen Schul-/Berufsabschluss.« Was ist das positive Gegenteil von »nicht mehr unmotiviert sein«? Über die vollkommene Motivation zu verfügen? Will die träge Couch-Potato jetzt zum hoch engagierten Bibliothekslerner werden? Wie realistisch wäre das überhaupt? Würde sich das für den jeweiligen Schüler erstrebenswert anfühlen?

Eine wirklich wünschenswerte, positive Zielformulierung zu finden, erfordert viel Aufmerksamkeit. Leider fehlt diese bei vielen schulischen Gesprächen: Meist werden einfach irgendwelche Zielformulierungen notiert, ohne dabei auf die individuellen Bedürfnisse des Lernenden Rücksicht zu nehmen. Zum Großteil sind es fremdbestimmte Ziele – und zwar die der Lehrperson. Dabei ist es wichtig, die Bedürfnisse der Lernenden mit ihrer Zielvorstellung in Einklang zu bringen. Wem das gelingt, der wird sich auf den Weg der Veränderung begeben. Fühlt sich ein Ziel gut, realistisch und erstrebenswert an – vor allem vom Bauchgefühl und nicht nur vom Kopf her –, so entfaltet es eine enorme Sogwirkung. Je detaillierter und deutlicher sich ein Schüler seine persönliche Vision ausmalt, desto elanvoller und zielstrebiger wird er sie verfolgen. Die Umsetzungswahrscheinlichkeit steigt.

Genau darauf zielen die Klassen-Coaching-Methoden dieses Kapitels ab. Die Lernenden beschäftigen sich auf anschauliche Art und Weise mit ihren Visonen und Zielen.

»Angenommen, Ihre Schüler hätten drei Wünsche für ein schulisches Ziel frei: Was würden sie sich wünschen?«

Bei den fünf Klassen-Coaching-Methoden dieses Kapitels

- schließen die Schüler einen Vertrag ab (Selbstvertrag);
- werden die Lernenden von einem Journalisten zu ihrem Erfolg interviewt (Ich habe mein Ziel erreicht!);
- gleichen die Schüler ihre Vorbilder mit sich selbst ab (So sein wie ...);
- verbildlichen die Lernenden ihre Ziele (Zielplakat);
- entwickeln die Lernenden eine Lernhaltung (Lernmotto).

3.1
Selbstvertrag – das Ziel sorgfältig prüfen

Verträge haben einen offiziellen Charakter, etwas Unverrückbares. Wie wäre es, wenn Sie die Lernenden dazu anregen, einen Vertrag mit sich selbst abzuschließen? Doch dieser Vertrag ist ein besonderer: Er kommt erst dann zustande, wenn sich der Lernende bezogen auf sein Ziel selbst auf Herz und Nieren geprüft hat. In diesem Klassen-Coaching nehmen die Lernenden ihre Zielvorstellung und die dazugehörigen Gefühle gründlich unter die Lupe.

Sozialform/Dauer

- Gruppengröße/Sozialform: gesamte Klasse, Einzelarbeit
- Zeit: 20 bis 45 Minuten

Ziele

Die Lernenden

- setzen sich mit der inhaltlichen und emotionalen Ebene ihres Ziels auseinander.
- arbeiten ihr konkretes Zielvorhaben aus.
- decken Widersprüche sowie Unsicherheiten auf und steuern entsprechend gegen.
- entwickeln Eigenverantwortung und Zielklarheit.

Beschreibung

Dieser Vertrag beinhaltet eine sorgfältige Selbstinspektion des Schülers. Dabei wird nicht nur der Verstand, sondern auch das Gefühl befragt. So werden unattraktive Vernunftziele enttarnt und reizvolle Ziele kreiert. Denn das Verhalten wird maßgeblich von unseren Gefühlen gelenkt, nur sind wir uns dessen häufig nicht bewusst. Gefühle können sich sowohl positiv als auch negativ auf die Lernmotivation auswirken. Wer um seine Gefühlslage weiß, sollte diese bei der Zielformulierung berücksichtigen. Sind Kopf und Bauch im Einklang, steigt die Umsetzungswahrscheinlichkeit bezüglich der Ziele. Nutzen Sie für dieses Klassen-Coaching ansprechende Gefühlskarten, so werden sich die Lernenden ihrer Gefühle bewusst, etwa indem sie eine passende Gefühlskarte auswählen.

Abb. 13: Ablauf »Selbstvertrag«

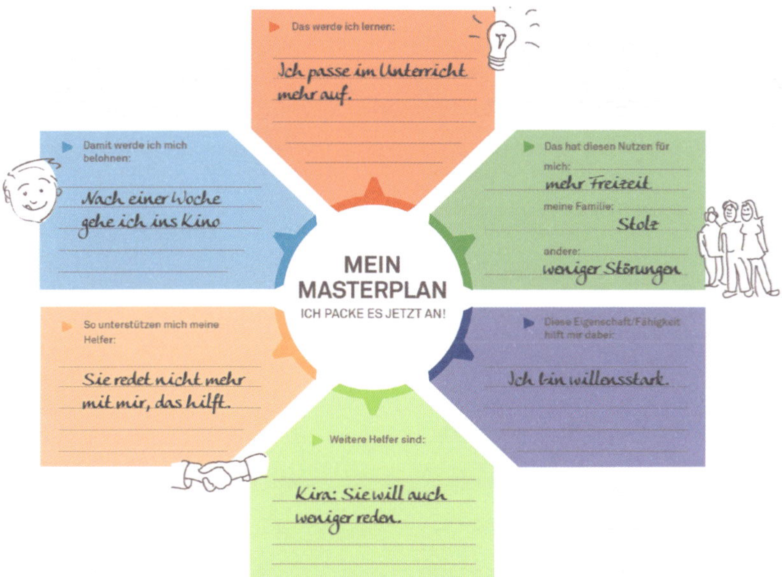

Abb. 14: Alternatives Chart »Mein Masterplan« z. B. für weniger sprachgewandte Schüler (unter www.lerncoaching-shop.de erhältlich)

MEIN SELBSTVERTRAG

· Was möchtest du erreichen? Schreibe dein Ziel so genau wie möglich auf:

Ich arbeite in Gruppenarbeiten mehr mit.

· Kontrolliere dein Ziel: Ist es positiv formuliert? (Formuliere es sonst bitte positiv.)

✓

· Kontrolliere dein Ziel noch einmal: (Liegt dessen Erreichung wirklich ganz und gar in deiner Hand? Kannst nur du das Ziel erreichen? Formuliere dein Ziel so, dass es in deiner Macht liegt und du hierbei nicht von anderen Menschen abhängig bist.)

Ja

· Wie viel Lust und Kraft weckt es in dir, wenn du daran denkst, das Ziel zu erreichen? Wie sehr lohnt es sich für dich? Kreuze an: 1: keine Lust; 10: große Lust.

1 2 3 4 5 6 7 8 9 10

· Wie könntest du es anders formulieren, damit du auf der Lust-Skala ein bis zwei Stufen höher kletterst?

Ich arbeite in Gruppenarbeiten mehr mit und habe mehr Spaß dabei.

· Was musst du aufgeben, wenn du das Ziel erreichen willst?

chillen

· Welchen Nutzen hat das Ziel für dich? Was ist das Gute daran, wenn du es schaffst?

Die anderen motzen nicht mehr mit mir.
Es gibt weniger Stress in der Gruppe.

· Wie fühlt sich das Erreichen des Ziels an?
Suche dir eine Gefühlskarte aus und zeichne das Gefühl hier auf.

zufrieden

· Woran merkst du oder woran merken andere, dass du das Ziel erreicht hast?

Das ich gearbeitet/mitgemacht habe.

· Wen könntest du bei deinem Ziel/
deiner Zielerreichung um Unterstützung bitten?

Die Gruppe

· Welchen nächsten Schritt wirst Du tun?
Schreibe dies in die Fußabdrücke.

Ich mache sofort mit und chille gar nicht erst.

Der Klassen-Coach | © Hanna Hardeland | ISBN 978-3-8340-1710-9

DOWNLOAD

Abb. 15: Beispiel eines ausgefüllten Selbstvertrages (Download-Material)

Durchführung

Schritt 1: Hinführung

Sie händigen den Schülern die Kopiervorlage bzw. das Chart des »Selbstvertrages« aus. Besprechen Sie gemeinsam mit den Lernenden die einzelnen Fragen des Vertrages (Abb. 14 oder 15). Nachdem sich die Lernenden für ein Anliegen entschieden haben, beginnen sie damit, ihren Vertrag zu bearbeiten.

Schritt 2: Vertragsbearbeitung und Partnergespräch

Die Schüler bearbeiten den Vertrag. Anschließend findet ein Austausch in Zweiergruppen statt, möglicherweise konkretisieren die Schüler ihren Vertrag, wenn nötig. Die Lernenden kleben den Selbstvertrag ins Logbuch ein.

Schritt 3: Auswertung

Abschließend findet eine kurze Reflexion im Plenum statt. Dabei sorgt die herkömmliche Unterrichtsmethode der Meinungslinie für Bewegung. Hier nehmen die Lernenden einen räumlichen Standpunkt zu einer der folgenden Fragen ein:

- »Wie zufrieden bist du mit dem Ergebnis?«
- »Wo stehst du gerade?«

Vorab geben Sie jeweils die Endpunkte vor. Dann positionieren sich die Lernenden jeweils an der Meinungslinie. Danach lädt der Klassen-Coach zu einer offenen Runde ein, einige Schüler äußern sich kurz zu ihrem Standpunkt. Anschließend kleben die Schüler den Vertrag in ihr Logbuch ein und notieren ihre weiteren Erkenntnisse hierzu.

Aufgaben des Klassen-Coaches

Sie unterstützen die Lernenden situativ, indem Sie beispielsweise wie folgt konkret nachfragen:

- »Wie meinst du das genau?«
- »Was wirst du da tun?«
- »Wie fühlt sich die Zielerreichung/der Weg zum Ziel an?«

Beobachten Sie die Lernenden während des Prozesses. Ist zu erkennen, dass einige Schüler mit den Fragen Schwierigkeiten haben, so können Sie spontan einen Mini-Input (Kap. 1.7) einfließen lassen, um die Schüler auf bestimmte Stolpersteine im Selbstvertrag aufmerksam zu machen.

Voraussetzungen/Vorbereitung

Beschäftigen Sie sich vorher mit dem Selbstvertrag, füllen Sie ihn einmal für ein eigenes Anliegen aus. Wer möchte, kann den Selbstvertrag auch anhand eines Beispiels erklären, das für alle Schüler visualisiert wird. So erhalten die Lernenden eine konkrete Vorstellung davon, was mit den einzelnen Fragen des Vertrages gemeint ist.

Beim Selbstvertrag setzen sich die Lernenden auch mit ihren Gefühlen auseinander. Dabei hat sich die Arbeit mit Gefühlskarten sehr bewährt, nicht zuletzt, weil eine Vielzahl von Schülern zeitgleich den Vertrag selbstständig bearbeitet. Gefühlskarten sind in Sets erhältlich, die sowohl Karten für positive wie negative Gefühle enthalten (siehe zum Beispiel www.lerncoaching-shop.de). Legen Sie die Gefühlskarten nach positiven und negativen Gefühlen sortiert aus. Der Lernende wählt dann eine oder zwei Gefühlskarten aus, die seine emotionale Situation widerspiegeln.

Die Schüler suchen sich beim Bearbeiten der einzelnen Unterpunkte des Selbstvertrages passende Gefühlskarten aus. Die Lernenden arbeiten mit solchen Karten meist sehr interessiert. Kopieren Sie den Selbstvertrag für die Schüler, Sie erhalten den Vertrag als Download-Material. Bereiten Sie für die Auswertung im Plenum eine am Boden liegende oder dort klebende Meinungslinie vor.

Chancen

Wenn Lernende noch keine Erfahrung mit der Zielformulierung haben, bietet sich der »Selbstvertrag« als erstes Klassen-Coaching für Anfänger an. Dieses Coaching ist einfach zu organisieren und umzusetzen; es lässt sich gut in den Schulalltag integrieren. Die Schüler setzen sich dabei ganz konkret mit einer korrekten Zielformulierung auseinander; diese ist bei den weiteren Methoden zur Entfaltung der Ziele/Visionen wie »Zielplakat« und »Lernmotto« Voraussetzung.

Stolpersteine

Der »Selbstvertrag« ist eine einfache Klassen-Coaching-Methode, die durch das Papier-Stift-Vorgehen jedoch keinen so hohen Aufforderungscharakter hat; manche Lernende fühlen sich von einem solchen Auftrag gelangweilt, weil er an das Ausfüllen von schulischen Arbeitsblättern erinnert. Eventuell löst bereits das Wort »Vertrag« ein negatives Gefühl bei den Schülern aus; passen Sie Ihre Wortwahl an die Bedürfnisse Ihrer Schüler an.

Hinweise

Dieses Klassen-Coaching bietet sich beispielsweise an, wenn sich Lernende in Selbstlernzeiten eigene Ziele setzen. Auch Halbjahreszeugnisse oder Lernentwicklungsgespräche (LEG) (*Hardeland 2017*) sind gute Anlässe, um mit dem Selbstvertrag zu arbeiten. Die Schüler üben sich in der Zielformulierung und berücksichtigen dabei ihre emotionale Situation. In einem anschließenden Gespräch mit der Lehrperson kann der Selbstvertrag besprochen und detaillierter ausgearbeitet werden.

Es hat sich in der Praxis bewährt, die Kopiervorlagen für diese Methode anschaulich und schülergerecht zu gestalten. So steigt der Aufforderungscharakter, die Schüler sind neugierig und beschäftigen sich gern damit. Passen Sie das Vertragsformular an Ihre Schülerklientel an und reduzieren Sie gegebenenfalls die Zahl der Fragen – möglicherweise fühlen sich Ihre Schüler sonst überfordert.

Das Instrument bietet Ihnen vielfältige Gestaltungsmöglichkeiten: So können Sie eine Art Preisverleihung für denjenigen ankündigen, der das Ziel als Erster oder am häufigsten in die Tat umsetzt.

Quellen

Gührs, M.; **Nowak**, C. (2008): *Trainingshandbuch zur konstruktiven Gesprächsführung. Übungen, Handout und Theorie-Inputs.* Meezen: Verlag Christa Limmer.

3.2
Ich habe mein Ziel erreicht! – das eigene Erfolgsinterview

Wessen bedarf es, um herkömmliche Wege zu verlassen und sich auf Veränderungen einzulassen? Einer ziemlich genauen Vorstellung von der eigenen Zukunft. In diesem Klassen-Coaching katapultiert sich der Lernende in die Zukunft, er entwickelt eine Zukunftsvision – eine wahre Kraftquelle.

Sozialform/Dauer

- Gruppengröße/Sozialform: ab drei Schülern bis zur gesamten Klasse, jeweils unterschiedliche Sozialformen
- Zeit: ab 60 Minuten

Ziele

Die Lernenden

- richten ihre Aufmerksamkeit bewusst auf sich selbst.
- setzen sich mit ihrer Zukunftsvision auseinander.
- entwickeln Veränderungsbereitschaft und Tatkraft.
- werden in ihrer Zielstrebigkeit gestärkt.

Beschreibung

Bei diesem Klassen-Coaching entwickeln die Lernenden eine ganzheitliche Vorstellung von ihrer Zukunft. Angeleitet durch eine »Zukunftsreise« malen sie sich ihre Zukunft aus. Sie sehen ihre Zukunft vor ihrem inneren Auge. Bei vielen Schülern löst diese positive Zukunftsvorstellung bereits angenehme Gefühle aus. Das daran anknüpfende Erfolgsinterview unterstützt die Vision und macht die Zukunft noch plastischer. Das Klassen-Coaching kann mit der gesamten Klasse durchgeführt werden, da die Schüler während der Fantasiereise nicht sprechen. Wenn die Zukunftsreise gedanklich beendet ist, visualisieren die Lernenden ihre inneren Bilder. Hier arbeiten die Schüler selbstständig in Einzel- oder Partnerarbeit.

Bei dieser Methode setzen sich die Schüler mit ihren kognitiven Vorstellungen und zugleich mit ihren Befindlichkeiten auseinander. Der Lernende spürt, wie sich die Zukunft anfühlt.

Abb. 16: Ablauf des Klassen-Coachings »Ich habe mein Ziel erreicht!«

Abb. 17: ausgefülltes Chart »Geschafft« für die Ergebnissicherung (www.lerncoaching-shop.de)

Durchführung

Schritt 1: Hinführung

Informieren Sie die Lernenden über das Klassen-Coaching. Erklären Sie in diesem Zusammenhang die grundsätzlichen Ziele und das Vorgehen (Abb. 16). Gehen Sie dann im Weiteren noch einmal explizit auf die Fantasiereise und deren Intention ein. Da hier einige Informationen zusammenkommen, bietet es sich an, die einzelnen Schritte des Klassen-Coachings visualisiert vorzustellen.
Erfragen Sie an dieser Stelle die Bereitschaft der Schüler, sich auf dieses Experiment einzulassen (siehe »Stolpersteine«). An dieser Stelle wird den Lernenden freigestellt, an der Fantasiereise teilzunehmen, keiner wird dazu gezwungen. Sie treffen auch Vereinbarungen bezogen darauf, wie sich die Lernenden verhalten, wenn sie aus der Fantasiereise aussteigen (siehe »Stolpersteine«). Wollen Lernende nicht mitmachen, so gestatten Sie ihnen, alternativ in einem Buch zu lesen.

Schritt 2: Fantasiereise

Nun leiten Sie die gedankliche Reise in Richtung Zukunft an, dabei sprechen sie langsam und machen – wie bei einer Fantasiereise üblich – regelmäßig Pausen, sodass die Lernenden ihren Erzählungen gedanklich folgen können. Sie stellen den Lernenden bei der Fantasiereise

Fragen, diese lenken die gedankliche Aufmerksamkeit der Schüler. Die Lernenden nehmen eine möglichst bequeme Haltung ein, während Sie die Gedankenreise mit ruhiger Stimme vortragen. Nutzen Sie dabei Worte, Bilder und Inhalte die – trotz des gesetzten Fokus – freien Assoziations- und Vorstellungsraum bieten.

»Setze dich bequem hin. Wenn es dir angenehm ist, kannst du deine Augen schließen. Wir begeben uns auf eine Reise in die Zukunft. Wenn du die Übung nicht mitmachen möchtest, dann kannst du dich gedanklich lösen und die Zeit für deine eigenen Gedanken nutzen oder ein Buch lesen. Konzentriere dich ganz auf dich selbst. Spüre jetzt deinen Atem, wie er kommt und wie er geht. Entspanne dich. Lenke deine Aufmerksamkeit nun auf deinen rechten Arm. Er wird schwer, schwerer, er ist ganz schwer. Nun wanderst du gedanklich zu deinem linken Arm. Auch er wird schwer, schwerer, er ist ganz schwer. Achte auf deine Schultern, sie sind ganz locker. Nun konzentriere dich auf dein rechtes Bein: Es ist schwer, schwerer, es ist ganz schwer. Konzentriere dich auf das linke Bein. Dein linkes Bein ist schwer, schwerer, es ist ganz schwer. Du bist entspannt, du bist ganz entspannt. Du atmest entspannt, du atmest in deinem Rhythmus.

Nun begibst du dich auf deine Reise in die Zukunft. Wenn hier in der Schule alles so läuft, wie du es dir vorstellst, was wird dann in einer Woche anders sein? [Pause] Kannst du etwas erkennen? Was siehst du? [Pause] Wie verhältst du dich? [Pause] Worauf bist du stolz? [Pause] Welche Fortschritte bemerkst du? [Pause] Und wenn du nun nachdenkst, du gehst in der Zeit noch ein bisschen mehr in die Ferne, vielleicht in das nächste halbe Jahr oder sogar bis ins nächste Jahr oder die nächsten zwei Jahre? Beobachte dich genau. [Pause] Schaue dich selbst an, wie siehst du aus? [Pause] Was siehst du? [Pause] Wie fühlt es sich an? [Pause]

Langsam kehrst du von deiner Reise zurück und verabschiedest dich. Nimm dir dafür ein wenig Zeit. Kehre mit deinen Gedanken in diesen Raum zurück. Höre, welche Geräusche hier im Raum sind. Du spürst deinen Körper: deine Beine, deinen Oberkörper, deinen Kopf, deine Füße und deine Finger. Nun kommst du langsam im Hier und Jetzt an. Wenn deine Augen geschlossen sind, öffne sie. Recke und strecke dich.«

Beispiel für eine Fantasiereise

Informieren Sie die Lernenden darüber, dass sie später Gelegenheit haben, sich mit ihren Mitschülern über die Fantasiereise auszutauschen. Jetzt, wo die Erinnerungen noch frisch sind, bitten Sie die Schüler, gleich weiterzuarbeiten.

Schritt 3: Erfolgsinterview aus der Zukunft

Sie führen jetzt mit den Schülern ein Interview aus der Zukunft. Um diese Vorstellung zu verstärken, statten Sie sich selbst mit Ihren Requisiten aus (siehe »Voraussetzungen/Vorbereitung«).

»Hallo, ich bin Journalist der Zeitschrift X. Gern möchte ich mich bei Ihnen vorstellen, mein Name ist XY. Erst einmal herzlichen Dank, dass Sie sich die Zeit genommen haben, mit mir heute dieses Interview zu führen. Ich finde es ganz spannend. Sie sind jetzt X Jahre alt. [Hier schlagen Sie fünf Jahre auf das Alter der Schüler auf.] Nun möchten wir in unserer Publikation ›Die besten Tipps vom Profi‹ über Ihre Erfolgsstory berichten. Dazu stelle ich Ihnen nun Fragen, die Sie bitte schriftlich auf diesem Notizzettel beantworten.«

Sie verteilen den Lernenden die Arbeitsblätter und lesen die Fragen jeweils vor:

Arbeitsauftrag

Bitte stellen Sie sich doch erst einmal kurz vor:

- Wer sind Sie?
- Was haben Sie in der Schule/in Ihrem Beruf erreicht?
- Wie geht es Ihnen? Wie fühlen Sie sich?
- Wie sieht es bei Ihnen in der Schule/Ausbildung aus?
- Wie sieht der typische Alltag bei Ihnen aus?
- Was sagen Ihre Angehörigen oder nahestehende Personen über Sie?
- Besonders spannend ist natürlich die Frage: Wie haben Sie das alles geschafft?

Arbeitsauftrag »Ich habe mein Ziel erreicht!«

Die Lernenden machen sich Notizen.

Schritt 4: Visualisierung/Verbildlichung der eigenen Vorstellungen

Nun erhalten die Lernenden Materialien, gegebenenfalls auch die Kopiervorlage, um ihr Bild gestalterisch darzustellen. Jeder Schüler gestaltet nun sein Zukunftsbild. Wichtig ist, dass er sich selbst malt oder fotografiert. Die Erfolgsstory kann auch verfilmt oder als Zeitungsartikel dargestellt werden.

Schritt 5: Veröffentlichung

Die Lernenden stellen sich ihre Visualisierungen gegenseitig vor, dazu dürfen sie sich selbst einen Partner aussuchen.

Schritt 6: Auswertung

Die Lernenden sollten mit ihren Fantasien nicht allein gelassen werden. Deshalb bietet es sich an, das Klassen-Coaching im Plenum auszuwerten:

- »Wie hat euch die Fantasiereise gefallen?«
- »Wie ist es euch dabei ergangen?«
- »Was hat euch an der Visualisierung/Verwirklichung eurer Zukunftsvision/Erfolgsstory gefallen?«
- »Was sind die nächsten Schritte, die ihr jetzt unternehmen möchtet?«

Fordern Sie die Lernenden nach einem kommunikativen gemeinschaftlichen Austausch dazu auf, ihre nächsten Schritte ins Logbuch einzutragen. Außerdem kann ein Foto der Visualisierung oder die Visualisierung selbst auch ins Logbuch integriert werden.

Aufgaben des Klassen-Coaches

Sie leiten die gedankliche Zeit-/Fantasiereise der Lernenden an und legen vorher deren Inhalte fest. Seien Sie sich dessen bewusst, wohin Sie Ihre Schüler auf der Zeitreise führen wollen. Die Lernenden brauchen ausreichend Spielraum, um ihre eigene Vorstellungskraft zu entwickeln (*Reich 2008*).

Wer sich selbst mit Fantasiereisen schwertut, sollte diese Methode nicht anwenden. Beschäftigen Sie sich vorher mit der Methode Fantasiereise.

Voraussetzungen/Vorbereitung

Suchen Sie einen geeigneten Zeitpunkt für das Klassen-Coaching aus (siehe »Hinweise«) und sorgen Sie für ein passendes Setting. Der Klassenraum sollte gute Möglichkeiten zur Entspannung bieten. Grundsätzlich reicht es aus, dass die Lernenden (bequem) sitzen können. Sollte es Matten oder andere Liegegelegenheiten geben, so stellen Sie den Lernenden frei, sich hinzulegen oder zu sitzen.

Anfänger mögen meist leichte Hintergrundgeräusche wie das Plätschern eines Baches. Allerdings sollten Sie die Hintergrundmusik sorgfältig auswählen. So wirken esoterische Klänge auf Lernende mitunter eher belustigend.

Schreiben Sie den Wortlaut Ihrer Fantasiereise am besten auf. Wer eher zum schnellen Sprechen neigt, kann dann auch bewusst das Wort »Pause« in den Text einfügen.

Für das anschließende Erfolgsinterview benötigen Sie einen Block, der möglichst journalistisch aussieht. Um die Situation möglichst echt aussehen zu lassen, bietet es sich an, ein Sakko überzuziehen und sich ein Namensschild anzupinnen, schließlich sind Sie jetzt ein echter Journalist. Es sollte Ihnen gelingen, sich selbst schauspielerisch einzubringen. Das Auftreten als Journalist ist hilfreich, sodass sich die Lernenden in die Zukunft hineinversetzen können. Damit die Lernenden Ihre Interviewfragen leichter beantworten können, visualisieren Sie diese zum Beispiel an einer Pinnwand. Dazu pinnen Sie die einzelnen Fragen nacheinander an.

Legen Sie Materialien zur anschließenden Visualisierung bereit: buntes Papier, Klebestifte, Scheren, farbige Stifte und möglicherweise das Chart »Geschafft«.

Das auf S. 77 dargestellte Chart »Geschafft« (Abb. 17) finden Sie im Lerncoaching-Shop (www.lerncoaching-shop.de).

Chancen

Bei dieser Methode verlassen die Lernenden einmal ihre möglicherweise eingefahrenen Denk- und Handlungsmuster. Sie lassen ihrer Fantasie freien Lauf und setzen sich mit ihrer Zielvision und ihrer Zukunft auseinander. Bei dieser spielerischen Vorgehensweise werden zugleich Ideen, Ressourcen und Kräfte mobilisiert. Veränderungslust und Tatendrang werden geweckt.

Stolpersteine

Was ist, wenn sich die Lernenden nicht auf die Fantasie-/Zeitreise einlassen können bzw. wollen oder sich über diese Methode lustig machen? Klären Sie während der Einführung, wie die Lernenden zu einer solchen Übung stehen. Stellen Sie zur Auswahl, daran teilzunehmen oder nicht. Die Praxis zeigt, dass sich Lernende gern darauf einlassen, vorausgesetzt, Sie begegnen ihnen auf Augenhöhe: »Seid ihr bereit, euch auf dieses Experiment einzulassen?« Besprechen Sie auch, was die Schüler tun, die während der Übung innerlich »aussteigen«. Schließlich scheitern auch manche Experimente. Allein die Erlaubnis dazu, auszusteigen, erleichtert viele Kinder/Jugendliche.

Hinweise

Wählen Sie einen geeigneten Zeitpunkt für das Klassen-Coaching aus. Die Lernenden sollten miteinander vertraut sein, vielleicht auch schon erste Berührungspunkte mit Gedankenreisen haben. Passen Sie die Fantasiereise entsprechend Ihrer Schülerklientel an.

Für diese Übung sollten hinreichend Zeit und Raum vorhanden sein, um sich darauf einzulassen. So sind etwa die erste und letzte Schulstunde eher ungünstig, da die Schüler dann noch nicht ganz wach oder geistig schon auf dem »Absprung« sind.

Weisen Sie die Lernenden darauf hin, dass es um eine Vision geht, eine Vorstellung, und nicht um die jetzige Situation. Sie können bei dem Coaching auch variieren, etwa indem sie den inhaltlichen Fokus wie folgt festlegen:

»Du hast ...

- »deine Prüfung bestanden.«
- »das Schuljahr geschafft.«
- »einen Ausbildungsplatz bekommen.«
- »dein Praktikum erfolgreich absolviert.«

Quellen

Müller-Ebert, J. (2014): *Die entscheidende Frage ist: Wer will ich sein? Johanna im Gespräch.* In: Psychologie Heute. H. 10. Weinheim und Basel: Beltz. S. 20–27.

Niehaus, G. A. (2012): *Mein ideales Leben.* In: Rauen, C. (Hrsg.) (2012): *Coaching-Tools III.* Bonn: managerSeminare. S. 93–95.

Reich, K. (Hrsg.) (2008): *Methodenpool.* Unter: http://methodenpool.uni-koeln.de, letzter Zugriff: 13.10.2016.

Wehrle, M. (2013): *14 Fantasiereisen für den Unterricht.* Weinheim und Basel: Beltz.

Wehrle, M. (2011): *Die 100 besten Coaching-Übungen. Das große Workbook für Einsteiger und Profis zur Entwicklung der eigenen Coaching-Fähigkeit.* 2. Auflage. Bonn: manager-Seminare.

3.3 So sein wie ... – Vorbilder nutzen

Kinder orientieren sich unter anderem an ihren Eltern, Jugendliche zum Beispiel am Gitarrenlehrer oder an YouTube-Stars. Meist bewundern wir Menschen, die etwas leisten, für etwas stehen oder etwas ausstrahlen, das wir selbst nicht haben oder können. Wer andere Menschen bewundert, fühlt sich im Idealfall dazu angespornt, sich selbst zu verändern. Dabei überholt man mitunter das eigentliche Vorbild. Genau darauf zielt dieses Klassen-Coaching ab.

Sozialform/Dauer

- Gruppengröße/Sozialform: Einzelarbeit
- Zeit: ca. 45 bis 60 Minuten

Ziele

Die Lernenden

- setzen sich mit ihrem eigenen Wertebewusstsein auseinander.
- öffnen sich für Veränderungen.
- erweitern ihr Beurteilungsvermögen.
- erkennen ihre eigenen Bedürfnisse und Ressourcen.

Beschreibung

Muss ein Schüler selbst ein Ziel für sein Lernen entwickeln? Ist es nicht viel einfacher, sich an Vorbildern zu orientieren? Tatsächlich haben Forscher wie Ines Schindler an der Freien Universität Berlin in einem Forschungsprojekt die motivierende Wirkung von Vorbildern erforscht (*Wilhelm 2015*): Wer Eigenschaften, Werte oder Ansichten anderer Personen bewundert, kann diese als Vision nutzen, um sich selbst weiterzuentwickeln. Verehrung weckt starke Emotionen. Wer glaubt, Bewunderung wäre negativ, da man einem Vorbild nacheifern will, kann beruhigt sein. Die Forscher gehen davon aus, dass jeder Mensch davon profitieren kann, einen anderen zu bewundern; das gilt für selbstbewusste wie unsichere Menschen (*Wilhelm 2015*). In diesem Klassen-Coaching analysieren die Lernenden ganz gezielt ihre Vorbilder, Idole oder Helden, um mehr Klarheit über ihre eigenen Visionen zu erhalten.

Abb. 18: Ablauf »So sein wie ...«

Durchführung

Schritt 1: Hinführung

Fordern Sie die Schüler auf, sich zunächst in Einzelarbeit mit ihren Idolen, Vorbildern und Helden auseinanderzusetzen:

»Bitte denkt einmal in Ruhe über ein Vorbild, ein Idol von euch nach. Wen bewundert ihr? Wie wer wärt ihr gern? Es sollte eine Person sein, die ihr bewundert. Vielleicht, weil diese Person bestimmte Eigenschaften, Ansichten oder Werte hat, die ihr gut findet.«

Schritt 2: Beschreibung des Vorbilds

Anschließend sammeln die Lernenden Eigenschaften, Werte, Ansichten und Dinge, die sie an ihrem Idol bewundern (Abb. 19). Dies kann in Form einer Mindmap stattfinden (Abb. 20). Im Wesentlichen beantwortet der Lernende dabei folgende Fragen:

Arbeitsauftrag

Denke an dein Vorbild. Erstelle eine Mindmap: In der Mitte steht der Name deines Vorbilds. Beantworte die nachstehenden Fragen. Schreibe deine Ergebnisse in die Mindmap:

- Welche Eigenschaften hat dein Vorbild?
- Was gefällt dir an dem Vorbild?
- Was kann/macht das Vorbild, was du bewunderst?

Arbeitsauftrag »So sein wie …«

DOWNLOAD

Geben Sie den Lernenden als Anregung Leitfragen zur Charakterisierung des Vorbildes (Abb. 19) oder eine Auflistung von Ressourcen/Eigenschaften. Beides finden Sie auch als Download-Material.

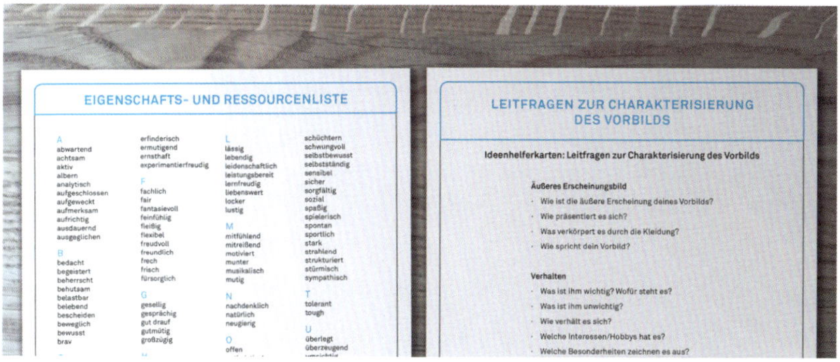

Abb. 19: Leitfragen zur Charakterisierung des Vorbildes und Eigenschafts-/Ressourcenliste (Download-Material)

Abb. 20: Mindmap zum Vorbild »Pippi Langstrumpf«

Schritt 3: Beschreibung auswerten/Parallelen erkennen

In einem zweiten Schritt verteilen Sie Etiketten: Die Lernenden kleben das Etikett mit ihrem eigenen Namen über den Namen ihres Vorbildes auf ihre Mindmap. Nun wird in die Mitte des Bildes der eigene Name geschrieben (Abb. 21).

Abb. 21: Mindmap zum Vorbild, jetzt mit eingesetztem Namen der/des Lernenden

Nun markiert der Lernende mit farbigen Stiften, welche der Eigenschaften er bei sich selbst wahrnimmt und welche nicht.

Schritt 3: Selbstauswertung

Bitten Sie den Lernenden, sich intensiver mit der Mindmap zu beschäftigen: Der Schüler analysiert die Gemeinsamkeiten und Unterschiede. Die Mindmap wird in das Klassen-Coaching-Logbuch eingeklebt. Anschließend beantwortet der Schüler nachstehende Fragen. Möglicherweise unterstützen Sie dies durch visualisierte Fragen.

- »Welche der Eigenschaften möchtest du haben?«
- »Wie wäre dein Leben/dein Schulalltag, wenn du diese Eigenschaft übernehmen würdest?«
- »Inwiefern würde dir diese Eigenschaft in deiner Zukunft helfen?«
- »Wie könnte dein erster Schritt aussehen, um dir eine Scheibe von deinem Vorbild abzuschneiden?«

Schritt 4: Plenumsrunde

In der abschließenden Plenumsrunde nennt jeder Lernende eine Erkenntnis, die er bei diesem Klassen-Coaching gewonnen hat. Außerdem teilt jeder sein Vorbild und eine Eigenschaft mit, mit der er sich künftig mehr beschäftigen möchte.

Aufgaben des Klassen-Coaches

Wer diese Methode nutzt, muss und kann selbstverständlich nicht alle Vorbilder der Lernenden kennen. Populäre Internetstars und Musikgruppen wechseln schnell, da fällt es schwer, mitzuhalten.

Seien Sie bei dieser Übung präsent, mitunter bitten die Schüler Sie verstärkt um Unterstützung. Die Ergebnisse dieses Klassen-Coachings hängen unter anderem von Ihrer Betreuung ab.

Voraussetzungen/Vorbereitung

DOWNLOAD

Erstellen Sie die Arbeitsaufträge für die Schüler – siehe Download-Material. Sie können hierfür auch Listen mit positiven Eigenschaften/Ressourcen aushändigen (Download-Material).

Chancen

Vielen Schülern fällt es schwer, über sich selbst zu sprechen. Aber wenn Sie über ihre Idole berichten, geraten sie ins Schwärmen. Diese Chance eröffnet das Klassen-Coaching. Die Lernenden gleichen ihr Selbstbild mit dem ihres Idols ab. Daraus leiten sie konkrete eigene Ziele ab. Das Gute daran ist: Die Lernenden geben viel über ihre eigenen Konstruktionen preis, indem sie über ihr Vorbild philosophieren. Schließlich spekulieren die Lernenden meist über bestimmte Eigenschaften, Ansichten oder Werte ihres Idols. Sie erfahren dabei viel über sich selbst sowie ihre eigenen Wünsche, Vorstellungen und Sehnsüchte. Diese gedankliche Auseinandersetzung mit dem Vorbild unterstützt die Schüler dabei, verstärkt auf sich selbst zu blicken, und macht den Weg für Veränderungen frei.

Stolpersteine

Gelegentlich fällt es Lernenden schwer, Charaktereigenschaften, Wesenszüge oder die Werte ihres Idols zu benennen, etwa weil sie Schwierigkeiten haben, die Eigenschaften konkret zu analysieren, oder es ihnen am passenden Vokabular mangelt. Hier hilft die Liste der Charaktereigenschaften.

Was ist, wenn Lernende keine Gemeinsamkeiten mit ihrem Vorbild teilen? Dann beschäftigen sich die Schüler damit, welche von dessen Eigenschaften sie für sich annehmen, umsetzen möchten. Hier können Sie auch über die vielleicht zu hoch gesteckten Ziele des Schülers sprechen.

Wie reagieren, wenn das Vorbild zu perfekt scheint und Lernende dadurch wie »gelähmt« wirken? Laden Sie die Schüler ein, auch einmal auf eine negative Eigenschaft des Vorbildes zu schauen. So kommt ein wenig Leichtigkeit in diese Übung.

Hinweise

Vermeiden Sie es, das Vorgehen im Detail zu erklären, ansonsten geht der »Überraschungseffekt« (*Gesche-Franzen 2013, 207*) verloren. Bei den Idolen kann es auch um reale, private Kontakte gehen, es müssen keinesfalls Helden oder Filmstars sein. Ganz im Gegenteil, wenn ein Schüler zum Beispiel einen ehemaligen Mitschüler oder die eigene Tante als Vorbild nimmt, besteht mehr Realitätsbezug. Es kann allerdings sinnvoll sein, Einschränkungen vorzunehmen und beispielsweise Politiker oder Menschen mit kontroversen Weltanschauungen auszuschließen. Teilweise möchten Schüler bei dieser Übung zusammenarbeiten, auch das ist möglich. Wichtig ist jedoch, dass sich die Schüler öffnen und sich trauen, ihre Visionen zu benennen – durch Einzelarbeit kann verhindert werden, dass sich die Schüler gegenseitig hemmen.

Quellen

Gesche-Franzen, G. (2013): *Der Held in dir. Bilder-Logbuch.* In: Rauen, C. (Hrsg.) (2013): *Coaching-Tools II.* 3. Auflage. Bonn: managerSeminare. S. 205–208.

Holubek, C. (2011): *Montessori-Pädagogik. Ein Lebensentwurf.* Norderstedt: Books on Demand.

Wehrle, M. (2011): *Die 100 besten Coaching-Übungen. Das große Workbook für Einsteiger und Profis zur Entwicklung der eigenen Coaching-Fähigkeit.* 2. Auflage. Bonn: manager-Seminare.

Wilhelm, K. (2015): *Echt toll! Warum wir Menschen auf den Sockel stellen.* In: Psychologie Heute, 5. Weinheim und Basel: Beltz. S. 32–35.

3.4 Lernmotto – eine Lernhaltung entwickeln

Wer sein Lernen verändern möchte, braucht zwei Dinge: erstens ein Ziel, damit er weiß, was er verändern will bzw. wohin die »Veränderungsreise« gehen soll, zweitens einen Plan, damit er weiß, wie er sein Ziel erreichen kann. Bevor Ihr Schüler loslegt, um sein Lernen zu verändern, sollte er wissen, wohin er will und was er erreichen möchte. Mit einem positiven Bild und den dazu passenden eigenen Ideen und denen der Mitschüler kann er das erreichen. Diese Methode lebt von vielfältigen Bildern.

Sozialform/Dauer

- Gruppengröße/Sozialform: ab fünf Schülern bis zur gesamten Klasse, jeweils unterschiedliche Sozialformen
- Zeit: ca. 90 Minuten

Ziele

Die Lernenden

- entwickeln ein Haltungsziel.
- wissen, was sie erreichen möchten.
- unterstützen sich gegenseitig.
- formulieren ihre Ideen und Gedanken.

Beschreibung

Bilder verbinden das Unbewusste mit dem Bewussten. Lernende entwickeln durch ein frei gewähltes, positiv besetztes Bild und die dazugehörigen Assoziationen ihrer Mitschüler – im Brainstorming – eine konkrete Zielvorstellung. Kurz: Sie formulieren ein motivierendes, aussagekräftiges Motto-/Haltungsziel. Bei diesem Klassen-Coaching können mehrere Gruppen zeitgleich selbstständig arbeiten, phasenweise sind Sie – bspw. bei der Formulierung der einzelnen Motto-Ziele – unentbehrlich, müssen präsent sein und gut unterstützen. Dazu bietet sich beispielsweise die Bildkartei von Storch/Krause (*2010*) an.

Abb. 22: Ablauf »Lernmotto«

Durchführung

Schritt 1: Hinführung

Erläutern Sie kurz die Grundidee dieses Klassen-Coachings:

»Bei diesem Klassen-Coaching geht es darum, dass jeder von euch ein knackiges Motto, eine positive Einstellung zum Lernen oder zu einem Lernthema wie ›Meine Einstellung zum Lernen für die nächste Klassenarbeit‹ entwickelt. Heute arbeiten wir dazu mit Bildern.«

Anschließend erklären Sie, dass Sie mit der Bilderauswahl beginnen. (Weitere Informationen zu den Bildern finden Sie unter »Voraussetzungen/Vorbereitung«). Um die Lernenden darauf vorzubereiten, leiten Sie eine kleine Einstimmung an, damit die Lernenden auf ihr Thema konzentriert in die Bildauswahl gehen.

Schritt 2: Bildauswahl im Plenum

Die Bilder sind auf dem Fußboden oder auf den Tischen in einem zweiten Raum verteilt. Wer keinen weiteren Raum zur Verfügung hat, geht gemeinsam mit den Lernenden in die Pausenhalle und verteilt die Bilder direkt vor Ort oder im Klassenraum. Tatsächlich sollten die Bilder erst ausliegen bzw. betrachtet werden, wenn die Lernenden schon an ihr Lernthema denken. Sie leiten die Bilderauswahl wie folgt an:

»Denke an dein Thema und wandere zwischen den Bildern umher. Lasse die Bilder auf dich wirken und suche dir das Bild aus, das bei dir für ein positives Gefühl sorgt bzw. dich positiv stimmt/anspricht. Wenn du ein Bild gefunden hast, stelle dich in Ruhe hin, betrachte es und warte ab. Lass das Bild erst einmal liegen. Wer unsicher ist, welches Bild das richtige ist, sollte auf sein Gefühl horchen. Fühle in dich hinein. Meist ist es das Bild, das dich gleich spontan als Erstes angesprochen hat.«

Weisen Sie die Lernenden ein, dass sie das Bild auswählen, welches sie intuitiv und sofort positiv stimmt.

Da dieser Auftrag sehr offen formuliert ist, bietet es sich an, dass Sie noch einige Inspiration für mögliche Lernthemen parat haben. In der Regel haben viele Lernende Konzentrations- oder Motivationsprobleme, sodass Sie solche Themen zusätzlich als Inspiration einbringen können.

Wenn die Schüler zum Stillstand gekommen sind, hat sich jeder für ein Bild entschieden. Nun dürfen sich die Lernenden bei ihrem Bild platzieren. So, wie die Schüler im Raum verteilt bei ihren Bildern stehen, werden auch Gruppen gebildet; pro Gruppe sollten es mindestens vier Personen sein, optimal sind fünf Schüler pro Gruppe. Eventuell wählen zwei Schüler das gleiche Bild aus, dann sollten diese in eine sechsköpfige Schülergruppe gehen. Wenn alle versammelt sind, leiten Sie die nächste Phase ein.

Schritt 3: Ideen sammeln in Kleingruppen

Anhand eines visualisierten Ablaufs erklären Sie den nächsten Schritt, das Ideen-Sammeln in Form eines Brainstormings:

»Geht jetzt bitte in eure Gruppen. Einer legt sein Bild in die Mitte und alle anderen sammeln positive Ideen zu diesem Bild wie ›Freude‹, ›Urlaub‹, ›spannend‹. Der Bildgebende schreibt mit, während die anderen Schüler ihre Ideen nennen. Achtet darauf, dass ihr nicht zu schnell sprecht, sodass er mit dem Schreiben hinterherkommt. Bitte sagt alles völlig frei, was euch einfällt: gute Gerüche, schöne Farben, angenehme Gefühle. Wichtig ist: Alle Nennungen dürfen nur positiv sein, also bitte KEINE Wörter wie ›langweilig‹ oder ›bedrohlich‹ nennen.«

Arbeitsauftrag

Jeder von euch braucht nun Papier und Stift. Dann geht ihr in eure Gruppen: Ein Schüler legt sein Bild in die Mitte und alle anderen sammeln positive Ideen zu diesem Bild wie »Freude«, »Urlaub«, »spannend«.
Der Schüler, der sein Bild in die Mitte gelegt hat, schreibt die positiven Stichworte alle währenddessen auf einem Zettel mit. Hinterher darf er auch eigene Ideen ergänzen. Achtet darauf, dass euer Mitschüler beim Schreiben hinterherkommt. Bitte sagt alles, was euch einfällt: Alles Positive ist erlaubt wie gute Gerüche, schöne Farben, angenehme Gefühle.
Wichtig: Alle Begriffe müssen positiv sein. Negative Wörter wie »langweilig« oder »bedrohlich« sind verboten. Dafür habt ihr pro Bild fünf Minuten Zeit. Wechselt in euren Gruppen durch, sodass jeder Schüler einmal im Mittelpunkt steht und hinterher seine positive Wortliste hat.

Arbeitsauftrag »Ideen sammeln«

Informieren Sie die Schüler über mögliche Tiefpunkte beim Brainstorming (siehe »Hinweise«). Wichtig ist, dass die Assoziationen positiv sind. Die Lernenden gehen – mit Zettel und Stift – in ihre Gruppen und führen nun die Ideensammlung durch.

Schritt 4: Themenaufstellung im Plenum

Zurück im Plenum angekommen, stellen sich alle Schüler mit ihren Notizen und ihrem Bild in der Hand zunächst in dieselbe Raumecke. Nun nennt jeder Lernende kurz sein Lernthema und sucht sich einen Platz im Raum. Reihum ist nun der Nächste an der Reihe, nennt ebenfalls sein Thema und stellt sich, wenn das Thema bereits vorhanden ist, in die Nähe einer anderen Person mit ähnlichem Thema. So entsteht nacheinander im Raum eine Art Themenlandkarte.

Ein Schüler stellt sich mit dem Thema »Fehlende Lernlust« in die Nähe der Klassenzimmertür. Ein weiterer Schüler mit dem Thema »Keine Zeit zum Lernen« platziert sich beim Fenster. Der dritte Schüler C stellt sich mit dem Thema »Ich kann mich nicht zum Lernen aufraffen« in die Nähe von Schüler A zur Klassenzimmertür.

Beispiel zur Erstellung der Themenlandkarte

Haben sich alle Lernenden im Raum platziert, so hat sich eine Themenlandkarte gebildet und der Klassen-Coach nimmt wahr, welche Themen die Klasse gerade beschäftigen; eine Art pädagogische Diagnostik ist möglich. Entsprechend können auch themenähnliche Gruppen gebildet werden. In dieser Phase unterstützen Sie die einzelnen Schüler, falls erforderlich, sodass jeder seinen Platz findet. Als Unterstützung können Sie die Lernenden bitten, ihr Thema auf eine Moderationskarte zu schreiben und vor ihren Füßen zu platzieren. Alternativ können Sie diese Visualisierung vornehmen.

Schritt 5: Ideen ernten und Motto veröffentlichen

Sie bitten die Lernenden, in ihren Brainstorming-Listen die Begriffe einzukreisen, die sie als positiv empfinden. Anhand dieser umrandeten Begriffe versuchen die Lernenden nun, ein Motto-Ziel zu formulieren. Diese Phase ist sehr anspruchsvoll, da die nachstehenden Zielformulierungskriterien einzuhalten sind. Meist vernachlässigen die Schüler einige Kriterien, sodass der Klassen-Coach hier auf die korrekte Zielformulierung achten muss. Hierbei ist der Klassen-Coach unabdingbar. Es hat sich bewährt, wenn Sie die Formulierung eines Lernmottos anhand der unten stehenden Kriterien exemplarisch in der Klasse demonstrieren. Erläutern Sie die folgenden drei Kriterien, die eine Lernmotto-Formulierung erfüllen muss (*Storch/Krause 2007*). Visualisieren Sie diese Kriterien und Erkennungszeichen auf dem Flipchart und geben Sie diese Visualisierung als Handout mit in die einzelnen Schülergruppen:

Formulierung eines Lernmottos

1. Attraktiv/fühlt sich super an – ich will dieses Lernmotto unbedingt erreichen. Es ist mir eine Herzensangelegenheit. Das Gefühl, dieses Motto-Ziel zu erreichen, bereitet mir Freude und ein positives Gefühl. Zum Beispiel: »Ich lerne regelmäßig und gewinne Freizeit«.

2. Positiv – ich will etwas Positives erreichen und nicht etwas vermeiden wie bei »Ich will nicht immer wieder mein Lernen aufschieben« (siehe Beispiel im vorherigen Abschnitt).

3. 100 Prozent Eigenkontrolle/selbst erreichbar – ich erreiche mein Lernmotto aus eigener Kraft und bin nicht auf andere angewiesen; nicht »Meine Freundin soll mich in Ruhe lassen«, sondern »Ich bestimme, wann ich spielen gehe«.

Die drei Kriterien zur Formulierung eines Lernmottos (Storch/Krause 2007)

Im Anschluss an die Erklärungen des Klassen-Coaches probieren sich die Lernenden in ersten Versuchen an ihren Lernmotto-Formulierungen aus. Bilden Sie dazu Dreiergruppen und unterstützen Sie diese nacheinander. Klären Sie die Lernenden darüber auf, dass sie bei der Zielformulierung jeweils die Reaktionen des Mitschülers beachten sollen: Strahlt derjenige bei dem Motto Begeisterung aus, wirkt er motiviert und optimistisch? Oder eher teilnahmslos, rational? Letzteres reicht nicht aus, um nachhaltig das Ziel zu erreichen. In dem Fall gilt es, das Ziel zu modifizieren, bis es stimmig ist. Strahlen die Lernenden mit ihrer Körperhaltung, Stimmlage und ihren nonverbalen Signalen Zufriedenheit und Freude aus, so ist das Ziel passend.
Sie unterstützen situativ und betreuen die Gruppen. Dabei überprüfen Sie in der Regel, ob die Kriterien zur Formulierung der Lernmottos eingehalten wurden.

Schritt 6: Abschluss

Nach dieser Gruppenarbeitsphase kommen die Lernenden wieder ins Plenum. Jeder notiert sein Lernmotto auf einer Motto-Karte (Abb. 23).

DOWNLOAD

Abb. 23: Beispiel eines notierten Lernmottos auf der Motto-Karte (Download-Material)

- »Selbstbewusst packe ich es an, dann werde ich den Fisch auch fangen.«
- »Zielstrebig wie ein Fuchs.«
- »Get it right.«

Beispiel für Lernmotto-Formulierungen

Dazu platzieren sich die Lernenden letztmals auf dem gleichen Platz wie für die Themenlandkarte (dritter Schritt). Jeder nennt kurz sein Lernmotto. In diesem Zusammenhang überprüft der Klassen-Coach die jeweiligen Mottos, falls bislang nicht geschehen, auf Einhaltung der Kriterien. Es ist erstaunlich, wie positiv sich diese Veröffentlichung auf die Gruppenatmosphäre in der Klasse auswirkt. Nun erhalten die Lernenden 15 Minuten Zeit, um das von ihnen ausgewählte Bild in ihr Klassen-Coaching-Logbuch zu kleben – Sie kopieren den Lernenden auf Wunsch das Motto-Bild. Die Kinder/Jugendlichen visualisieren ihr Motto anschaulich im Logbuch.

Aufgaben des Klassen-Coaches

Sie sollten Lernmottos sicher und zügig formulieren können, um einzelne Schüler kurzfristig zu unterstützen. Oft reichen wenige Impulse und die Lernenden entwickeln eine eigene Idee. Wer tiefer in die Materie einsteigen will, wird beim »Zürcher Ressourcen Modell®« von Storch/Krause (2007) fündig. Der Klassen-Coach ist in der Phase der Motto-Formulierung gefordert, schließlich brauchen meist mehrere Schüler zeitgleich Ihre Hilfe. Entsprechende Hilfe können Sie vorbereiten: Formulieren Sie vorab bildliche, sich reimende und einprägsame Motto-Ziele zu »klassischen« Lernthemen. So entwickeln Sie ein Gespür für das Klassen-Coaching. Aber Achtung: Es geht nicht darum, den Lernenden Ihre hervorragend formulierten Lernmottos zu präsentieren, die Schüler sollen vielmehr selbst welche entwickeln. Wem knackige Mottos nicht liegen, der sollte abwägen, ob dieses Klassen-Coaching für ihn passend ist.

Anfängern rate ich, dieses Klassen-Coaching zunächst mit einer Kleingruppe und nicht mit einer gesamten Schulklasse auszuprobieren. Alternativ unterstützen Sie die Lernenden auf mehrere Schultage verteilt bei ihrer Lernmotto-Bildung. Anstatt einen Marathon zu laufen, legen Sie so ein paar Kurzstrecken ein. Wenn Sie sich für diese Variante entscheiden, sollten Sie die Lernenden bitten, ihre Bilder und Notizen in der Schule zu verwahren. Dann ist gewährleistet, dass die Lernenden sie parat haben.

Es hat sich bewährt, als Klassen-Coach einmal alle Motto-Ziele zu prüfen, so korrigieren Sie formale Fehler – selbstverständlich wertschätzend (siehe 4. Schritt »Durchführung«).

Wer projektive, assoziative Verfahren mit Bildern kritisch sieht, sollte gut abwägen, ob er den Schülern dieses Vorgehen schmackhaft machen kann bzw. will. Es hat sich bewährt, dass der Klassen-Coach die Gruppe jeweils durch die einzelnen Phasen dieses Klassen-Coachings führt.

Voraussetzungen/Vorbereitung

Sie halten ausreichend Arbeitsmöglichkeiten für die einzelnen Gruppen parat, sodass diese ihre Ideen im Brainstorming aussprechen und entsprechend sammeln können. Bestenfalls organisieren Sie einen zweiten Raum zum Auslegen der Bilder.

Visualisieren Sie die einzelnen Phasen des Prozesses, zum Beispiel auf dem Flipchart (Abb. 22), so haben die Lernenden das Vorgehen vor Augen. Auch sollten Sie die Arbeitsblätter mit den Kriterien zur Lernmotto-Formulierung (siehe »Durchführung«) in Form von Fotokopien oder laminierten, wiederverwendbaren Arbeitsblättern aushändigen. Legen Sie die vielfältigen Bilder bereits in einem für die Schüler nicht einsehbaren Raum bereit.

Ich habe mit der Bilderkartei des Zürcher Ressourcen Modells von Storch/Krause (2010) gute Erfahrungen gemacht: »Ressourcen aktivieren mit dem Unbewussten. Manual und ZRM-Bildkartei«. Lernende reagieren auf diese Bilder besonders positiv. Zudem unterstützt diese professionelle Bilderkartei den wissenschaftlichen Hintergrund von Storch/Krause (2007).

Nutzen Sie alternativ viele, möglichst sehr unterschiedliche andere Bilder oder Postkarten. Erst dann, wenn die Lernenden ein Thema gewählt haben, dürfen sie den Raum betreten und die Bilder anschauen. Es hat sich gezeigt, dass einige Schüler ansonsten ein Bild auswählen, weil es ihnen gefällt; dann fehlt jedoch der thematische Bezug, der für die Motto-Formulierung erforderlich ist.

Für die Gruppenarbeit benötigen die Schüler ihr Klassen-Coaching-Logbuch und einen Stift, um die jeweiligen Ideen zu notieren. Bitten Sie die Lernenden, streng auf die Zeit zu achten. Jüngeren Schülern geben Sie eventuell eine Eieruhr mit in die Gruppen. Ältere kontrollieren die Zeit – wenn möglich – mit ihrem Handy. Dann ist gewährleistet, dass jeder Schüler ausreichend Zeit bekommt.

Wenn Sie diese Methode für ihr Klassen-Coaching nutzen, sollten die Lernenden in der Lage sein, positive von negativen Formulierungen zu unterscheiden (siehe »Durchführung«, Schritt zwei). Wer dies seinen Schülern nicht zutraut, kann sich einen Kollegen zur Unterstützung holen, sodass dieser auf positive Formulierungen achtgibt. Alternativ führen Sie dieses Klassen-Coaching zunächst mit einer Gruppe durch, während die restlichen Schüler in der Selbstlernzeit eigenständig arbeiten. So können Sie eine Gruppe intensiv betreuen.

Chancen

Das Coaching lädt zum spielerischen und metaphernreichen Denken an. Die Bilderarbeit ermöglicht Lernenden einen anderen Zugang zu ihren Bedürfnissen bzw. Motiven. Das Motto verankert sich dadurch meist viel stärker und ist somit nachhaltiger als die üblichen »Vernunftziele«. Mit den Bildern setzen Sie neue, kreative Impulse und appellieren an das Bauchgefühl der Lernenden. Die Praxis zeigt, dass Lernende sehr neugierig darauf reagieren, wenn der Klassen-Coach die Bilderkartei anbietet.

Stolpersteine

Teilweise fällt es Lernenden schwer, sich nur ein Bild auszusuchen. Bitten Sie entsprechende Lernende, sich zunächst zwei Bilder auszusuchen und diese auf ihre emotionale Wirkung hin zu überprüfen. Meist ist der erste spontane Impuls für ein Bild der richtige, alles danach ist vom Verstand gesteuert (*Storch 2012*).

Gelegentlich fühlen sich Klassen-Coaches gehetzt, da sie allen Lernenden bei der Motto-Formulierung unmittelbar gerecht werden wollen. Es hilft, wenn Sie zunächst Erfahrungen im Einzel-Coaching oder mit kleineren Gruppen sammeln, bevor Sie sich gleich an eine ganze Klasse wagen. Sie werden dadurch sicherer und souveräner, entsprechend können Sie besser auf eine große Gruppe eingehen. Außerdem ist Folgendes wichtig: Nichts muss sofort sein. Nehmen Sie sich Zeit und unterstützen Sie die Lernenden peu à peu bei ihrer Lernmotto-Formulierung, etwa innerhalb der nächsten Schulwoche.

Hinweise

Bitten Sie die Schüler, einen »Zeitwächter« zu bestimmen, dann erhält jeder Schüler die gleiche Zeit für das Brainstorming. Die Praxis zeigt, dass Gruppen teilweise nach zehn gesammelten Begriffen den Brainstorming-Prozess beenden. Es sollte jedoch die gesamte Brainstorming-Zeit ausgeschöpft werden. Als Faustregel gelten etwa 30 bis 40 Begriffe pro Bild.

Diesem Klassen-Coaching kann sich die Methode »Zielplakat« (Kap. 3.5) anschließen; das Motto wird konkretisiert und um passende Handlungsschritte ergänzt.

Meiner Erfahrung nach durchläuft jedes Brainstorming kreative Tiefpunkte, in denen die Ideen ausbleiben. Informieren Sie die Lernenden vorab darüber oder unterstützen Sie die einzelnen Gruppen spontan, falls sich der Prozess zäh gestaltet. Sie nehmen hier eine Vorbildfunktion ein: Erkennen die Lernenden, wie Sie assoziieren, so regt das zur Weiterarbeit an – vorausgesetzt, Sie feuern nicht ein Feuerwerk an Assoziationen ab und nehmen den Lernenden damit den Raum für eigene Assoziationen.

Der Auftrag für die Formulierung des Lernmottos kann thematisch – je nach Schulsituation der Lernenden – eingegrenzt werden, etwa auf

- eine anstehende Prüfung/Klausur;
- den Übergang zur Oberstufe;
- die Durststrecke nach der Hälfte der Berufsausbildung;
- die zu schreibende Master- oder Promotionsarbeit;
- das anstehende Schulpraktikum oder
- die fehlende Lernlust.

Beispiele zur thematischen Eingrenzung des Lernmotto-Auftrages

Hier geben Sie vermutete Themen der Lernenden vor, sodass alle zu dem gleichen Thema arbeiten. Dies ist auch möglich, wenn Sie mit nur einer Kleingruppe arbeiten, bei der beispielsweise alle Motivationsprobleme haben.
Möglicherweise möchten Sie einen weiteren Schritt einfügen, dann können die Lernenden auch noch eine Erinnerungshilfe erarbeiten (Arbeitsauftrag siehe Kasten).

Arbeitsauftrag »Mein Lernmotto«

Du hast jetzt dein Lernmotto gefunden. Beantworte nun folgende Fragen in deinem Logbuch:

- »Wo und wie willst du dein Bild platzieren, damit du dich an dein Lernmotto erinnerst?«
  Suche eine oder mehrere Erinnerungshilfen (Gegenstände, ein Foto, ein Bild, der visualisierte Lernmotto-Spruch), die dich regelmäßig im Schulalltag oder zu Hause an dein Lernmotto erinnern. Schreibe die Erinnerungshilfen auf.
- »Mir hat das Klassen-Coaching gut gefallen/geholfen, weil ...«
- »Durch das Bild und mein Motto habe ich über mich gelernt, dass ...«

Arbeitsauftrag »Mein Lernmotto«

Quellen

Schlachte, C. (2012): *Bilder-Logbuch.* In: Rauen, C. (Hrsg.) (2012): *Coaching-Tools III.* Bonn: managerSeminare. S. 317–321.

Storch, M.; **Krause**, F. (2010): *Ressourcen aktivieren mit dem Unbewussten.* Manual und ZRM-Bildkartei. Bern: Huber.

Storch, M.; **Krause**, F. (2007): *Selbstmanagement – ressourcenorientiert. Grundlagen und Trainingsmanual für die Arbeit mit dem Zürcher Ressourcen Modell.* 4., vollständig überarbeitete und erweiterte Auflage. Bern: Huber.

Wehrle, M. (2014): *Die 50 kreativsten Coaching-Ideen. Das große Workbook für Einsteiger und Profis zur Entwicklung der eigenen Coaching-Fähigkeit.* Bonn: managerSeminare.

3.5 Zielplakat – Ziele veranschaulichen

Das Zielplakat besteht nicht nur aus einem Ziel, sondern gleich aus mehreren Zielebenen und Ressourcen. Das Zielplakat stellt die vielen Aspekte eines Ziels dar. Der Lernende vermag, die unterschiedlichen Ebenen seines Ziels zu erkennen und zu »füllen«. Dieses anschauliche Instrument zeigt auf einen Blick, was die Lernenden wie schaffen wollen.

Sozialform/Dauer

- Gruppengröße/Sozialform: ab fünf Schülern bis zur gesamten Klasse, jeweils unterschiedliche Sozialformen
- Zeit: ca. 60 bis 90 Minuten

Ziele

Die Lernenden

- arbeiten die einzelnen Teilbereiche ihres Ziels/ihrer Ziele heraus.
- planen ihr Handeln vorausschauend.
- erarbeiten konkrete Handlungsschritte.
- stellen sich bezogen auf die Umsetzung auf unterschiedliche Situationen ein.
- betrachten den Gesamtzusammenhang und entwickeln ein Bewusstsein für die Folgen.

Beschreibung

Wer kennt das nicht; man nimmt sich etwas vor und setzt es leider nicht um: »Ab morgen lerne ich fleißig« oder »Bei dem neuen Mathethema passe ich besser auf«. Viele Ziele verpuffen wie Neujahrsvorsätze. Das Zielplakat (Abb. 24) bildet die Ziele anschaulich ab; allein durch das Erstellen des Plakats nimmt die Bedeutung der Ziele zu. Denn häufig scheitern Ziele, weil Lernende mündlich eher einen unklaren Wunsch äußern. Das Plakat schafft hingegen Verbindlichkeit, die Umsetzungswahrscheinlichkeit steigt. Es enthält mehrere Elemente:

- Ergebnis – es beantwortet die Frage: »Was will der Lernende ganz genau erreichen?« Die Schüler wägen dabei auch Kosten und Nutzen ab.
  Wird beispielsweise das Motto »Ich setze mich durch« im Hinblick auf das Ergebnis bedacht, verändert es sich möglicherweise in »Ich setze mich durch, wenn es mir selbst wichtig ist«.
- Verhalten – es umschreibt, wie sich der Lernende verhalten will: »Wie erreicht der Schüler sein Ziel? Wie will er sich verhalten?« Dabei werden »Wenn-dann-Pläne« (*Storch 2009*) formuliert.
- Motto, die Haltung des Schülers (siehe auch Kap. 3.4).

Auf dem Plakat werden auch die unterschiedlichen Ressourcen des Lernenden abgebildet. So ist beispielsweise zu erkennen, wer ihn sozial unterstützt, welche positiven Eigenschaften förderlich sind oder welche Körperhaltung hilfreich ist (Abb. 24).

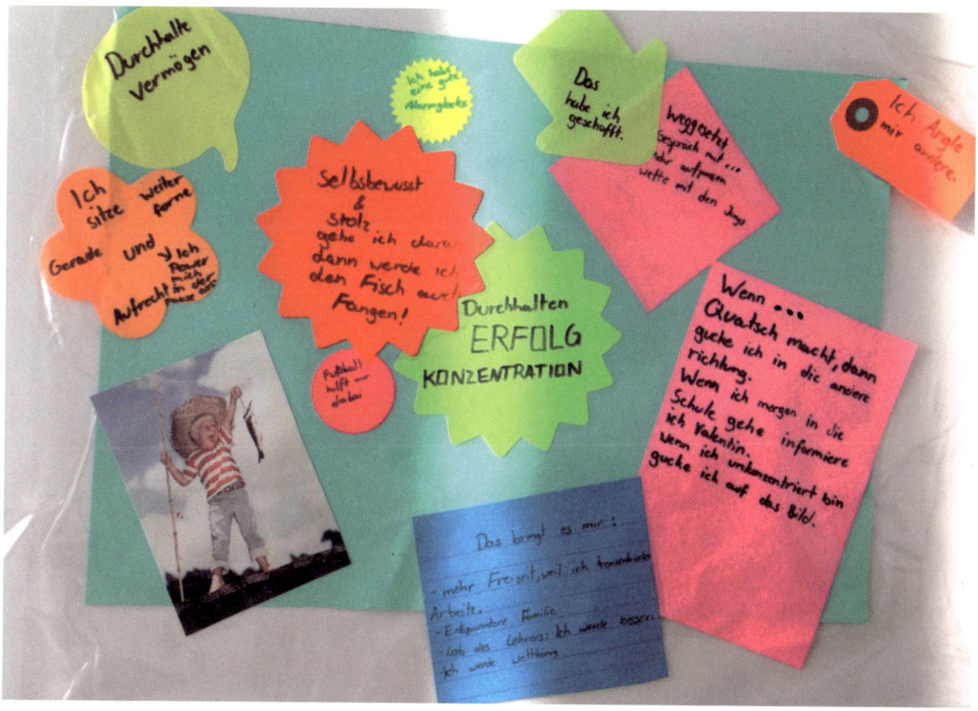

Abb. 24: Zielplakat eines Schülers (aus Gründen der Authentizität wurde bei der hier abgebildeten Schülerarbeit auf die Korrektur von Rechtschreibung und Grammatik verzichtet).

IDEENFORMULAR ZUM ZIEL

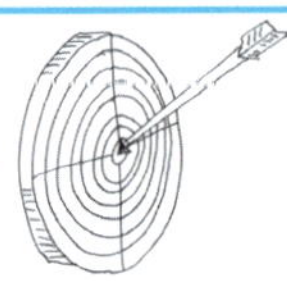

Beantworte die nachstehenden Fragen zu deinem Ziel.

Fragen zum Ergebnis

- Was will ich genau erreichen?

  Ich komme nach den Pausen pünktlich in den Unterricht.

- Was gewinne ich, wenn ich das Ziel umsetze? Was ist der Nutzen? Was bemerke ich dann positiv?

  Ich bekomme alles vom Unterricht mit und verpasse nichts. Ich kriege weniger Ärger von den Lehrern.

- Wie wirkt sich mein Ziel aus? Wenn ich mein Ziel umsetze, passiert ... /ist ... anders.

  Ich sitze pünktlich an meinem Platz.

- Was verliere ich, wenn ich das Ziel umsetze? Worauf muss ich verzichten? Was muss ich aufgeben?

  Ich bin nicht mehr so entspannt in der Pause, weil ich auf das Klingeln höre. Ich habe kürzer Pause.

Fragen zum Verhaltensziel

- Was mache ich, damit ich mein Ziel erreiche?

  Ich höre auf die Klingel. Ich achte darauf, wann die anderen reingehen.

- Bilde Wenn-dann-Sätze dazu, wie du dich verhalten willst. Beispiel: »Wenn ich unkonzentriert bin, dann mache ich eine kurze Trink- oder Erholungspause.«

Wenn ... ich auf dem Schulhof bin, , dann ... gehe ich sofort beim Klingeln rein.

Kreiere deinen Motto-/Werbespruch, der knackig wiedergibt, was du schaffen willst.
Beispiel: »Konzentriert läuft es wie geschmiert!«

Ich bin pünktlich nach der Pause wieder da – alles klar!

Der Klassen-Coach | © Hanna Hardeland | ISBN 978-3-8340-1710-9

Abb. 25: Beispiel eines ausgefüllten »Ideenformulars zur Zielfindung«

Durchführung

Schritt 1: Hinführung

Stimmen Sie die Lernenden in Form einer kleinen Fantasiereise auf die Übung ein. Stellen Sie anschließend den Arbeitsauftrag vor:

> »Nun erstellt ihr ein Zielplakat. Jeder fragt sich: Was möchte ich im Hinblick auf mein Lernen erreichen? Was ist mein Ziel, wenn ich an mein Lernen denke? Jeder von euch braucht gleich Papier und Stift. Ihr erhaltet von mir ein Ideenformular, um euch Gedanken über euer eigenes Ziel zu machen. Darauf notiert ihr eure Ideen zu eurem Ziel. In einem zweiten Schritt gestaltet jeder sein eigenes Zielplakat.«

Schritt 2: Erarbeitung

Anschließend erarbeiten die Lernenden ihre Zielideen in Einzelarbeit anhand des Ideenformulars (Abb. 25). Der Klassen-Coach unterstützt jeweils situativ. Anschließend gestalten die Lernenden auf dieser Grundlage ihr Zielplakat. Es dürfen Worte, Bilder und/oder Ideen visualisiert werden. Der Fantasie sind keine Grenzen gesetzt. Am Ende hat jeder Lernende sein Plakat erstellt.

Schritt 3: Präsentation im Plenum

Wenn jeder Schüler sein fertiges Plakat in den Händen hält, werden die Plakate im Klassenraum aufgehängt. Wie auf einem Marktplatz schauen sich die Lernenden jeweils die anderen Plakate an und stellen dazu Fragen. Anschließend besteht noch einmal die Möglichkeit, das eigene Plakat zu verändern. Meist entfalten die Plakate ihre Wirkung besonders, wenn sie anschließend im Klassenraum aufgehängt werden. In einer letzten Gesprächsrunde bitten Sie die Lernenden, kurz zu notieren, was ihnen die Arbeit mit dem Zielplakat gebracht hat und welche weiteren Erkenntnisse sie dabei gewonnen haben. Diese Erfahrungen schreiben die Lernenden in ihr Klassen-Coaching-Logbuch.

Aufgaben des Klassen-Coaches

Sie unterstützen die Lernenden bei der Gestaltung ihres Zielplakates. Das ist eine anspruchsvolle Aufgabe, da Sie sich zügig auf verschiedene Ziele und Plakate einlassen müssen.

Voraussetzungen/Vorbereitung

Bereiten Sie das Ideenformular zur Zielfindung für die Schüler vor, Sie erhalten es als Download-Material. In der Praxis hat es sich bewährt, das Plakat mit den dazugehörigen Fragen und einem Beispiel an der Tafel/dem interaktiven Board, auf einem Flipchart oder einer Metaplanwand kurz vorzustellen. Sie sollten allerhand ansprechende unterschiedliche Materialien zur Gestaltung des Plakats parat haben: bunte Aufkleber, Post-its, Postkarten, Fotos, Bilder, Klebestifte, Schere, Buntstifte, bunte Klebebänder etc. Je überraschender und facettenreicher ihre Materialien sind, desto bereitwilliger lassen sich die Lernenden auf den kreativen Prozess ein.

Chancen

Das Zielplakat ist eine kreative, anschauliche und gestalterische Aufgabe. Häufig geraten Lernende dadurch in einen regelrechten Schaffensprozess; die kreativen Anteile der Lernenden gelangen ans Tageslicht. Da ein Großteil der Schüler quasi in der Gestaltung versinkt, bietet diese Methode die Möglichkeit, mit einzelnen Lernenden ins Gespräch zu kommen.

Stolpersteine

Es kann passieren, dass Lernende aus Freude an der kreativen Plakatgestaltung den inhaltlichen Fokus aus den Augen verlieren. Widmen Sie sich sicherheitshalber einzelnen Schülern und stellen Sie einige der inspirierenden Fragen (Abb. 25 »Ideenformular zur Zielfindung«). So lenken Sie den Fokus (zurück) auf die inhaltliche Ebene.

Hinweise

Es hat sich bewährt, das Zielplakat auf einem DIN-A3-Papier zu visualisieren. So kann es mitgenommen werden, etwa wenn der Klassenraum gewechselt wird. Im DIN-A4-Format passt es auch ins Logbuch.

Quellen

Kohlhaas, M. (2012): *Zielcollage.* In: Rauen, C. (Hrsg.) (2012): *Coaching-Tools III.* Bonn: managerSeminare. S. 82–88.

Storch, M. (2009): *Motto-Ziele, S.M.A.R.T.-Ziele und Motivation.* In: Birgmeier, B. (Hrsg.) (2009): *Coachingwissen. Denn sie wissen nicht, was sie tun?* Wiesbaden: VS. S. 183–205.

Wehrle, M. (2014): *Die 50 kreativsten Coaching-Ideen. Das große Workbook für Einsteiger und Profis zur Entwicklung der eigenen Coaching-Fähigkeit.* Bonn: managerSeminare.

4.

Umsetzung planen: »Wie willst du es anpacken?«

Wenn Lernende wissen, welches Ziel sie anstreben, gilt es, dieses auch wirklich zu erreichen. Die praktische Umsetzung zählt, nicht der Vorsatz, etwas ändern zu wollen. Es liegt in Ihrer Hand, ein gutes Klassen-Coaching zu arrangieren, handeln muss der Lernende selbst. Wie kann das gelingen? Wie schafft es ein bisher unmotivierter Schüler, sich künftig etwas mehr für die Schule zu engagieren? Nur, indem er neue, andere und für ihn passende Wege findet und auch beschreitet. Auch hier gilt: Die Lösungsschritte und -ideen müssen individuell zu dem Lernenden, seinem sozialen Umfeld, seinen Eigenarten, seiner Persönlichkeit und seinen Möglichkeiten passen. Bei den folgenden Klassen-Coaching-Methoden entwickeln die Lernenden konkrete Lösungsideen und Umsetzungsstrategien für ihren Alltag. Je anschaulicher und praktikabler die Lösungen für die Schüler sind, desto wahrscheinlicher werden sie diese in ihren Alltag integrieren. Anstatt sich allein im stillen Kämmerlein mit möglichen Lösungen auseinanderzusetzen, wird hier die Kreativität der Gruppe genutzt. Gemeinsam konzipieren die Schüler vielfältige Lösungsideen. Der Vorteil: Viele Schüler haben ähnliche Herausforderungen zu meistern, sie haben Gemeinsamkeiten. Folglich passen die erarbeiteten Lösungsansätze zu mehreren Schülern gleichzeitig. Die beim Klassen-Coaching entwickelten Erkenntnisse werden für die gesamte Gruppe nützlich sein.

»Wie sehr vertrauen Sie darauf, dass Ihre Schüler eigenständig Lösungsideen für ihre Lernprobleme entwickeln, die auch noch konstruktiv und umsetzbar sind?«

Bei den fünf Klassen-Coaching-Methoden dieses Kapitels erfahren Sie,

- wie Lernende gemeinsam Ideen entwickeln (*Auf dem Prüfstein*);
- was passiert, wenn Schüler mit vereinten Kräften zusammenarbeiten (*Kollegiales Live-Coaching*);
- wie die Lernenden als »Tippgemeinschaft« auf neue Ideen kommen (*Tippgebende Gemeinschaft*);
- wie sich Schüler schrittweise selbst oder gegenseitig voranbringen (*Skalierung*);
- wie wirkungsvoll der Blick über den Tellerrand ist (*Der Mix*) und
- wie jeder Schüler das Klassen-Coaching garantiert mit einer Lösungsidee verlässt (*Voneinander-Miteinander*).

4.1 Auf dem Prüfstein – Ideen diskutieren

Dieses Problem ist vielen bekannt: Man möchte etwas ändern, weiß aber nicht so recht, wie. So geht es auch vielen Lernenden. Anstatt den eigenen Lernprozess voranzutreiben, belässt man alles beim Alten. Warum nicht die guten Ideen der Peer-Berater nutzen?!

Sozialform/Dauer

- Gruppengröße/Sozialform: ab acht Schülern bis zur gesamten Klasse, Plenumsarbeit
- Zeit: ca. 15 bis 30 Minuten

Ziele

Die Lernenden

- tauschen sich über ein bestimmtes Lernanliegen aus.
- diskutieren unterschiedliche Ansätze/Ideen/Lösungen/Sichtweisen im Hinblick auf ein Lernthema.
- bilden sich eine eigene Meinung im Hinblick auf das Lernthema.
- hören zu, halten sich zurück und bringen sich bei Bedarf aktiv ein.

Beschreibung

Diese Methode ist auch als Unterrichtsmethode »Fishbowl« bekannt. Sie eignet sich hervorragend, um an konkreten Klassen-Coaching-Fällen oder bestimmten Lernanliegen zu arbeiten. Besonders gut bietet sich diese Methode bei unerfahreneren Klassen an, da der Klassen-Coach dem gesamten Prozess beiwohnt. Sie lenken das Klassen-Coaching, indem Sie konkrete Fragen stellen und Aufträge an die Peer-Berater vergeben.

Ein Lernender bringt sein Lernanliegen an und einige Peer-Berater diskutieren dies wertschätzend in einer kleinen Runde im Innenkreis, während die anderen Schüler im Außenkreis sitzen und zuhören. Ziel ist, dass dabei im Innenkreis eine passende Lösung für den Lernenden gefunden wird oder dass sich dessen Perspektive aufgrund der Diskussion erweitert. Währenddessen verfolgt der Rest der Klasse, im Außenkreis sitzend, das Klassen-Coaching. Im Innenkreis werden dabei Plätze frei gelassen, sodass sich die beobachtenden Schüler situativ und gemäß den Regeln bei der Lösungsfindung einbringen können (Abb. 26) – bei kleineren Lerngruppen reicht ein freier Stuhl aus. Nur der Lernende, der sein Lernanliegen eingebracht hat, sollte den gesamten Prozess passiv verfolgen. Als oberstes Gebot gilt: Es darf nur innerhalb des Innenkreises gesprochen werden. Nach einer gemeinsamen Auswertung oder einer vorher vereinbarten Zeitspanne wird die Innenkreisrunde gestoppt, auch wenn das Lernanliegen noch nicht vollständig bearbeitet wurde.

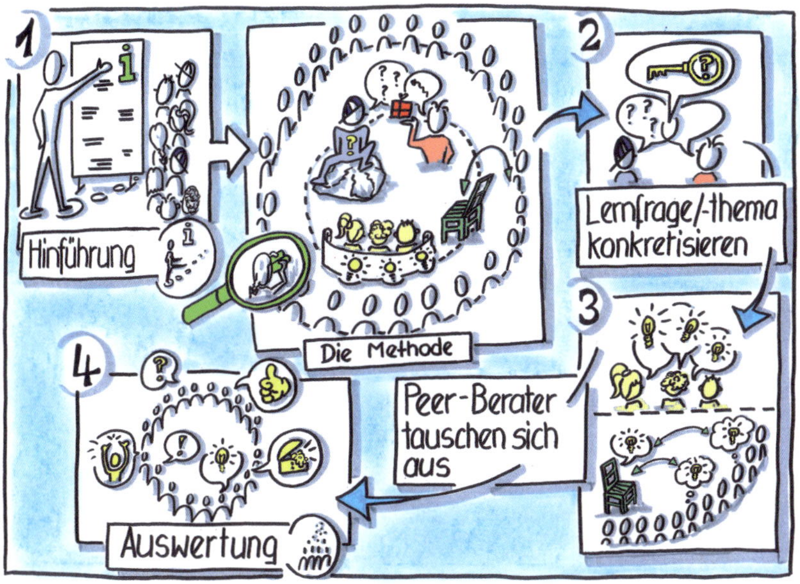

Abb. 26: Setting im Klassen-Coaching »Auf dem Prüfstein«

Durchführung

Schritt 1: Hinführung

Zunächst erläutern Sie den Ablauf sowie die Ziele und Regeln für dieses Klassen-Coaching. Es hat sich bewährt, die Einführung bereits in dem bestehenden Stuhlsetting durchzuführen. Dann entwickeln die Lernenden schnell eine Vorstellung vom konkreten Ablauf. Folgende Regeln sollten Sie bekanntgeben:

- Es wird nur im Innenkreis diskutiert bzw. dort nach Lösungen gesucht.
- Nur jeweils ein Peer-Berater spricht.
- Jeder beobachtende Schüler aus dem Außenkreis kann sich auf einen freien Stuhl in den inneren Kreis setzen und als Peer-Berater einbringen – sobald der Platz frei ist. Dann darf er sich sofort mitteilen und kehrt anschließend in den Außenkreis zurück.

Anschließend wird ein Thema bzw. ein Ratsuchender bestimmt. Hier besteht auch die Möglichkeit, verschiedene Themen abzufragen, um diese von den Schülern anschließend nach Interesse priorisieren zu lassen. Seien Sie sich darüber im Klaren, dass Sie eine mögliche Konkurrenzsituation herstellen. Insofern ist es empfehlenswert, wenn der Klassen-Coach ein Thema wählt, das für möglichst viele/höchstwahrscheinlich für diverse Lernende bedeutsam ist. So profitieren viele davon. Die Bestimmung der Peer-Berater kann wahlweise zusammen mit dem Lernenden geschehen, der sich ein bis zwei Peer-Berater aussucht.

Schritt 2: Lernfrage/-thema konkretisieren

Der Ratsuchende schildert dem Klassen-Coach sein Lernthema, etwa fünf Minuten lang.

Ein Berufsschüler schildert, dass er aufgrund des Schichtdienstes nicht weiß, wann er lernen soll.

Beispiel für die Schilderung eines Lernthemas

Anschließend stellen Sie Verständnisfragen und konkretisieren die Frage/das Anliegen des Ratsuchenden. Auf dieser Grundlage bitten Sie die Peer-Berater, jeweils zu unterschiedlichen, von Ihnen gestellten Fragen Stellung zu beziehen. Der Klassen-Coach lenkt das Klassen-Coaching dadurch in bestimmte Richtungen, die er relevant finden.

Schritt 3: Peer-Berater tauschen sich aus

Die Peer-Berater beginnen mit ihrem Austausch zu der von Ihnen gestellten Frage. Mögliche konkretisierende Fragen sind folgende:

- »Was spielt eurer Meinung nach bei dem Lernthema eine Rolle?«
- »Welche Schwierigkeiten/Herausforderungen hat euer Mitschüler eurer Einschätzung nach zu bewältigen?«
- »Was sollte auf jeden Fall bei einer Lösung berücksichtigt werden?«
- »Was würdet ihr an der Stelle eures Mitschülers tun?«

Schritt 4: Zwischenstand beim Ratsuchenden erfragen

Nach dieser ersten Gesprächsrunde wendet sich der Klassen-Coach an den Ratsuchenden, um Folgendes zu erfragen: »Woran soll weitergearbeitet werden? Welche Aspekte sind für dich interessant?« In einer abschließenden Runde tauschen sich die Peer-Berater ein weiteres Mal aus. Am Ende dieser Runde darf jeder der Peer-Berater einen kurzen Abschlusskommentar geben. Das letzte Wort hat der Ratsuchende, er wird um ein Feedback gebeten.

Schritt 5: Auswertung

Leiten Sie eine Abschlussrunde im Plenum ein. Um das Setting aufzulösen, wird ein gesamter, großer Stuhlkreis hergestellt. Hier erhält jeder, der dies möchte, die Möglichkeit, einen Abschlusskommentar in Form eines Kurzstatements von maximal zwei Sätzen abzugeben.

> Ich kenne das Zeitproblem. Ich denke, ein guter Zeitplan mit eingetragenen kurzen Lernzeiten würde helfen.

Beispiel für einen Abschlusskommentar als Kurzstatement

Aufgaben des Klassen-Coaches

Der Klassen-Coach unterstützt den Lernenden im Vorfeld bei der Konkretisierung seiner Lern- oder Lernanliegen. Im Weiteren regen Sie die Lösungsfindung bzw. Diskussion an: Sie geben den Peer-Beratern Aufträge/Fragen vor, über die sie sich im Innenkreis austauschen. Grundsätzlich gilt jedoch, dass Sie sich aus der inhaltlichen Ideenentwicklung heraushalten. Zudem achten Sie auf die Einhaltung der Regeln. Ebenso haben Sie im Blick, dass ein wertschätzender, empathischer und sensibler Umgang mit dem Thema des Lernenden gewährleistet ist.

Voraussetzungen/Vorbereitung

Für das Setting benötigen Sie einen ausreichend großen Raum: Stellen Sie den Innen- und Außenkreis her (Abb. 26). Es kann ratsam sein, die Lernenden bereits im Vorfeld um Themen zu bitten. Visualisieren Sie die Regeln und die zentrale Frage für alle anschaulich, etwa an der Tafel, auf dem Whiteboard oder einem Papierstreifen.

Es besteht die Möglichkeit, den Beobachtern einen konkreten Beobachtungsauftrag zu erteilen. Hierzu können Sie sich an dem Beobachtungsauftrag des kollegialen Live-Coachings (Download-Material) orientieren.

Chancen

Es entsteht ein lebendiger Austausch über eigene, echte Lernthemen, die Beiträge der Peer-Berater sind für den Ratsuchenden meist bereichernd. Alle Schüler profitieren von dem Klassen-Coaching, unabhängig von der von ihnen eingenommenen Rolle. Die Methode motiviert, weil die Mitschüler meist im Nachhinein erfahren, welche Anregungen der von ihnen beratene Schüler wirklich genutzt hat. Wenn noch Zeit ist, kann ein zweiter Schülerfall eingebracht werden. Nicht selten fordern Schulklassen diese Methode fortan von selbst ein.

Stolpersteine

Angenommen, das Klassen-Coaching wird beendet, weil die Zeit abgelaufen ist, und das Lernanliegen des Schülers ist noch nicht geklärt. Was nun? Blicken Sie rechtzeitig, während des ganzen Prozesses, auf die Uhr und sagen Sie rechtzeitig die noch verbleibende Zeit an. Sicherheitshalber bitten Sie im Vorfeld einen Schüler den Zeitwächter zu übernehmen. So verhindern Sie ein abruptes Ende. Alternativ führen Sie im Anschluss ein kurzes, abschließendes Gespräch mit dem Ratsuchenden, um zu klären, inwiefern der Lernende noch weiteren Coaching-Bedarf hat.

Wie reagieren Sie, wenn niemand ein Lernthema einbringen möchte? Auf gar keinen Fall sollte jemand dazu überredet werden. Vielleicht inspirieren Sie durch interessante Reservethemen wie folgende:

»So bereite ich mich auf Klassenarbeiten vor« oder »Hausaufgaben finde ich ...«. Diese Themen eignen sich auch für Einsteiger.

Beispiel für den Klassen-Coach zur Inspiration der Lernenden im Hinblick auf ein Thema

Hinweise

Es sollte sich bei den Lernanliegen immer um ganz aktuelle Themen handeln und nicht um hypothetische Anliegen oder Themen, die möglicherweise in der Vergangenheit liegen und abgeschlossen sind. Im Idealfall sind es Themen, mit denen sich die Lernenden zeitnah zu beschäftigen haben. Selbstverständlich ist die Fragestellung offen, sodass in unterschiedlichste Richtungen gedacht werden kann. Das Einbringen von eigenen Lernanliegen erfolgt selbstverständlich freiwillig. Ich habe gute Erfahrungen damit gemacht, aktuelle Lernanliegen aufzugreifen, um diese dann mit dieser Methode des Klassen-Coachings zu bearbeiten.

Eine Schülerin ist unsicher, welche Inhalte sie für die Abschlussprüfung lernen soll, und fragt die Lehrperson, was diesbezüglich wichtig sei. Anstatt ihr zu antworten, bieten Sie ihr als Klassen-Coach an, dieses Thema zeitnah in einem Klassen-Coaching zu bearbeiten.

Beispiel zum Aufgreifen von aktuellen Lernanliegen der Schüler durch den Klassen-Coach

Wenn Sie dieses Klassen-Coaching mit einer erfahrenen Lerngruppe durchführen, kann auch ein Lernender mit der Aufgabe des Klassen-Coaches betraut werden und den gesamten Prozess lenken und moderieren.

Wahlweise können Sie die Lernenden bitten, am Ende dieses Klassen-Coachings eine Notiz in ihrem Logbuch vorzunehmen.

Quellen

Özdemir, H. (2014): *Fishbowl, Coachingfall, Open Staff Meeting und Reflecting Team in einem Modul.* In: Schmid, B.; Koenig, O. (Hrsg.) (2014): *Train the Coach: Methoden. Übungen und Interventionen für die professionelle Weiterbildung von Coachs, Teamcoachs, Change-Agents, Organisationsentwicklern und Führungskräften.* Bonn: managerSeminare. S. 163–168.

4.2
Kollegiales Live-Coaching – der bunte Lösungsteppich

Hauptsächlich verbinden wir mit dem Wort »live« TV-Shows, Fußballspiele oder Konzertübertragungen. Warum nicht einmal eine Live-Session ins Klassenzimmer holen?! Wer ein Lernthema ins kollegiale Live-Coaching einbringt, der steht im Rampenlicht und genießt die Aufmerksamkeit mehrerer Peer-Berater. Bei dieser Methode gewinnt der Lernende am Ende einen bunten Lösungsteppich.

Sozialform/Dauer

- Gruppengröße/Sozialform: fünf bis zwölf Schüler, Plenumsarbeit
- Zeit: 20 bis 30 Minuten

Ziele

Die Lernenden

- werden sich ihrer eigenen Verhaltensweisen bewusst und erkennen eventuell bisher unbewusste Lernhemmnisse.
- engagieren sich gemeinschaftlich für einen Schüler.
- üben sich in der Zielformulierung und der Entwicklung von Umsetzungsideen.
- lernen, einem Prozess beizuwohnen, ohne sich inhaltlich einzumischen.

Beschreibung

Wie ein Mensch lernt oder das Lernen erlebt, ist überaus unterschiedlich. So beeinflussen Sichtweisen, Angewohnheiten oder Lernstrategien das Lernverhalten: Wie erlebt der Lernende seinen Lernprozess? Womit ist er zufrieden? Was erlebt er als hemmend? Was möchte er konkret erreichen? Bei dieser Methode nehmen Sie, neben dem Lernenden, eine Hauptrolle ein. Sie führen das kollegiale Live-Coaching durch und holen sich dabei Unterstützung durch die Peer-Berater. Ein Schüler – hier auch als Ratsuchender bezeichnet – erhält die Gelegenheit, an seinem persönlichen Anliegen zu arbeiten. Die Lernenden üben sich im verantwortungsvollen Umgang miteinander.

Das Live-Coaching gliedert sich in vier Phasen. Es beginnt mit »Einstieg und Themenwahl«, dann schließen sich die Phasen »Setting/Ziel« sowie »Ideensammlung« an. Die Methode endet mit dem »Statement« (Abb. 27). Die drei letztgenannten Phasen können Sie in einer 45-minütigen Unterrichtsstunde durchlaufen – dazu sollte der Klassen-Coach konsequent auf die Zeiteinhaltung achten.

Abb. 27: Ablauf des Live-Coachings

Durchführung

Schritt 1: Hinführung und Themenwahl

Der Klassen-Coach stellt die Methode und den Ablauf vor und erklärt seine Rolle. Sie verteilen Zettel und bitten die Lernenden, jeweils ein aktuelles Lernthema auf einen Zettel zu schreiben.

Anschließend legen die Lernenden ihre Themen offen und es wird gemeinschaftlich entschieden, welches Thema im Live-Coaching bearbeitet wird. Nutzen Sie für die Auswahl folgende Kriterien und stellen Sie diese den Schülern vor:

- Das Thema sollte für möglichst viele Schüler bedeutsam sein; so profitieren viele davon.
- Das Thema sollte innerhalb von 20 bis 30 Minuten zu bearbeiten sein (überschaubare Komplexität).
- Der Lernende sollte sich freiwillig dazu bereit erklären, dieses Thema ins Live-Coaching einzubringen; niemand wird hierzu überredet.

Auswahlkriterien des Klassen-Coaches für ein Thema im Live-Coaching

Sollten mehrere Themen bzw. Schüler infrage kommen, so kann als zusätzliches Kriterium die Bedeutsamkeit/Dringlichkeit herangezogen werden; das Thema, das unter den »Nägeln brennt«, erhält dann Vorrang. Nachstehend finden Sie mögliche Themen für dieses Klassen-Coaching.

- Wie gehe ich mit Konflikten um?
- Wie manage ich meine Zeit?
- Wie kann ich alles gut vereinbaren: Familie, Schule, Beruf, Nebenjob etc.?
- Wie schaffe ich es, an alle wichtigen Sachen zu denken?
- Wie schaffe ich es, pünktlich zu sein?
- Wie stelle ich mich im Bewerbungsgespräch gut dar?
- Wie gehe ich mit Prüfungsangst um?
- Wie lerne ich Vokabeln?
- Wie verstehe ich Mathe besser?
- Wie schaffe ich es, in der Selbstlernzeit eigenständig zu arbeiten?
- Wie motiviere ich mich in der Selbstlernzeit zum Lernen?
- Wie schaffe ich es, im Unterricht besser aufzupassen?

Mögliche Themen für das Live-Coaching

Schritt 2: Setting/Ziel

Schüler und Klassen-Coach nehmen ihre Plätze ein. Im nächsten Schritt bestimmt der Lernende drei Peer-Berater, seine »Buddys«, und der Klassen-Coach zwei. Achten Sie darauf, dass Sie zwei Peer-Berater bestimmen, die für eine »gute Mischung« sorgen: Wählt der Ratsuchende zum Beispiel drei männliche oder drei zurückhaltende Mitschüler, so bestimmen Sie zwei weibliche und/oder zwei extravertierte. Die Zahl der Peer-Berater richtet sich danach, wie viele

Lernende am Live-Coaching teilnehmen. Es sollten nicht mehr als fünf Personen sein, um die Diskussionen und Redebeiträge in Maßen zu halten.
Weisen Sie die Beobachter und die Peer-Berater explizit auf das Flüsterverbot hin. Für den Ratsuchenden ist es irritierend, wenn die anderen ihre Köpfe zusammenstecken und tuscheln.

Die Beobachter erhalten einen Beobachtungsauftrag (Abb. 28 und Download-Material), um ihre Wahrnehmungen und Erkenntnisse in der letzten Phase einfließen zu lassen.

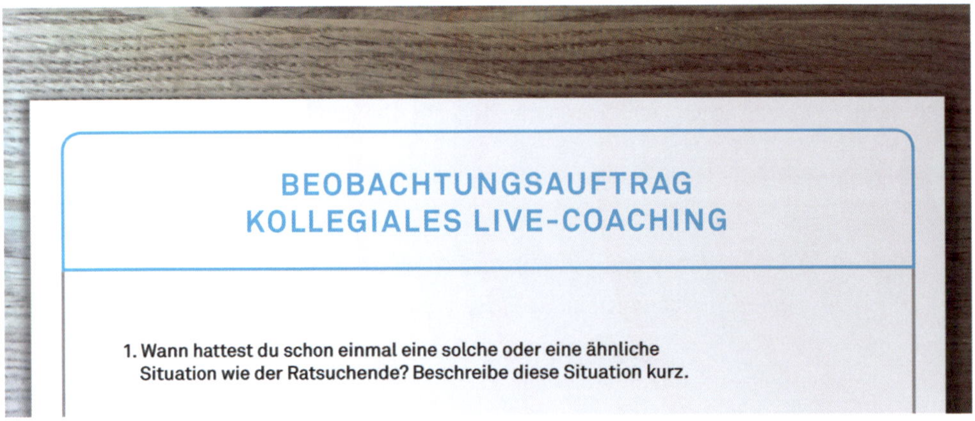

Abb. 28: Beobachtungsauftrag »kollegiales Live-Coaching«

Dieser Beobachtungsauftrag unterstützt die Kompetenzentwicklung bei den Beobachtenden. Möglicherweise empfinden es Lernende als »zäh«, für diesen Prozess eine zurückhaltende, passive Rolle einzunehmen. Hier üben sich die Beobachtenden hervorragend in Rücksichtnahme.
Bitten Sie zwei der Beobachter, die Lösungsideen der Peer-Berater als Schreibassistenten zu notieren. Beide werden mit dicken Moderationsstiften und verschiedenfarbigen Papierstreifen bzw. Moderationskarten ausgerüstet. Während sich die Peer-Berater untereinander beraten, visualisieren die Schreibassistenten die von den Peer-Beratern genannten Tipps. So gehen keine wertvollen Anregungen verloren.
Es hat sich bewährt, dass der Klassen-Coach immer wieder Blickkontakt mit den Schreibenden aufnimmt, um sie zum Schreiben zu ermutigen, falls sie dies nicht von allein tun.
Bei jüngeren Schülern übernehmen Sie die Schreibarbeit. Warum gleich zwei Schreiber? Teilweise sprudeln jede Menge Lösungsvorschläge aus den Peer-Beratern heraus. Wer jede wertvolle Idee festhalten will, tut daher gut daran, zwei Schreibassistenten mit dieser wichtigen Aufgabe zu betrauen.

In einem nächsten Schritt beginnen Sie mit dem Klassen-Coaching, indem Sie das Thema des Lernenden erfragen. Der Lernende beginnt zu erzählen. Die Beobachter und Peer-Berater hören aufmerksam zu. Der Klassen-Coach wendet die coachingübliche Gesprächsführung an – beispielsweise Widerspiegeln, Aspekte/Stränge heraushören, Angebote machen (*Hardeland 2016*). Da das Klassen-Coaching von vielen Lernenden beobachtet wird, halten Sie sich mit negativen Verbalisierungen und emotionalisierenden Fragen – wie »Das macht dich jetzt traurig? Wie wirkt sich die Traurigkeit aus?« – zurück. Hier ist Ihre Sensibilität gefragt, um eine produktive Arbeitsatmosphäre herzustellen. Es wäre kontraproduktiv, wenn Sie beispielsweise einen Schüler dazu aufforderten, seine negativen Wutgefühle zu artikulieren. (Wenn Sie starke negative Emotionen beim Lernenden wahrnehmen, so bieten Sie diesem im Anschluss einen Termin für ein Einzel-Lerncoaching an.) Im Live-Coaching wird Ihnen unterdessen ein stringentes, zügiges Vorgehen abverlangt: Diese Phase zwischen Ihnen und dem Ratsuchenden sollte etwa fünf Minuten dauern, um das Ziel herauszuarbeiten, damit die Peer-Berater dann zielgerichtet beraten können. Es geht nicht darum, dass Sie sich darstellen oder ausprobieren. Am Ende dieser Phase formuliert der Lernende – mittels Ihrer Unterstützung – sein Ziel für dieses Live-Coaching bzw. eine Schlüsselfrage. Unterstützen Sie den Ratsuchenden bei der Formulierung seines Ziels; diese sollte positiv gehalten sein.

POSITIVE FORMULIERUNG – ZIELFÜHREND	**NEGATIVE FORMULIERUNG – UNGÜNSTIG**
▸ Ziel: »Ich will in der Selbstlernzeit konzentrierter arbeiten.« ▸ Schlüsselfrage: »Wie schaffe ich es, in der Selbstlernzeit konzentrierter zu arbeiten?«	▸ Ziel: »Ich will mich in der Selbstlernzeit nicht mehr so viel ablenken.« ▸ Schlüsselfrage: »Wieso schaffe ich es nicht, mich in der Selbstlernzeit zu konzentrieren?«

Tab. 9: Gegenüberstellung: positive und negative Zielformulierung

Schritt 3: Ideensammlung

Bevor die Ideensammlung beginnt, tauschen sich die Peer-Berater über ihr Verständnis aus. Möglicherweise gibt es Klärungsbedarf. Dann beginnt die Sammlung von Ideen und Lösungsvorschlägen. Die Peer-Berater versuchen, sich in die Situation des Ratsuchenden hineinzuversetzen und Anregungen zu geben. Die Lösungsvorschläge sollten überaus unterschiedlich sein, um dem ratsuchenden Schüler ein großes Repertoire anzubieten. Sollten die Lernenden aus Ihrer Sicht zu wenig auf den Ratsuchenden eingehen oder zu einseitige Ideen haben, so können Sie als Klassen-Coach jederzeit unterbrechen und den Blick der Peer-Berater in eine andere Richtung lenken (siehe »Hinweise«). Es hat sich bewährt, dass die Schreibenden bereits während dieser Austauschphase die vielen Anregungen und Tipps notieren; meist fließen die Gedanken und es ist schwierig, sie im Nachhinein zu rekonstruieren. Die Tipps und Anregungen werden auf Karten notiert. Nach einer gewissen Zeit leiten Sie einen kurzen Zwischenstopp ein und erfragen, inwiefern der Ratsuchende mit den bisherigen Lösungsansätzen zufrieden ist. Es geht nicht darum, die einzelnen Karten zu besprechen. Vielmehr besteht dann die Möglichkeit, Anregungen in einer bestimmten Richtung einzufordern:

> Klassen-Coach: »Vielen Dank schon einmal an die Peer-Berater. Ihr habt gute Ideen entwickelt. Jetzt möchte ich noch einmal unseren Ratsuchenden fragen: Inwiefern gehen diese Ideen in die richtige Richtung? Vielleicht hast du noch eine Vorstellung, in welche Richtung weitere Ideen gehen könnten? Dann starten die Peer-Berater eine zweite Runde.«

Beispiel, wie der Klassen-Coach die Peer-Berater zum weiteren Nachdenken anregen kann

Je nachdem, was der Ratsuchende möchte, beenden Sie diese Phase oder Sie bitten die Peer-Berater um eine zweite Runde, bei der die Wünsche des Ratsuchenden beachtet werden. Sind ausreichend Lösungen visualisiert worden, legen Sie die Karten auf dem Fußboden vor den Füßen des Ratsuchenden aus: Ein Lösungsteppich entsteht.

Der Ratsuchende kniet sich in der Regel hin, strukturiert die vielen Anregungen des Lösungsteppichs und wählt für sich passende Karten aus. Wer verhindern möchte, dass einige Peer-Berater enttäuscht reagieren, weil ihre Karte nicht ausgewählt wird, kann dem wie folgt vorbeugen:

Klassen-Coach: »Jetzt wählt der Ratsuchende die für sich passenden Karten aus. Toll, was die Peer-Berater hier alles produziert haben. Es sind alles Geschenke, ein reicher Teppich an Ideen. Alle Ideen sind auf ihre Art sehr gut und wertvoll. Wenn eine Idee nicht ausgewählt worden ist, ist sie trotzdem gut, nur in diesem Fall für unseren Ratsuchenden vielleicht nicht am passendsten. Wenn die Beobachter, Schreibhelfer oder Peer-Berater selbst eine für sich passende Karte entdecken, dürfte sie den Wortlaut im Anschluss gern abschreiben oder, wenn sie auf dem Boden liegen geblieben ist, mitnehmen.«

Beispiel, wie der Klassen-Coach die Ideenauswahl des Ratsuchenden einleiten kann

Häufig kommentieren die Ratsuchenden bei der Auswahl, welche Karten für sie passend sind und warum. Im Anschluss findet eine konkrete Planung des ersten Schrittes statt. Erfragen Sie auch, inwiefern der Lernende bei der Umsetzung seiner Idee Unterstützung durch andere Personen erhalten kann:

»Wer kann dich jetzt dabei unterstützen, damit du das umsetzt?« So sorgen Sie verstärkt für Nachhaltigkeit bzw. Transfersicherheit. Das Live-Lerncoaching endet mit einer kurzen Rückmeldung des Ratsuchenden. Er erläutert kurz, inwieweit er mit dem Anliegen vorangekommen ist.

Schritt 4: Auswertung

Abschließend danken Sie den Beteiligten für die konstruktive Zusammenarbeit, ihre Offenheit und das Engagement. Die Lernenden werden aus ihren Rollen entlassen. Sie geben jeweils ein Statement zu ihrem eigenen Lernzuwachs und zum Vorgehen ab. Hier finden Sie mögliche Fragen:

- Ratsuchender: »Wie ist es dir ergangen?«; »Was möchtest du positiv zurückmelden?«
- Beobachter: »Wie ist es euch ergangen?«; »Was habt ihr wahrgenommen?«
- Alle anderen: »Was davon nehmt ihr für euch mit?«; »Welche Ideen findet ihr passend?«

Dabei findet kein weiteres Coaching statt, etwa indem das Thema des Ratsuchenden noch einmal »aufgerollt« wird. Wenn Lernende damit beginnen, das Thema »aufzurollen« oder eine Art Nachberatung zu starten, intervenieren Sie wie folgt:

»Bitte beachtet, dass wir jetzt keine zweite Beratungsrunde starten bzw. nicht noch einmal alles aufrollen. Jetzt geht es um eure Befindlichkeit. Das Thema des Ratsuchenden ist abgeschlossen.«

Aufgaben des Klassen-Coaches

Ihre Aufgabe ist es, zu moderieren und das Vorgehen sehr klar zu strukturieren, sodass der Prozess zügig vorangeht. Das verlangt Ihnen Kenntnisse der coachingüblichen Gesprächsführung ab, dabei ist eine Ausbildung als Coach oder Lerncoach hilfreich. Sie lenken die Lernenden durch die einzelnen Phasen des Live-Coachings. Wird der Prozess zäh, so setzen Sie an passender Stelle neue Impulse, etwa durch einen fokussierten Auftrag:

»Tauscht euch bitte noch einmal zu dem Punkt X aus. Welche Gedanken und Ideen kommen euch da?«

Eine besondere Herausforderung besteht darin, dass Sie zeitgleich alle Beteiligten – Ratsuchende, Schreibende, Beobachter und Peer-Berater – im Blick haben. Seien Sie präsent und stellen Sie, so gut es geht, mithilfe Ihrer präsenten, wertschätzenden Haltung eine produktive und ruhige Klassen-Coaching-Arbeitsatmosphäre her.
Wichtig ist, dass es zügig und trotzdem gemächlich vorangeht. Ein Tipp: Stellen Sie eine ausreichend große Uhr in ihr Blickfeld, sodass Sie die Zeit kontinuierlich im Blick haben. Mancher Klassen-Coach ist von dem Engagement der Peer-Berater so fasziniert, dass jegliches Zeitempfinden schwindet.

Voraussetzungen/Vorbereitung

Das Live-Coaching eignet sich für Gruppen von fünf bis allerhöchstens 15 Lernenden. Ich präferiere eine Gruppengröße von maximal zwölf Personen. Schließlich ist nur ein Teil der Schülerschaft als Peer-Berater aktiv, die anderen sind als Beobachter eher passiv. Aufgrund dessen sollten Sie sich unbedingt an die Zeitvorgabe von 20 bis maximal 30 Minuten halten. Wenn Sie die Zeit überschreiten, geht das zulasten der Konzentration aller und es wird unruhig. Zusätzlich sollten Sie dafür sorgen, dass die restlichen, nicht am Live-Coaching beteiligten Schüler anderweitig beschäftigt sind. In großen Räumen können Sie das »kollegiale Live-Coaching« auch in einer separaten Ecke durchführen, sodass Sie den Rest der Klasse im Blick haben. Während Sie mit dieser Schülergruppe arbeiten, müssen die anderen Schüler sinnvoll beschäftigt sein. Stellen Sie vorab das Setting her, sodass die Stühle formiert sind – die Peer-Berater-Stühle stehen im Stuhl-Halbkreis –, wenn die Lernenden den Raum betreten. So entwickeln die Schüler sofort eine Idee, wie das Live-Coaching vonstattengeht. Zugleich erleichtern Sie sich damit die Erklärung des Ablaufs in der Phase »Einstieg/Themenwahl«.

Chancen

Das »kollegiale Live-Coaching« bietet Ihnen und der Klasse einen hervorragenden Einstieg zum Üben und Ausprobieren des Klassen-Coachings. Als professioneller Klassen-Coach haben Sie alles unter Kontrolle und können die Lernenden behutsam an das Klassen-Coaching heranführen. Die Lernenden entwickeln ein Gespür dafür, was Coaching bieten kann. Und trotzdem behalten Sie die Zügel in der Hand. Sie lenken die Aufmerksamkeit des Ratsuchenden und der Peer-Berater in eine produktive Richtung. Die Lernenden spüren anhand eines echten Falls, wie hilfreich das Klassen-Coaching sein kann. Sie probieren sich in angenehmer Atmosphäre aus und erweitern dabei ihre Beratungskompetenz auf behutsame Art und Weise. Wenn Sie als Coach häufiger einen Ergebnisdruck spüren und glauben, Ratsuchenden eine passende Lösung servieren zu müssen, können Sie sich bei dieser Methode entspannt zurücklehnen. Schließlich ist es die Aufgabe der Peer-Berater, einen bunten Lösungsteppich zu gestalten. Besonders wertvoll ist, dass diese Methode dazu beiträgt, bei den Lernenden Empathie zu fördern. Dieses Klassen-Coaching ist an Vielfältigkeit nicht zu überbieten.

Stolpersteine

Es kann vorkommen, dass sich Klassen mit dieser Methode anfangs schwertun; der Prozess scheint zäh. Andere Lerngruppen gehen in dieser Methode vollkommen auf und fordern das Live-Coaching regelrecht ein. Geben Sie den Schülern Zeit, die Methode zu üben, es lohnt sich. Es ist vorstellbar, dass sich einige Schüler unsensibel verhalten oder tuscheln. Jedoch habe ich dies bislang kaum erlebt, schließlich spüren die Lernenden, dass es um echte Lernanliegen geht. Beobachten Sie sensibel, was vorgeht, und appellieren Sie, falls nötig, mit einem ermahnenden Blick an die Sensibilität der »Störenfriede«.

> »Solche Kommentare haben hier nichts zu suchen. Das ist ein echtes/wichtiges Thema, was wir hier besprechen. Bitte sei(d) respektvoll!«

Eventuell haben die Peer-Berater Schwierigkeiten, konkrete Lösungsideen zu benennen, oder Sie sind der Auffassung, dass die Lösungsvorschläge für den bunten Teppich zu einseitig sind. Inspirieren Sie die Peer-Berater und lenken Sie Ihre Aufmerksamkeit in eine bestimmte Richtung:

»Eure Lösungsideen gehen im Moment eher in die Richtung X. Schaut doch noch einmal, welche anderen Bereiche es gibt. Was könnte der Ratsuchende noch tun?«

Hinweise

Es kann passieren, dass der Ratsuchende nicht euphorisch, sondern eher gedämpft und zurückhaltend auf die Ideen der Gruppe reagiert. Nehmen Sie diese Stimmung wahr und thematisieren Sie dies sensibel und eher beiläufig:

»Beim Coaching erhalten die Personen, die ein Thema einbringen, viele Anregungen. Diese Anregungen müssen Stück für Stück verarbeitet werden. [Sie sprechen in Richtung der Schüler.] Ich bin sicher, wir werden in der nächsten Zeit zu diesem heutigen Termin noch einige Ideen bekommen. Ich bin gespannt, was sich noch tun wird.«

Wenn Sie umfangreicheren Coaching-Bedarf wahrnehmen, so bieten Sie dem Ratsuchenden in einem anschließenden, kurzen Vieraugengespräch die Möglichkeit eines Einzel-Coachings mit Ihnen an.

Für Klassen-Coach-Anfänger ist es ratsam, sich für das erste Live-Coaching Unterstützung durch einen erfahrenen Kollegen zu holen. Dieser zweite Klassen-Coach hat dann die nicht direkt beteiligten Lernenden, wie die Beobachter oder die Schreibhilfen, im Blick. Sie können sich dann voll und ganz den Peer-Beratern und dem Ratsuchenden zuwenden.

Diese Methode können Sie losgelöst vom Klassenkontext auch dann anwenden, wenn Sie es mit Coaching-Gruppen zu tun haben.

Quellen

Diese Methode wurde 2013 für ein Modul der Fortbildung zum Lerncoach von **Hardeland,** H. entwickelt.

4.3 Die tippgebende Gemeinschaft – ein Blumenstrauß an Ideen

Was der Einzelne nicht schafft, gelingt in der Gruppe: Die vielen Peer-Berater schenken dem Lernenden einen bunten Blumenstrauß voller Ideen. So fühlt sich der Lernende angenommen und unterstützt. Wer die Blütenpracht von der tippgebenden Gemeinschaft erhält, kann die konkreten Vorschläge in die Tat umsetzen.

Sozialform/Dauer

- Gruppengröße/Sozialform: ab fünf Schülern, gesamte Klasse, Plenumsarbeit
- Zeit: ca. 30 bis 45 Minuten

Ziele

Die Lernenden

- unterstützen sich gegenseitig bei der Planung ihrer Handlungsschritte.
- üben sich in sensibler, zurückhaltender und wertschätzender Kommunikation.
- verstehen die Ansichten und Verhaltensweisen ihrer Mitschüler und begegnen diesen aufgeschlossen.
- unterstützen sich gegenseitig bei der Überwindung von Lernschwierigkeiten.
- werden entlastet, indem sie sich mitteilen und von ihren Mitschülern Unterstützung erfahren.

Beschreibung

Wer glaubt, Lernende würden im Rahmen von Methodenwochen zum »Lernen lernen« ausreichend Handwerkszeug erhalten, um professionell zu lernen, der täuscht sich. Meist wird methodisches Wissen vermittelt, die praktische Erprobung und die anschließende tatsächliche Handlungsumsetzung fallen hingegen eher sparsam aus. Bei der »tippgebenden Gemeinschaft« profitieren die Schüler, hier auch als Ratsuchende bezeichnet, von den verschiedenen Vorschlägen ihrer Peer-Berater. Die Gruppen arbeiten selbstständig und ohne eine externe Fachperson wie den Klassen-Coach; alle sind gleichrangig. Es besteht kein Gefälle. Und hierbei tritt ein Phänomen auf, das vielen bekannt ist: Die Ratschläge der Peer-Group können mehr wert sein als die eines vermeintlichen Experten. Beherrschen Lernende diese Methode, so eignet sie sich hervorragend, um mehrere Klassen-Coachings parallel durchzuführen – das machen die Lernenden selbstständig, ohne Ihre Begleitung als Klassen-Coach.

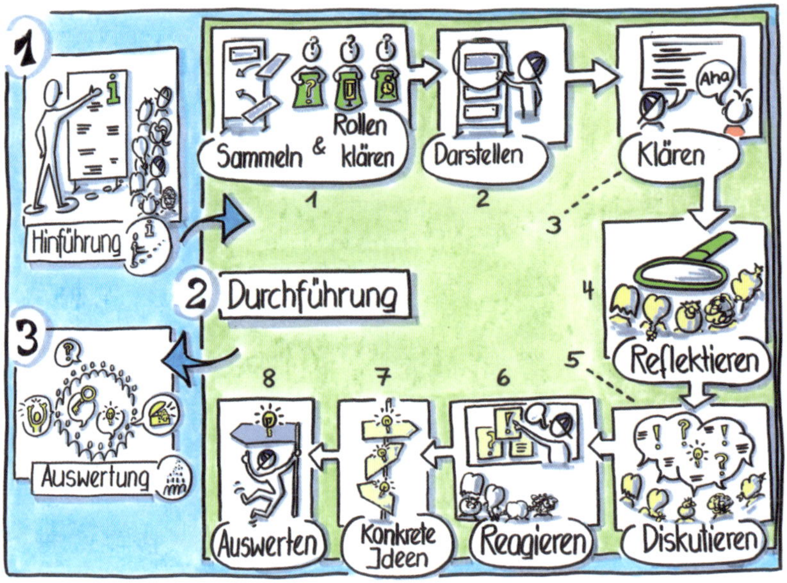

Abb. 29: Ablauf »tippgebende Gemeinschaft«

Durchführung

Schritt 1: Hinführung/Lehrerdemonstration

Führen Sie diese Klassen-Coaching-Methode wie folgt ein:

- Im Plenum/Halbplenum: Sie demonstrieren das Vorgehen der »tippgebenden Gemeinschaft« im Plenum oder Halbplenum. Dabei nehmen Sie die Rolle des Moderators innerhalb der Gruppe ein. Zeitgleich nehmen Sie hin und wieder – dann jeweils neben Ihrem Stuhl stehend – die Metaebene ein und erläutern der Klasse die einzelnen Prozessschritte (Abb. 29). Während des gesamten Prozesses verfolgen die nicht aktiv beteiligten Schüler das Vorgehen anhand der Handlungsanweisung. Die Schüler setzen das Klassen-Coaching im Anschluss in ihren Kleingruppen um.
- Jeweils in einzelnen Gruppen: Den Lernenden liegen die Handlungsanweisungen vor. Der Klassen-Coach widmet sich reihum den Gruppen – beispielsweise während die gesamte Klasse eine größere Gruppen- oder Projektarbeit durchführt. Es besteht auch die Möglichkeit, dass sich die anderen Lernenden in der Selbstlernzeit mit fachlichen Inhalten auseinandersetzen, während Sie sich einer Gruppe zuwenden. Sie durchlaufen gemeinsam mit jeder Gruppe den Prozess und nehmen jeweils die Rolle des Moderators ein. So gewinnen die Lernenden Prozesssicherheit. Anschließend führen die Lernenden diese Klassen-Coaching-Methode selbstständig durch. Sollten die Lernenden mit der »tippgebenden Gemeinschaft« vertraut sein, so ist diese Hinführung/Lehrerdemonstration hinfällig.

  Laden Sie die Klasse ein, sich auf diese Methode einzulassen. Ablauf und Vorgehen werden anhand einer Ablaufvisualisierung (Abb. 29) erläutert, verteilen Sie dazu die Kopien mit der Handlungsanweisung. Auch wenn Lernende die Methode schon kennen, rate ich Ihnen, diese Anweisung zu wiederholen. Weisen Sie an dieser Stelle explizit darauf hin, dass bei diesem Vorgehen die einzelnen Prozessschritte penibel einzuhalten sind.

Teilen Sie Kleingruppen zur Zusammenarbeit in der »tippgebenden Gemeinschaft« ein. Hierzu können Sie auch erfragen, wer ein Anliegen hat: Ausgehend von den ratsuchenden Schülern bilden sich dann jeweils Gruppen, die den Schüler unterstützen. Folgende Kriterien gelten bei der Auswahl der Anliegen; sie gelten insbesondere dann, wenn zu viele Lernende einen Bedarf anmelden:

- Dringlichkeit: Diejenigen, die ein dringendes Anliegen haben, dürfen das Klassen-Coaching bevorzugt in Anspruch nehmen. Zur Ermittlung bietet sich die Skalierungsfrage an:

  »Stelle dir eine Skala von 1 bis 10 vor. 1 steht für ›Ich habe alle Zeit der Welt, das Thema hat Zeit‹. 10 steht für ›Das Thema brennt mir unter den Nägeln‹. Wo ordnest du dich zu?«

- Bedeutsamkeit: Dieses Kriterium erfragt, wie bedeutend das Thema für den ratsuchenden Schüler ist, auch hier kann mit der Skalierungsfrage gearbeitet werden:

  »Stelle dir eine Skala von 1 bis 10 vor. 1 steht für ›Das Thema ist mir total egal‹. 10 steht für ›Das Thema bedeutet mir sehr viel/ist mir total wichtig‹. Wo ordnest du dich zu?«

- Komplexität: Der Klassen-Coach entscheidet kurz aufgrund der Schilderungen des Lernenden, inwiefern das Thema für die »tippgebende Gemeinschaft« geeignet ist. Entscheidend ist, dass die Peer-Berater mit dem Thema nicht überfordert werden, zumal die Gruppen dieses Klassen-Coaching selbstständig durchführen.

Anhand dieser Kriterien wird ein ratsuchender Schüler ausgewählt. Anschließend ordnen sich die Schüler diesem als Peer-Berater zu. Achtung: Wenn Sie den Schülern die Auswahl des zu beratenden Schülers freistellen, kann es sein, dass einige Lernende keine Peer-Berater haben; für die Betroffenen ist dies eine beschämende Erfahrung. Bieten Sie dieses Verfahren folglich nur dann an, wenn ein sehr wertschätzendes, harmonisches Miteinander in der Klasse herrscht.

Schritt 2: Durchführung – Gruppenarbeit

Die Lernenden gehen in ihre Gruppen und arbeiten selbstständig anhand der Handlungsanweisung (Abb. 30). Die Schüler legen innerhalb ihrer Gruppen die Rollen fest: Ratsuchender (falls er noch nicht vorher feststand) sowie Moderator und Zeitwächter. Wenn mehrere Durchgänge geplant sind, nehmen die Lernenden diese Rollen abwechselnd ein. Der Moderator achtet sehr konsequent auf die Einhaltung der einzelnen Phasen und Zeiten (Abb. 30), jede Gruppe braucht daher unbedingt einen Wecker oder ein Handy. Der Moderator leitet das Klassen-Coaching ein.

1. *Sammeln und Rollenverteilung:* Wenn der Klassen-Coach vorab nicht die Anliegen erfragt und entsprechend die Gruppen gebildet hat, sucht die Gruppe nun ein Thema aus – der Moderator lenkt dann dieses Vorgehen.
2. *Darstellen:* Der Ratsuchende schildert sein Anliegen/seine Situation. Die Peer-Berater hören aufmerksam zu und machen sich bei Bedarf Notizen. Am Ende dieser Phase stellt der Ratsuchende seine konkrete Schlüsselfrage, für die er Lösungsideen entwickeln möchte.
3. *Klären:* Die Peer-Berater stellen Verständnisfragen, sodass sie den Sachverhalt und die Situation verstehen.
4. *Reflektieren:* Darauf folgt eine Stillarbeitsphase, in der die Peer-Berater ihre Gedanken, Ideen, Anregungen und Rückmeldungen notieren. Der Ratsuchende ist in dieser Phase für sich und hat Zeit zum Innehalten.
5. *Diskutieren:* Nun tauschen sich die Peer-Berater aus, sie stellen sich gegenseitig ihre Ideen und Gedanken vor. Der Ratsuchende hört schweigend zu. Im Anschluss diskutieren die Peer-Berater miteinander über die Vorschläge.
6. *Reagieren:* Der Ratsuchende nimmt zu einigen Aspekten Stellung. Er räumt eventuelle Missverständnisse aus. Außerdem benennt er Aspekte, die für ihn neu, wichtig und brauchbar sind. Die Peer-Berater hören kommentarlos zu.
7. *Empfehlen:* Angeregt durch das Feedback des Ratsuchenden konkretisieren die Peer-Berater einen Lösungsvorschlag. Sie sprechen eine Empfehlung aus: »Wenn ich an deiner Stelle wäre, dann ...«
8. *Auswerten:* Der Ratsuchende kann zum Abschluss Stellung zu den Ergebnissen und Anregungen der Peer-Berater nehmen. Er gibt auch eine Rückmeldung dazu, wie er das gesamte Vorgehen/den Prozess empfunden hat.

Schritt 3: Reflexion

Im Plenum tauschen sich die Lernenden auf Metaebene über das Vorgehen oder die Erfahrungen während der »tippgebenden Gemeinschaft« aus. Informieren Sie die Schüler vorab, dass jetzt keine thematische Nachbearbeitung stattfindet. Folgende Aussagen dienen als Anregung:

- »Das möchte ich noch sagen: ...«
- »Deshalb bin ich sicher, dass ich jetzt den ersten Schritt tue: ...«
- »So habe ich unsere Zusammenarbeit/die Atmosphäre erlebt: ...«
- »Mich unterstützt dabei ...«
- »Ich habe eine Frage: ...?«

HANDLUNGSANWEISUNG »TIPPGEBENDE GEMEINSCHAFT«

PHASE UND VORGEHEN

1. Sammeln und Rollenverteilung (5 Minuten)

- Verteilung der Rolle des Moderators und Zeitwächters.
- Sammeln der Anliegen und gemeinsame Festlegung des Ratsuchenden.

2. Darstellen (5 Minuten)

- Ratsuchender schildert seine Situation.
- Ratsuchender stellt den Peer-Beratern Schlüsselfrage.

3. Klären (5-10 Minuten)

- Peer-Berater stellen Verständnisfragen zur Situation. Ratsuchender antwortet.
- Ergebnis: Alle verstehen den Fall.

4. Reflektieren (5 Minuten)

Stillarbeit

- Peer-Berater notieren allein ihre Ideen, Gedanken, Anregungen und/oder Lob.

5. Diskutieren (5-10 Minuten)

- Peer-Berater reden miteinander.
- Ratsuchender schweigt und hört zu.
- Jeder Peer-Berater stellt seine Ideen, Gedanken, Anregungen und/oder Lob vor. Danach diskutieren sie miteinander.

6. Reagieren (5 Minuten)

- Ratsuchender sagt etwas zu den genannten Punkten und räumt eventuell Missverständnisse aus: Er sagt, was aus seiner Sicht brauchbar, neu und interessant ist.

7. Empfehlen (3 Minuten)

- Reihum nennt jeder Peer-Berater seinen klar formulierten Lösungsvorschlag: »Wenn ich an deiner Stelle wäre, dann ...«

8. Auswerten (3 Minuten)

- Ratsuchender gibt der Gruppe ein Feedback zum Inhalt und zum Vorgang der Beratung: »Ich habe die Beratung als ... empfunden.«

Der Klassen-Coach | © Hanna Hardeland | ISBN 978-3-8340-1710-9

DOWN-LOAD

Abb. 30: Handlungsanweisung »tippgebende Gemeinschaft«

Um die Reflexion zu erleichtern, bietet es sich an, die Reflexionsfragen zu visualisieren.

Aufgaben des Klassen-Coaches

Wer diese Methode nutzt, sollte Verantwortung abgeben können. Haben Sie den Ablauf erklärt, so arbeiten die Lernenden selbstständig. Dennoch sollten Sie ab und an bei wechselnden Gruppen hospitieren und diese bei Bedarf unterstützen.

Wenn Sie unsicher sind, ob die Schülergruppe mit dieser Methode verantwortungsbewusst und selbstständig umgeht, wählen Sie lieber eine andere Variante des Klassen-Coachings.

Voraussetzungen/Vorbereitung

Organisieren Sie einen ausreichend großen Raum, sodass alle Gruppen ungestört parallel sprechen können. Eigene Erfahrungen zeigen, dass sich eine anschauliche Prozessvisualisierung und das Aushändigen der konkreten Handlungsanweisungen (Abb. 30) für jede Gruppe bewähren. Sie erhalten diese als Download-Material.

Denken Sie an einen Wecker für jede Gruppe. Die Lernenden sollten Schreibmaterialien mit zur Gruppenarbeit nehmen, um sich Notizen zu machen. Für die Abschlussreflexion visualisieren Sie die Leitfragen.

Chancen

Die Lernenden unterstützen sich sehr handlungsorientiert und praxisnah. Zusätzlich setzen sie sich mit vielfältigen Themen auseinander, ihr Blick weitet sich. Diese Methode besticht durch die hohe Schüleraktivität.

Stolpersteine

Möglicherweise fällt es Lernenden schwer, eigene Anliegen/Themen oder Fragen einzubringen – eventuell, weil ihnen diese Probleme selbst nicht bewusst sind oder weil sie eine Bewertung durch die Mitschüler fürchten. Spüren Lernende gegenseitige Wertschätzung und Akzeptanz, so verringert sich diese Befürchtung.

Der Klassen-Coach gibt das Steuerrad aus der Hand: Sie haben kaum Einfluss auf das Miteinander.

Hinweise

Alle Lernenden sollten einmal ein Anliegen einbringen und die Rolle des Moderators übernehmen. Ansonsten entwickeln sich Rollenzuschreibungen, die sich negativ auf das Miteinander auswirken können, etwa indem ein Lernender in der Klasse fortan als »Problembär« gilt.

DOWNLOAD

Wenn Sie Lernenden die Gelegenheit geben möchten, sich vor der Zusammenarbeit in Gruppen Gedanken über ihr Thema zu machen, finden Sie im Download-Material einen Vorbereitungsbogen. Vorteilhaft an diesem Vorgehen ist, dass sich jeder

Lernende allein mit sich in seiner aktuellen Lernsituation auseinandersetzt. Diese Kurzphase des Innehaltens beschleunigt das weitere Vorgehen in der Gruppe – meist entwickelt sich daraus ein Anliegen.

Quellen

Lippmann, E. (2009): *Intervision. Kollegiales Coaching professionell gestalten.* 2. aktualisierte Auflage. Heidelberg: Springer.

Weigand, W. (2015): *Die Gruppe als Resonanzraum und Mittel zur Beratung.* In: Edding, C.; Schattenhofer, K. (Hrsg.) (2015): *Handbuch. Alles über Gruppen: Theorie, Anwendung, Praxis.* 2. Auflage. Weinheim und Basel: Beltz. S. 209–257.

4.4 Skalierung in Partnerarbeit/Gruppen – sich in Bewegung setzen

Nur drei Fragen genügen, um dieses Klassen-Coaching anzukurbeln: Wo steht der Lernende gerade? Was will er erreichen? Wie ist der Plan? Bei dieser Methode setzen sich Lernende ganz bewusst mit diesen drei Fragen auseinander.

Sozialform/Dauer

- Gruppengröße/Sozialform: ab zwei Schülern bis zur gesamten Klasse, Partnerarbeit oder Dreiergruppen
- Zeit: ca. 20 bis 60 Minuten

Ziele

Die Lernenden

- bestimmen sehr konkret ihren Stand- und Zielort sowie die Teilschritte zur Veränderung.
- entwickeln konkrete Maßnahmen, um auf der Skala Teilschritte »nach oben zu klettern«.
- erweitern ihre Beratungskompetenz, indem sie sich selbstständig beraten.
- entwickeln ein Gefühl von Selbstwirksamkeit und verspüren Zuversicht.
- setzen sich gezielt mit ihrer eigenen Einschätzung/Wahrnehmung auseinander, etwa indem sie sich mit den Teilschritten der Skala beschäftigen.

Beschreibung

Wer die Messlatte zu hoch hängt, erstarrt schon beim Anlauf vor Ehrfurcht. Je höher die (Lern-) Hürde scheint, desto mehr schwinden Mut und Zutrauen, es zu schaffen. Wie wäre es daher, wenn die Messlatte anfangs tiefer hängt und dann erst Stück für Stück höher gehängt wird? Die Skalierungsmethode (*Hardeland 2013, 44 ff.*) regt Lernende dazu an, ihr Vorhaben in überschaubare Teilschritte von 1 bis 10 zu gliedern. Indem der Schüler einzelne Stufen festlegt und sozusagen einen Trainingsplan für sich erstellt, nähert er sich seinem Endziel – und zwar Stück für Stück. Ein Gefühl von Machbarkeit entsteht.

Die Skalierung findet in folgenden drei Teilschritten statt:

- Wo steht der Lernende gerade? – »Ist-Stand bestimmen«,
- Was will er erreichen? – »Soll-Stand festlegen« und
- Wie packt er es an? – »Maßnahmen/Schritte planen«.

Vorab bestimmen die Lernenden ihr eigenes Lernthema; danach werden Partnerschaften bzw. Gruppen gebildet. Themenvorschläge finden Sie im nachstehenden Kasten.

METHODENKOMPETENZ	PERSONALKOMPETENZ
▸ Alles tipptopp: Meine Schulsachen sind komplett in Schuss. ▸ 100 % Tunnelblick: Ich bin voll konzentriert bei der Sache. ▸ 1 – 2 – 3, ich habe die richtigen Schulsachen hundertprozentig dabei.	▸ Entspannt wie ein Buddha gehe ich in die Prüfung. ▸ Hoch die Hände: Ich bin ein Dauermelder. ▸ Mit voller PS-Zahl: Ich packe es voll motiviert an. ▸ Ich zeige mich von meiner besten Seite: Ich glänze im Gespräch.
FACHKOMPETENZ	**SOZIAL-KOMMUNIKATIVE KOMPETENZ**
▸ Jetzt habe ich es kapiert: Ich verstehe den Lernstoff voll und ganz. ▸ Es kann losgehen: Ich bin perfekt auf die Klassenarbeit vorbereitet.	▸ Weich wie Butter: Ich bin in der Klasse friedlich. ▸ Klar wie ein Nachrichtensprecher: Ich spreche im Unterricht laut und deutlich.

Mögliche Themen für die Skalierungsarbeit

Der Klassen-Coach leitet die Methode an, indem er den Ablauf vorstellt (Abb. 31). Wer mehr Wert auf eine engere/konkretere Anleitung legt, kann Lernende einfach durch die einzelnen Teilschritte leiten, während sie in Partnerarbeit zusammenarbeiten. Alternativ demonstrieren Sie das Vorgehen im Plenum beispielhaft oder gemeinsam mit einem Schüler, der ein echtes eigenes Thema in die Skalierung einbringt. Lernende können die Skalierung auch hervorragend selbstständig durchführen. Händigen Sie ihnen dazu eine Handlungsanweisung (Abb. 32) aus.

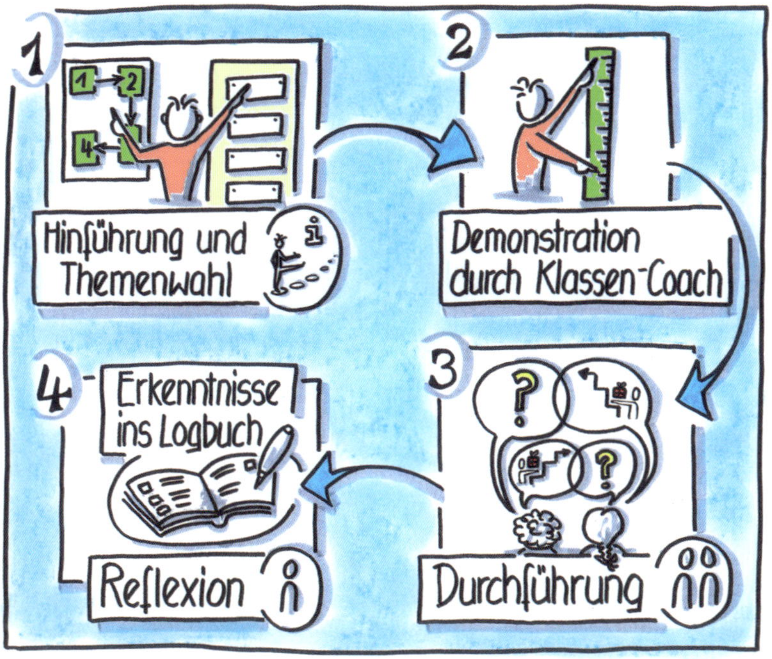

Abb. 31: Ablauf der Skalierung in Partnerarbeit oder Gruppen

Des Weiteren besteht die Möglichkeit, diese Skalierung zusammen mit kleinen Gruppen durchzuführen, während die anderen Schüler einen Arbeitsauftrag bearbeiten. Dies ist eine praktische Hinführung zur Skalierung; wenn Sie alle Gruppen bei der Skalierung begleitet haben, sind die Lernenden künftig dazu in der Lage, diese Methode eigenverantwortlich durchzuführen. Veranschlagen Sie für die reine Skalierungsarbeit pro Schüler und Thema etwa 20 bis 30 Minuten.

Durchführung

Schritt 1: Hinführung und Themenwahl

Charakterisieren Sie kurz die Klassen-Coaching-Methode Skalierung. Stellen Sie mögliche Themen vor (siehe S. 128). Wahlweise sammeln Sie gemeinsam mit den Lernenden weitere Themen. Für die Skalierung eignen sich nur Themen, die auf einem Zahlenstrahl abgebildet werden können – etwa Motivations- oder Konzentrationsprobleme, die auf einem Strahl mit zwei Endpunkten darzustellen sind. Dann steht die Zahl 1 zum Beispiel für »gar keine Konzentration/Motivation« und die Zahl 10 für »zu 100 % konzentriert/motiviert«). Der Skalenstrahl ist eindimensional, das bedingt klare und positiv formulierte Aussagen.
Im Idealfall arbeiten die Lernenden in Partnerarbeit, bei ungerader Schülerzahl bilden Sie entsprechend Gruppen.

Schritt 2: Demonstration des Klassen-Coaches

Hier demonstrieren Sie den Lernenden, wie diese die Skalierung anschließend in der Partnerarbeit durchführen. Verteilen Sie dazu bereits Kopien der Handlungsanweisungen (Abb. 32), sodass Sie die einzelnen Schritte kurz gemeinsam durchgehen können. Anschließend arbeiten die Lernenden in Partnerarbeit mit der Skalierung.

Schritt 3: Durchführung – Partnerarbeit

Die Lernenden coachen sich gegenseitig und nutzen dazu die Handlungsanweisung. Der Klassen-Coach beobachtet den Prozess der einzelnen Paare und unterstützt diese bei Bedarf.

Schritt 4: Reflexion

Sind alle Schüler zurück im Klassenraum, findet eine fünfminütige schriftliche Kurzreflexion statt. Da die Lernenden während der Skalierung aktiv waren, bietet sich ein schriftlicher Auftrag an: Die Lernenden halten inne und notieren ihre Erkenntnisse im Logbuch. Verteilen Sie dazu anschaulich gestaltete Kopien mit Satzanfängen wie folgenden:

- »Für mich war es eine neue Erfahrung, dass ...«
- »Mich hat überrascht, dass ...«
- »Das ist jetzt mein erster Schritt: ...«
- »Das nehme ich mir jetzt vor: ...«

Selbstreflexionsauftrag »Skalierungsarbeit« für das Klassen-Coaching-Logbuch

Erfragen Sie in einer kurzen Abschlussrunde, welche ersten Schritte die Schüler jetzt konkret unternehmen wollen.

PARTNERARBEIT SKALIERUNGSFRAGE

Vorbereitungen

- Sucht euch einen ruhigen Platz und legt die Skalenwerte 1 bis 10 auf den Fußboden.
- Verteilt eure Aufgaben: Schüler A ist »Fallgeber« und Schüler B ist »Berater«.
- Schüler A nennt sein Thema und beschreibt es kurz.
- Definiert gemeinsam, wofür die Skalenwerte 1 und 10 stehen.
  Wichtig: Die Zahl 10 steht dafür, dass das Ziel zu 100 % erreicht ist.
  Die Zahl 1 steht hingegen für den »Katastrophenzustand«.
  Beispiel: 1 = gar keine Lust zum Lernen; 10 = hochmotiviert.
- Schreibt eure Bezeichnungen für die 1 und die 10 auf Karten und legt sie jeweils zu den Zahlen auf den Boden.

Startpunkt/Ist-Zustand ermitteln

- »Wo stehst du jetzt, wenn du dich einordnen sollst?«
  Schüler A platziert sich auf dem Ist-Skalenwert der Skala.
- B fragt nach: »Was bedeutet dieser Standpunkt für dich?«, »Was empfindest du, wenn du zurückblickst?«, »Was machst/kannst du alles, dass du schon auf diesem Wert stehst?«, »Was empfindest du, wenn du zurückblickst?«.
  Schüler B notiert das Gesagte auf Karten und legt es zu dem Skalenwert.

Zielwert festlegen

- B bittet A, zum Zielwert zu gehen, und fragt:
  »Auf welchem Wert möchtest du gern stehen?«
- Beide gehen zur Zielzahl auf dem Skalenstrahl: »Was bedeutet dieses Ziel für dich?«, »Was hast du hier erreicht?«, »Was tust du hier?«.
- A beschreibt, was er bei dem Zielwert erreicht hat. B notiert das auf Karten und legt diese zu dem Skalenwert.

Maßnahmen entwickeln

- A und B gehen zurück zum Startpunkt. B fragt: »Was möchtest du jetzt tun/ anders machen, um kleine Schritte nach oben in Richtung deines Ziels zu gelangen?«
- B notiert die nächsten Schritte auf einer Karte und legt sie nach Absprache mit A an die passenden Stellen auf dem Skalenstrahl.

Erste-Schritt-Planung

- B regt A dazu an, den konkreten ersten Schritt festzulegen und zu notieren.

Der Klassen-Coach | © Hanna Hardeland | ISBN 978-3-8340-1710-9

DOWN-LOAD

Abb. 32: Handlungsanweisung für die Partnerarbeit Skalierungsfrage

Aufgaben des Klassen-Coaches

Sie demonstrieren das Vorgehen und moderieren anschließend die praktische Durchführung. Durch die von ihnen vorbereiteten Handlungsanweisungen können die Lernenden dieses Klassen-Coaching meist gut selbstständig durchführen. Wenn Sie diese Methode wiederholt einsetzen, können die Lernenden bald viel eigenständiger damit arbeiten. Ein Tipp: Wenn Sie die Handlungsanweisungen mehrmals benutzen möchten, lohnt es sich, diese zu laminieren.

Voraussetzungen/Vorbereitung

Kopieren Sie die Handlungsanweisung für die Partnerarbeit; diese ist als Download-Material erhältlich. Wer mit der Skalierung arbeitet, sollte seinen Schülern vertrauen, da diese selbstständig damit arbeiten – es sei denn, Sie begleiten die einzelnen Gruppen. Sie sollten es aushalten können, wenn es im Raum turbulent zugeht, schließlich sind viele Lernende zeitgleich in Aktion. Mit der Skalierung kommt Bewegung in den Raum. Suchen Sie daher einen ausreichend großen Raum auf, sodass die Lernenden parallel arbeiten können.
Halten Sie Skalierungsmaßbänder oder -karten, verschiedenfarbige Moderationskarten und -stifte bereit, sodass die Paare gut ausgerüstet mit ihrer Arbeit starten.

Abb. 33: Skalierungskarten und -maßband

Chancen

Hier kommt wirklich etwas in Bewegung. In der Praxis beobachte ich sehr aktive und motivierte Lernende. Die Skalierung erlebe ich häufig als »Wundermittel«: Lustlose und schweigsame Schüler bringen sich aktiv dabei ein. Die Bewegung bietet allen einen hervorragenden Ausgleich zum langen Sitzen in der Klasse. Mit diesem Klassen-Coaching sorgen Sie für Abwechslung im Schulalltag. Die Skalierung gewinnt durch die anschauliche Visualisierung an Charme. Diese Klassen-Coaching-Methode ist gut für Klassen geeignet, in denen die Schüler selbstständig miteinander arbeiten.

Stolpersteine

Es kann vorkommen, dass sich die Lernenden bei den vorgegebenen Themen nicht wiederfinden. Dann können Sie spontan eine gemeinsame Themenfindung anregen. Achten Sie darauf, eine geeignete Aussage zu formulieren, sodass bei der Skalierung mit den zwei erforderlichen Endpunkten gearbeitet werden kann. Damit die Rollen klar sind und kein Chaos bei der Arbeit mit der Handlungsanweisung entsteht, sollten Sie Aufkleber/Etiketten vorbereiten (siehe »Hinweise«).

Hinweise

Planen Sie mehr Zeit ein, wenn Sie diese Methode erstmals vorstellen und erproben. Reservieren Sie dafür eine Doppelstunde, sodass Sie die Methode zunächst in Ruhe erklären und demonstrieren können. Danach arbeiten die Lernenden selbstständig in Partnerarbeit, sodass genügend Zeit ist, um zwei Skalierungsdurchgänge durchzuführen. Jeder Schüler nimmt dabei einmal die Rolle des Beraters und einmal die des Ratsuchenden ein. Sind die Lernenden mit dieser Methode vertraut, so benötigen diese weitaus weniger Zeit.

Es kann für Lernende zusätzlich unterstützend sein, wenn nicht nur die Endpunkte »1« und »10«, sondern auch die Mitte (»5«) benannt wird – so bietet die Skala noch mehr Orientierung.

Eine anschauliche, ausrollbare Skalierung und/oder Skalierungskarten (Abb. 33) finden Sie im LerncoachingShop (www.lerncoaching-shop.de).

Bereiten Sie Aufkleber mit den Aufschriften »Schüler A« und »Schüler B« vor und verteilen Sie diese an die Schüler. Die Schüler verteilen ihre Rollen (Berater und Ratsuchender) und kleben sich den Aufkleber entsprechend an die Brust. Dank dieser Kennzeichnung erleichtern Sie den Lernenden die Arbeit mit der Handlungsanweisung – hier wird jeweils der handelnde Schüler »Schüler A« genannt.

Die Lernenden fotografieren die Ergebnisse der Skalierungsarbeit, sofern die Schulordnung dies zulässt. So können sich die Lernenden immer wieder an ihre Entwicklungspläne erinnern.

Quellen

Hardeland, H. (2013): *»Reflexion von Praxiseinsätzen – wie aus Erlebnissen in der Praxis Lernerfahrungen und -erwartungen werden«.* In: Unterricht Pflege, H. 3. Prodos Verlag. S. 40–46.

4.5 Der Mix – einfallsreiche Lösungsideen entwickeln

Wie können wir Lernprobleme/-hemmnisse lösen? Diese Frage wird in Klassenzimmern häufig gestellt. Und meist lässt sie sich kaum oder nur sehr mühsam beantworten. Anstatt zwanghaft nach Ideen zu suchen, regt dieses Klassen-Coaching eine vielfältige und einfallsreiche Ideenfindung an: eine schüleraktivierende Ideenfindung, bei der alle kreativ mitmischen und überragende Einfälle ausklügeln.

Sozialform/Dauer

- Gruppengröße/Sozialform: ab drei Schülern bis zur gesamten Klasse, Gruppenarbeit mit jeweils vier bis fünf Schülern pro Gruppe
- Zeit: ca. 30 bis 45 Minuten

Ziele

Die Lernenden

- erweitern ihren eingeschränkten Blickwinkel und denken über den Tellerrand hinaus.
- entwickeln auf strukturierte und schnelle Weise schöpferische Ideen.
- öffnen sich für neue Lösungsideen.
- erfahren, wie ein kreatives Verfahren das Problemdenken auflockert.

Beschreibung

Bei diesem Klassen-Coaching entwickeln die Lernenden facettenreiche Ideen, um ihr lernspezifisches Anliegen zu lösen oder zu verändern – und das in recht kurzer Zeit, weil sich alle Gruppenmitglieder aktiv einbringen. Die Schüler arbeiten mit einer Vier-Felder-Matrix (Abb. 34), sodass ihre Ideen strukturiert sprudeln dürfen. Aufgrund der vorgegebenen Felder verlassen die Lernenden ihre herkömmlichen Denkstrukturen und lassen sich auf neue, ungewöhnliche Wege ein. Dadurch sind neue Lösungswege möglich. Dieses Klassen-Coaching eignet sich, wenn Schüler Handlungsalternativen oder Strategien entwickeln möchten.

Diese Methode eignet sich für die unterschiedlichsten Themen:

- eigene Lernhürden oder -schwierigkeiten wie Merkschwierigkeiten,
- klassen-/gruppenbezogene Themen, etwa schwierige Zusammenarbeit,
- schwierige Rahmenbedingungen, zum Beispiel Lernen bei Zeitknappheit.

Beispiel für geeignete Themen des Klassen-Coachings »Der Mix«

DOWNLOAD

Abb. 34: Vier-Felder-Matrix (Hardeland 2016, 53)

Durchführung

Schritt 1: Themenwahl, Gruppenbildung und Zielbestimmung

Legen Sie gemeinsam mit den Lernenden ein bzw. mehrere lernspezifische Themen fest. Nutzen Sie hierzu die klassische Vorgehensweise zur Themenfindung (Kap. 1.3). Die Lernenden wählen ein für sie relevantes Thema, entsprechend erfolgt die Gruppenbildung. Eine Gruppengröße von vier bis fünf Personen hat sich bewährt. Die Gruppen können arbeitsteilig oder -gleich arbeiten. Bitten Sie die Lernenden, in ihren Gruppen Platz zu nehmen. Anschließend formulieren die einzelnen Gruppen ihr konkretes Ziel zu diesem Thema. Hier benötigen die Gruppen, je nach Vorkenntnissen und Erfahrung mit dem Klassen-Coaching, Ihre Anleitung. Beachten Sie, dass die Zielformulierung möglichst in Form von Ich-Sätzen erfolgt. Je eindeutiger das Ziel festgelegt wird, desto maßgeschneiderter und umsetzbarer werden im Nachhinein die erarbeiteten Lösungen sein. Möglicherweise bietet es sich an, hier einen Mini-Input (Kap. 1.7) in Form eines Beispiels zur Zielformulierung einfließen zu lassen. Je erfahrener die Lernenden mit Zielformulierungen sind, desto kürzer ist diese Phase.

Eine Gruppe hat sich für das Thema »Merkschwierigkeiten beim Lernen« entschieden. Nun formulieren die Lernenden daraus ihre konkrete Zielformulierung, um auf dieser Grundlage Lösungen zu entwickeln. Die Gruppe entscheidet sich dafür, mit der Zielformulierung »Ich merke mir den Lernstoff« zu arbeiten.

Beispiel für eine geeignete Zielformulierung

Bitten Sie die Gruppen der Reihe nach, kurz die Zielformulierung zu nennen. So können Sie gegebenenfalls korrigierend unterstützen.

Schritt 2: Hinführung

Erklären Sie die Vier-Felder-Matrix und die Bedeutung der einzelnen Felder, möglicherweise auch anhand eines Beispiels, im Plenum. Die Vier-Felder-Matrix (Abb. 34) ermöglicht ein sehr strukturiertes Vorgehen. Sie eignet sich daher auch gut für die selbstständige Erarbeitung durch die Schüler. Jedes Feld ermöglicht Lösungsideen, die unter einem anderen Fokus stehen. Dabei wird mit dem ersten Feld oben links begonnen.

(1) Die Feen-/Wunschlösung

Hier dürfen grenzenlos alle Lösungen notiert werden, die einem in den Kopf kommen, getreu dem Motto »Alles ist möglich«. Hierbei werden mitunter die Hoffnungen und Wünsche der Schüler sichtbar. Während die Gruppen in diesem Feld arbeiten, entwickeln sie automatisch Wunderlösungen. So entwickeln die Lernenden auch eine produktive, lösungsdenkende Haltung; der Weg für verschiedene Lösungswege und das Lösungsdenken wird frei. Leiten Sie diese Phase wie folgt ein:

> »Stellt euch vor, alles wäre möglich. Es gäbe einen Zauberer und eine Fee, die würden euch eure Wünsche erfüllen. Welche Lösungen würdet ihr euch wünschen, um ... zu schaffen?«

Die Lernenden entwickeln zu ihrem Ziel »Ich kann mir den Lernstoff merken« folgende Wunschlösungen:

- Jeder Lernstoff interessiert mich brennend.
- Ich habe alle Zeit der Welt zum Lernen.
- Bei mir bleibt alles, was ich lese, sofort hängen.

Nun wird mit dem nächsten Feld fortgefahren. Um die Lernenden nicht zu überfordern, bietet sich ein Vorgehen im Uhrzeigersinn an.

(2) Die unpassende/riskante Lösung

In diesem Feld finden sich die Lösungen wieder, die realisiert werden können und die prinzipiell machbar sind. Diese Lösungen sind zugleich jedoch riskant oder für den Lernenden nicht passend, etwa weil sie moralisch verwerflich sind. Es sind somit Lösungen, die zwar theoretisch umgesetzt werden können, aber zugleich unpassend sind.

Die Lernenden entwickeln zu dem Ziel »Ich merke mir den Lernstoff« (Pseudo-)Lösungen wie folgende:

- Ich trinke Energiedrinks, um meine Merkfähigkeit zu verbessern.
- Ich schreibe mir einen Spickzettel.
- Ich speichere alles auf meinem Handy und schau dann (heimlich) darauf.
- Mir ist der ganze Lernstoff total egal.

Beispiele für unpassende/riskante Lösungen

(3) Die Umfeld-Lösung/äußere Lösung

Hier werden Lösungen gesammelt, die machbar sind, wenn die Rahmenbedingungen geändert werden.

Die Lernenden entwickeln zu dem Ziel »Ich merke mir den Lernstoff« folgende Ideen:

- Ich suche mir Zeiten, in denen ich fit zum Lernen bin.
- Ich lerne ruhig in der Bibliothek.

Beispiele für Umfeld-Lösungen/äußere Lösungen

(4) Die Ich-Lösung/innere Lösung

Diese Lösungen werden erreicht, wenn die Lernenden ihre Haltung bzw. ihre innere Einstellung verändern. Es kann auch eine Art »Kompromiss mit sich selbst« (*Hardeland 2016, 53*) sein.

Beispiele zu dem Ziel »Ich merke mir den Lernstoff«:

- Ich lerne alle zwei Tage 15 Minuten lang.
- Ich finde spannende Beispiele zum Lernstoff.
- Ich visualisiere den Lernstoff mit meinem Computer.

Beispiele für Ich-Lösungen/innere Lösungen

Schritt 3: Erarbeitung in Gruppen

Nachdem Sie die Vier-Felder-Matrix vorgestellt haben, entwickeln die Gruppen Handlungs- und Lösungsideen. Dazu notieren die Gruppen jeweils alle Lösungsideen – hier gelten die Brainstorming-Regeln:

ÜBERSICHT ÜBER DIE BRAINSTORMING-REGELN
▸ Jeder Beitrag ist wichtig, wertvoll und wird aufgeschrieben. ▸ Die Beiträge werden nicht kritisiert oder diskutiert, sondern erst einmal nur gesammelt. ▸ Mache dich frei und äußere alles ganz unbefangen. ▸ Auch unmögliche Ideen werden genannt und notiert.

Tab. 10: Brainstorming-Regeln

Während dieser Arbeitsphase unterstützen Sie die einzelnen Gruppen bei Bedarf. Haben die Gruppen die kreative Phase beendet, einigen sich die Lernenden der einzelnen Gruppen jeweils auf zwei bis drei wesentliche Lösungsideen, die anschließend im Plenum vorgestellt werden.

Schritt 4: Auswertung

Jede Gruppe nennt zu ihrem Thema jeweils kurz ihre wichtigsten Lösungsideen. Diese werden an der Tafel oder auf einem Whiteboard visualisiert. Die Schüler anderer Gruppen können konkret nachfragen. Bei einer gemeinsamen Auswertungsrunde wird sich über die Vorteile dieser Lösungsideen und konkrete Umsetzungsvorstellungen ausgetauscht.

Schritt 5: Einzelarbeit – Lösungswahl

Abschließend sucht sich jeder Schüler zwei Lösungsideen aus, die er ausprobieren möchte. Indem sich Lernende gedanklich mit der konkreten Umsetzung auseinandersetzen, steigt die Wahrscheinlichkeit, dass eine tatsächliche Handlungsumsetzung erfolgt. Zur Reflexion dienen folgende Fragen:

- Welche der Ideen kommt auch für dich infrage? Was möchtest du ausprobieren?
- Was erhoffst du dir davon?
- Wie möchtest du das konkret umsetzen?
- Wie sieht jetzt der erste Schritt aus?

Die Beantwortung der Fragen und die konkreten Lösungsideen werden im Klassen-Coaching-Logbuch festgehalten.

Aufgaben des Klassen-Coaches

Sie nehmen eine strukturierende und moderierende Funktion ein. Möglicherweise benötigen die einzelnen Gruppen vorab bei der eindeutigen Zielformulierung Ihre Hilfe. Vage oder in Frageform formulierte Ziele erschweren die Arbeit mit der Vier-Felder-Matrix unnötig. Daher sollten Sie Ihre Prozessverantwortung ernstnehmen und die Schüler unterstützen. Bereichern Sie die Gruppen durch Denkanstöße, so kurbeln Sie deren Kreativität an.

Voraussetzungen/Vorbereitung

Sie benötigen für diese Übung pro Gruppe ein Flipchart-Papier und einen Moderationsstift. Es hat sich bewährt, die Methode auf Flipchart oder im DIN-A-3-Format zu visualisieren, sodass alle Gruppenmitglieder sehen, was geschrieben wird. Vorteilhaft ist es zudem, wenn nur ein Schüler visualisiert und sich die übrigen vollkommen auf die kreative Ideensammlung einlassen können. Wahlweise händigen Sie jedem Lernenden eine vorgefertigte Vier-Felder-Matrix im DIN-A4-Format aus.

Chancen

Bei dieser Methode erkennen die Lernenden verschiedenste Facetten von Lösungen. Dank der vier Felder schauen sie bewusst über den Tellerrand. In diesem kreativen Prozess zählt zunächst Quantität und nicht Qualität, schließlich sollen erst einmal verschiedenste Ideen gesammelt werden. Die Feen-/Wunschlösung weckt das Lösungsdenken, sie inspiriert. Bei so manchen Schülergruppen dient dieses Klassen-Coaching auch dem Abbau von Frust und Ärger, man darf sich Luft verschaffen und grenzenlose Ideen aussprechen. Auch unmoralische oder riskante Einfälle werden notiert. Man darf alles vollkommen unverblümt äußern. Das bereitet Spaß und wirkt manchmal befreiend.

Stolpersteine

Gelegentlich führt die »äußere Lösung« – aufgrund ihrer Bezeichnung – zu einem Missverständnis: Es wird nach Lösungen gesucht, die andere, außenstehende Personen herbeirufen sollen. Weisen Sie bei der Einführung der Methode explizit darauf hin, dass jede Lösung – bis auf die Feen-/Wunschlösungen – der eigenen Macht und Kontrolle unterliegen muss.

Hinweise

Probieren Sie die Matrix vorab einmal selbst aus, um Sicherheit zu gewinnen. Im Übrigen eignet sich die Matrix auch für das Selbstcoaching.

Wie bei allen Klassen-Coachings stehen auch bei diesem die Belange der Schüler im Mittelpunkt. Die Methode ist nicht dazu gedacht, dass Lehrpersonen dabei ihre Lehrerthemen, wie die rechtzeitige Abgabe von Referaten, »unterjubeln« und bearbeiten lassen.

Knüpfen Sie im Rahmen der Hinführung an die oben genannten Brainstorming-Regeln (Tab. 10) an bzw. führen Sie diese ein, so ist gewährleistet, dass alle Ideen anerkannt und notiert werden.

Quellen

Hardeland, H. (2016): *Lernende in ihrem Lernprozess wirksam begleiten und unterstützen. Ein Buch zur (Weiter-)Entwicklung der theoretischen und praktischen (Lern-)Coachingkompetenz.* 5., korrigierte Auflage. Baltmannsweiler: Schneider Verlag Hohengehren.

4.6 Voneinander-Miteinander – die Musketiere

Die drei Musketiere halten zusammen: »Einer für alle, alle für einen.« Sie sind für einander da und unterstützen sich gegenseitig. Wie Sie dieses Motto ins Klassenzimmer bringen, zeigt Ihnen diese Methode.

Sozialform/Dauer

- Gruppengröße/Sozialform: ab vier Schülern bis zur gesamten Klasse, Gruppenarbeit
- Zeit: 45 bis 90 Minuten, je nach Vorgehen

Ziele

Die Lernenden

- berichten einander von ihren Lernhürden/-zielen.
- versetzen sich in ihre Mitschüler hinein.
- tauschen sich über bestimmte Vorgehensweisen, Lernstrategien etc. aus.
- entwickeln ein für sich passendes Ziel und dazugehörige Maßnahmen, um beim Lernen (besser) voranzukommen.

Beschreibung

Schüler stoßen beim Lernen automatisch auf Herausforderungen oder schwierige Situationen. Um sich dessen bewusst zu werden, tauschen sie sich in themengleichen Gruppen zunächst über ihre aktuelle Lernbefindlichkeit aus. Jeder kommt dabei zu Wort. Schnell wird deutlich, dass einige Gruppenmitglieder ganz ähnliche Schwierigkeiten haben. Anschließend blicken alle nach vorn und jeder Einzelne entwickelt – mithilfe der Gruppe – seine Zielvorstellung und dazu passende Lösungsschritte.

Die Methode »Voneinander-Miteinander« (*Hardeland 2013, 40 ff.*) findet in drei Phasen statt: »Hinführung, Themenwahl und Gruppenbildung«, »Arbeitsphase in Gruppen« und »Auswertung im Plenum« (Abb. 35) (Hardeland 2013). Der Klassen-Coach leitet die Lernenden durch die verschiedenen Phasen.

Abb. 35: Ablauf der Methode »Voneinander-Miteinander«

Durchführung

Schritt 1: Hinführung, Themenwahl und Gruppenbildung

Skizzieren Sie den Ablauf, zum Beispiel als Visualisierung am interaktiven Whiteboard, auf einem Flipchart oder Plakat. Hier hat sich ein kurzer, informierender Einstieg bewährt; eine zu ausführliche Vorstellung des Gesamtprozederes verwirrt eher. Verdeutlichen Sie, dass Sie jetzt die Rolle des Klassen-Coaches innehaben.

Anschließend stellen Sie die verschiedenen Themen vor – Themenanregungen finden Sie in Kapitel 1.3. Visualisieren Sie die Themen/Fragen beispielsweise auf Papierstreifen oder Metaplankarten. Bei einer Klassengröße von 20 bis 30 Lernenden sind vier bis maximal fünf Themen ausreichend. Nun ordnen sich die Lernenden dem Thema zu, von dem sie sich angesprochen fühlen. So entstehen auch gleich die Gruppen. Meiner Erfahrung nach gibt es immer einige »heiß begehrte« Themen. Dann besteht die Möglichkeit, mehrere themengleiche Gruppen, das heißt Subgruppen, zu bilden. Die Gruppe ist bei einer Größe von drei bis fünf Lernenden gut arbeitsfähig. Darüber hinausgehend wird die Zusammenarbeit eher gehemmt, da sich einzelne Gruppenmitglieder aus der Aktivität herausziehen oder der Austausch zu viel Zeit in Anspruch nimmt.

Schritt 2: Arbeitsphase in Gruppen

Teilen Sie die Lernenden jeweils entsprechend ihrem Thema in themengleiche Arbeitsgruppen ein. Zunächst findet eine »kurze Selbstreflexion« statt: Jeder setzt sich etwa drei Minuten lang mit seinen Gedanken und Gefühlen zum Thema auseinander (Abb. 35). Auf dieser Grundlage kann dann ein gemeinsamer Austausch, zunächst über den »Ist-Stand« innerhalb der Gruppe, stattfinden. Diese Runde kann auch als »Jammerrunde« bezeichnet werden.

Arbeitsauftrag »Voneinander-Miteinander«

Einzelarbeit (ca. drei Minuten):

Jeder setzt sich zunächst allein mit seinem Thema auseinander. Dazu beschäftigt sich jeder mit dieser Frage: »Welche Gedanken und Gefühle kommen dir zu deinem Thema?«

Gruppenarbeit

Austausch zu: Wo stehen wir? (ca. zehn Minuten)

- Tauscht euch in einer »Jammerrunde« darüber aus, wo ihr gerade in Hinblick auf euer Thema steht: »Was fällt euch schwer? Was belastet euch?«

Austausch zu: Was wollen wir erreichen/was will ich? (ca. zehn Minuten)

- Nun sprecht ihr darüber, was jeder Einzelne in Hinblick auf das Thema erreichen will: »Was ist das Ziel? Was will ich erreichen?«
- Hier kann jeder ein eigenes, einzelnes Ziel entwickeln. Ihr unterstützt euch gegenseitig. Denkt dabei an die Gesprächs-/Umgangsregeln für den gemeinsamen Austausch (siehe Kasten)!
- Jeder schreibt sein eigenes Ziel auf einen Post-it.

Austausch zu: Wie ist der Plan? (ca. zehn Minuten)

- Nun überlegt sich jeder, welche genauen nächsten Schritte er gehen will, um sein Ziel zu erreichen: »Wie ist mein Plan? Was tue ich jetzt genau, um mein Ziel zu erreichen? Was sind meine nächsten Schritte?«
- Unterstützt und beratet euch gegenseitig.
- Zum Ende notiert jeder von euch seine einzelnen nächsten Schritte auf einem Post-it.

Arbeitsauftrag »Voneinander-Miteinander«

Der Klassen-Coach beendet diesen Teilschritt und leitet zum zweiten Teilschritt, dem Austausch über das Ziel, den Soll-Zustand, über. Hier unterstützen sich die Lernenden ebenfalls gegenseitig. Je nach Klasse kann es ratsam sein, wesentliche Regeln vorzugeben:

- Jeder ist für jeden da, alle werden beraten.
- Jeder kommt zu Wort.
- Hört einander zu und geht interessiert auf jeden Einzelnen ein.

Gesprächs-/Umgangsregeln für den gemeinsamen Austausch

Am Ende dieser Phase hat jeder Lernende ein für sich visualisiertes Ziel. Verteilen Sie hierfür pro Schüler einen Post-it oder eine anschauliche Schreibvorlage. Diese klebt er ins Klassen-Coaching-Logbuch oder hängt den Post-it anderweitig auf, sodass er regelmäßig daran erinnert wird.

Im Folgenden legen die Schüler konkrete nächste Schritte zur Zielerreichung fest. Sie unterstützen und beraten sich gegenseitig mit Tipps und Anregungen. Möglicherweise haben einige Lernende Schwierigkeiten, in ihrer Gruppe konkrete Lösungen oder Ideen zu finden, weil ihnen das Know-how fehlt. Als Klassen-Coach unterstützen Sie die Schüler, indem Sie einen Mini-Input einfließen lassen (Kap. 1.7). Abschließend notiert jeder seine einzelnen Maßnahmen, sodass jeder mit einer Erinnerungshilfe gerüstet die Gruppe verlässt.

So können die Ergebnisse einer Lerngruppe beispielsweise aussehen. Bei der Themenfindung benannten die Schüler folgende drei Themen: »Wie gehe ich mit Druck um?«, »Wie kann ich mich zum Lernen motivieren?« und »Wie schaffe ich es, auswendig zu lernen?«. Anschließend entwickelten einzelne Schüler folgende Lösungsideen, die sie in die Tat umsetzen wollen:

»WIE GEHE ICH MIT DRUCK UM?«

- Ich stecke meinen Glücksbringer in die Tasche.
- Ich lege mit dem Lernen los und schiebe es nicht auf.
- Zu einem Teil akzeptiere ich, dass Druck etwas Normales ist und dazugehört.
- Ich trinke einen Entspannungstee und gehe in die Badewanne.

»WIE KANN ICH MICH ZUM LERNEN MOTIVIEREN?«

- Ich sorge für Rituale sowie feste Zeiten/einen Plan.
- Ich motiviere mich mit motivierenden Sätzen wie »20 Minuten lernen bringen mich voran, danach belohne ich mich«.
- Ich bitte eine Freundin, zu kontrollieren, ob ich wirklich gelernt habe.
- Ich mache mir das Lernen attraktiv durch nette Materialien oder eine spaßige Lernmethode.

»WIE SCHAFFE ICH ES, STUMPF AUSWENDIG ZU LERNEN?«

- Ich achte auf kleine Lernabschnitte.
- Ich versuche, Spaß und Witz einzubauen.
- Ich wiederhole den Stoff mehrmals.
- Ich nutze eine Methode wie Lernplakat oder Mindmapping, die den Erfolg sichtbar macht.
- Ich belohne mich nach dem Lernen mit einem leckeren Eis.

Mögliche Schülerergebnisse zu drei Themen beim Klassen-Coaching »Voneinander-Miteinander«

Schritt 3: Auswertung

Die anschließende Reflexion kann anhand eines Statements oder eines Blitzlichts erfolgen. Hier äußern sich die Lernenden beispielsweise zu folgenden Satzanfängen, die Sie visualisieren:

- »Ich habe den Austausch mit der Gruppe als gut empfunden, weil ...«
- »Ich nehme für mich persönlich mit, dass ...«
- »Mit meinem Thema bin ich weitergekommen, weil ...«
- »Ich hole mir folgende Unterstützung: ...«

Erfragen Sie, wie genau die Erste-Schritt-Planung der Lernenden aussieht und wie sie sich an ihr Vorhaben erinnern wollen.
Manchmal sind die Lernenden neugierig und möchten etwas über die Ergebnisse der anderen Gruppen erfahren. Dann besteht die Möglichkeit, dass jede Gruppe etwa drei ihrer Erkenntnisse, Tipps oder Anregungen für die gesamte Klasse auf Papierstreifen visualisiert. Diese werden auf einer Pinnwand für alle sichtbar präsentiert. So profitieren alle Lernenden von den Ergebnissen des Klassen-Coachings.

Aufgaben des Klassen-Coaches

Bei dieser Methode haben Sie die Funktion des Zeitwächters. Parallel sind Sie als Moderator tätig, indem Sie zum Beispiel wie folgt die jeweiligen Phasen und Teilschritte ansagen:

- »Ihr habt jetzt noch zwei Minuten Zeit, euch über den aktuellen Lernstand auszutauschen« oder
- »Jetzt folgt der nächste Schritt: Jeder von euch legt nun sein individuelles Ziel fest. Beratet euch dabei gegenseitig«.

Um die Phasen für alle hörbar abzuschließen bzw. einzuleiten, können Sie auch ein akustisches Signal setzen, indem Sie Musik abspielen oder eine Klangschale ertönen lassen.

Voraussetzungen/Vorbereitung

Es ist von Vorteil, wenn die Schüler (positive) Erfahrungen mit Gruppenarbeit haben. Fortgeschrittenen Gruppen können Sie auch die Aufgabe des »Zeitwächters« übertragen. Es sollte Ihnen als Klassen-Coach durch ihre eigene Zurückhaltung gelingen, die Verantwortung an die Gruppen abzugeben und sich moderierend im Hintergrund zu halten. Es sollte Ihnen gelingen, die Lösungen der Schüler zu akzeptieren, was nicht immer leicht ist.

Chancen

Die Methode befreit und entlastet, unter anderem weil die Lernenden spüren, dass es ihren Mitschülern ähnlich wie ihnen geht. Sie spüren den Rückhalt der Gruppe, schließlich unterstützen und bestärken sie sich gegenseitig. Durch dieses strukturierte Vorgehen stärken die Schüler zusätzlich ihre Problemlösefähigkeit: Der Dreischritt erfordert, dass die Schüler eine konkrete Strategie für sich selbst und die Mitschüler entwickeln. Sie setzen sich dabei mit ihrem Denken und Handeln auseinander.

Diese Methode besticht dadurch, dass sie mit nur einer Gruppe, etwa im Rahmen von Fördermaßnahmen, aber auch mit vielen Gruppen zeitgleich durchgeführt werden kann.

Stolpersteine

Wem ein reichhaltiges Büfett serviert wird, der kann sich häufig schwer entscheiden. So haben auch manche Schüler bei dieser Methode Entscheidungsschwierigkeiten: Sie wissen nicht, welches Thema sie bearbeiten möchten.

Unterstützen Sie die Lernenden bei einer stockenden Zusammenarbeit gegebenenfalls durch einen passenden Mini-Input (Kap. 1.7).

Es kann sein, dass sich einige Schüler über die Struktur der einzelnen Phasen hinwegsetzen und gleich Lösungsideen und Tipps sammeln. Diese Macher-Typen wollen sich gar nicht erst mit Problemschilderungen oder Zielen aufhalten. Beobachten Sie das Vorgehen der Gruppen und erinnern sie an die Einhaltung der verschiedenen Phasen. Macher-Typen handeln mitunter vorschnell und reflektieren zu wenig. Diese Methode zwingt sie vorab zum Reflektieren; das ist zugleich ein Nutzen dieser Methode.

Hinweise

Klassen-Coach-Anfänger fühlen sich in lernspezifischen Themenbereichen, wie Prüfungskompetenz, Lernstrategien und Motivation, häufig unsicher. Ich empfehle Ihnen, die Themen einige Tage vor der Durchführung der Methode »Voneinander-Miteinander« festzulegen – indem Sie diese entweder vorgeben oder gemeinsam mit den Lernenden erarbeiten. So bleibt Ihnen ausreichend Zeit, um sich themenspezifisch auf einige kurze Mini-Inputs (Kap. 1.7 »Streuen Sie Mini-Inputs ein«) vorzubereiten.

Komprimierte, anschaulich visualisierte Poster zu Themen, wie Motivation, Prüfungskompetenz, Lernstrategien und Konzentration, finden Sie bei Hardeland 2016 oder im Lerncoaching-Shop (www.lerncoaching-shop.de).

Händigen Sie solche Übersichten einfach den Gruppen aus, sodass diese sich selbst damit befassen können. Der Vorteil: In diesem Fall neigen Sie weniger dazu, konkrete Tipps zu geben, stattdessen erarbeiten sich die Schüler ihre Lösungen anhand der Übersichten selbst. Zusätzlich bewahren Sie den nötigen Freiraum, um alle Gruppen und den Gesamtprozess im Blick zu haben und sich nicht gezielt einer Gruppe zuwenden zu müssen.

Quellen

Hardeland, H. (2013): *»Reflexion von Praxiseinsätzen – wie aus Erlebnissen in der Praxis Lernerfahrungen und -erwartungen werden«*. In: Unterricht Pflege, H. 3. Prodos Verlag. S. 40–46.

5. Den Blickwinkel erweitern: »Schau mal hier!«

»Man sieht den Wald vor lauter Bäumen nicht« oder »Der hat doch Scheuklappen vor den Augen«: Was haben diese Redensarten gemeinsam? Bei beiden wird davon ausgegangen, dass der Blick eingeschränkt ist, sodass nahe liegende Dinge nicht (mehr) gesehen werden. Auch in der Schule erleben wir täglich solche Situationen. Wenn zum Beispiel ein Kollege von der eingeschränkten Selbstwahrnehmung eines Schülers berichtet, ist dann die Selbstwahrnehmung des Schülers wirklich eingeschränkt? Oder ist die Fremdwahrnehmung des Kollegen begrenzt? Die Wirklichkeit liegt dazwischen: Jeder konstruiert aufgrund seiner Wahrnehmungen, Erfahrungen und Gedanken seine eigene Realität. Wer Gelegenheit erhält, einen Schritt zurückzutreten und seine eigenen Wahrnehmungen aus der Distanz zu betrachten, wird Folgendes feststellen: Die eigene Perspektive verändert sich. Geben Sie Ihren Schülern die Möglichkeit, ihre Scheuklappen abzunehmen, um den eigenen Blick zu weiten. Diese Erweiterung des Blickwinkels werden Sie mit den fünf Klassen-Coaching-Methoden dieses Kapitels erreichen.

»Stellen Sie sich vor, Ihre Schüler verändern sich. Und zwar verändern sie sich so, wie Sie es sich wünschen. Was wäre an Ihrem Schultag dann anders?«

Diese fünf Klassen-Coaching-Methoden zeigen auf,

- was die Selbstanalyse mit dem Nachhilfelehrer-Gesuch zu tun hat (*Nachhilfelehrer gesucht*);
- wie Lernende sich eine eigene Handlungsanweisung schreiben (*SOP-Chart*);
- wie Sie Ihre Schüler zur gesunden Schönfärberei anstiften (*Sieh es doch mal so: ...*);
- wie Schüler ihren Blickwinkel verändern und einmal anders an Dinge herangehen (*Pferd von hinten aufzäumen*);
- was passiert, wenn Schüler in die Lehrerrolle schlüpfen (*Notenkonferenz*).

5.1 Nachhilfelehrer gesucht – der Blick nach innen

Lernschwierigkeiten? Ganz einfach, ein Nachhilfelehrer muss her. Doch welcher Nachhilfelehrer ist passend? Und was muss der Nachhilfelehrer bieten? Jeder, der einmal ein entsprechendes Gesuch gestartet hat, weiß Folgendes: Vor der Suche muss einem selbst klar sein, was man braucht und will bzw. was man nicht braucht und nicht will. Hier setzen sich die Lernenden mit ihren eigenen Nöten, Vorlieben und Bedürfnissen auseinander.

Sozialform/Dauer

- Gruppengröße/Sozialform: gesamte Klasse, Einzelarbeit
- Zeit: ca. 20 bis 30 Minuten

Ziele

Die Lernenden

- reflektieren ihre eigenen Bedürfnisse.
- setzen sich mit ihren Zielvorstellungen auseinander.
- analysieren ihre Stärken und Schwächen.
- beschäftigen sich auf humorvolle Weise mit sich selbst.

Beschreibung

Bei diesem Klassen-Coaching werden die Lernenden zur Selbstreflexion angeregt. Wer seine eigenen Bedürfnisse und Abneigungen kennt, weiß, wie er seinen Lernprozess effektiv und attraktiv gestalten kann. Schließlich beeinflussen Bedürfnisse und Emotionen den Lernprozess. Durch das Erstellen eines Gesuchs erhält der Lernende vertiefende Einblicke in sich selbst. Er erfährt, was er persönlich braucht, um sich weiterzuentwickeln und sich wohlzufühlen. Bei dieser Suchanzeige gehen die Schüler auf folgende Aspekte ein:

Arbeitsauftrag

Schreibe eine Suchanzeige für einen Nachhilfelehrer. Gehe dabei auf folgende Punkte ein:

- Ich bin folgender Lerntyp: ...
- Das kann ich gut, da brauche ich keine Hilfe: ...
- Um mich zu motivieren, sollte der Nachhilfelehrer ...
- Mir ist beim Lernen wichtig, dass ...
- Mir tut es (beim Lernen) gut, wenn ...
- Ich kann überhaupt nicht lernen, wenn ...
- Eine besondere Schwierigkeit, die ich beim Lernen mitbringe, ist ...
- Darauf sollte ein Nachhilfelehrer speziell Rücksicht nehmen/eingehen: ...
- In drei kurzen Sätzen beschreibe ich mich so: ...

Arbeitsauftrag »Nachhilfelehrer gesucht«

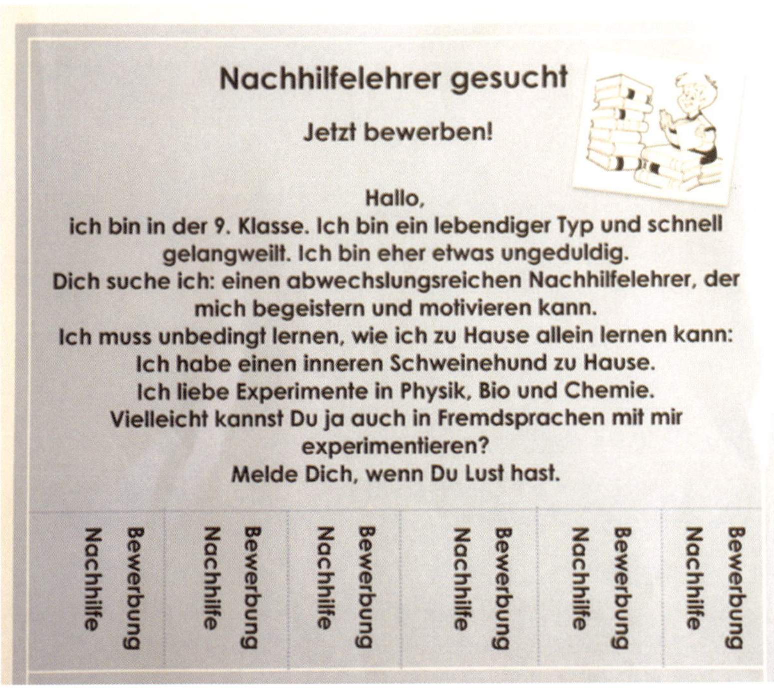

Nachhilfelehrer gesucht

Jetzt bewerben!

Hallo,
ich bin in der 9. Klasse. Ich bin ein lebendiger Typ und schnell gelangweilt. Ich bin eher etwas ungeduldig.
Dich suche ich: einen abwechslungsreichen Nachhilfelehrer, der mich begeistern und motivieren kann.
Ich muss unbedingt lernen, wie ich zu Hause allein lernen kann:
Ich habe einen inneren Schweinehund zu Hause.
Ich liebe Experimente in Physik, Bio und Chemie.
Vielleicht kannst Du ja auch in Fremdsprachen mit mir experimentieren?
Melde Dich, wenn Du Lust hast.

Bewerbung Nachhilfe | Bewerbung Nachhilfe | Bewerbung Nachhilfe | Bewerbung Nachhilfe | Bewerbung Nachhilfe | Bewerbung Nachhilfe

Abb. 36: Abrisszettel »Nachhilfelehrer gesucht«

Abb. 37: Ablauf »Nachhilfelehrer gesucht«

Durchführung

Schritt 1: Hinführung

Leiten Sie das Klassen-Coaching mit einer Hinführung ein:

»Heute beschäftigt ihr euch einmal mit den Dingen, die euch beim Lernen helfen und guttun, sowie mit denen, die euch hemmen. Jeder Schüler hat persönliche Abneigungen und Vorlieben. Wenn ihr wisst, was euch guttut oder hemmt, könnt ihr euren Lernprozess viel besser beeinflussen. Das möchte ich mit euch ein wenig spielerisch gestalten und zwar in Form einer Suchanzeige für einen Nachhilfelehrer. Mal angenommen, ihr würdet einen Nachhilfelehrer suchen, der euch optimal unterstützt und zu 100 % auf euch und eure Bedürfnisse eingeht. Eure Aufgabe ist es jetzt, die Suchanzeige zu formulieren.«

Die Schüler erhalten den Arbeitsauftrag (siehe Kasten bei »Beschreibung«). Gemeinsam werden die darin genannten Aspekte besprochen und Fragen geklärt.

Schritt 2: Bearbeitung

Anschließend bearbeiten die Lernenden den Auftrag. Jeder erstellt eine Suchanzeige.

Schritt 3: Auswertung

Die Lernenden hängen ihre Gesuche jeweils im Klassenzimmer aus. Dann dürfen sich die Schüler die Suchanzeigen aller anschauen. In der gemeinsamen Plenumsreflexion ergänzen die Lernenden folgende Impulse:

- Beim Lesen der anderen Gesuche ist mir aufgefallen, dass ...
- Über mich selbst habe ich erfahren, dass ...
- Das fand ich bei dieser Übung spannend/interessant: ...

Aufgaben des Klassen-Coaches

Wer mit dieser Methode arbeitet, sollte einen humorvollen Blick auf Suchanzeigen und Nachhilfe haben. Die Lernenden setzen sich intensiv mit sich selbst und ihren eigenen Bedürfnissen auseinander. Für einige Schüler ist dieser »Blick nach innen« herausfordernd. Sie sollten es akzeptieren können, wenn die Lernenden nicht allzu viel von sich preisgeben. Versuchen Sie, die Schüler wertschätzend zu unterstützen, dabei dürfen Sie die Schüler weder bedrängen noch sich aufdrängen.

Voraussetzungen/Vorbereitung

Für den Einsatz dieses Klassen-Coachings brauchen Sie lediglich einen visualisierten Arbeitsauftrag und die Vorlage eines Gesuchs (Abb. 36). Ansonsten sind keine besonderen Materialien oder räumlichen Bedingungen notwendig. Wer dieses Vorgehen erstmals anwendet, sollte eine experimentierfreudige Klasse wählen. Händigen Sie den Schülern die Arbeitsaufträge aus.

Chancen

Wann setzen sich Schüler schon einmal mit ihren eigenen Stärken in Bezug auf sich selbst und ihr eigenes Lernen auseinander? Dieser Auftakt ermöglicht, sich aus der Vogelperspektive zu betrachten. Durch die Verschriftlichung ihrer Suchanzeige sind die Lernenden dazu gezwungen, ihre Selbstklärung zu präzisieren. Durch die Verknüpfung mit einer Suchanzeige für einen Nachhilfelehrer bekommen die Lernenden Zugang zu dieser Übung, sie fühlen sich dadurch animiert.

Stolpersteine

Gelegentlich haben Schüler Schwierigkeiten damit, sich auf diesen Arbeitsauftrag einzulassen. Die Gründe dafür sind unterschiedlich, manchen fehlt beispielsweise die Fähigkeit oder Bereitschaft zur Selbstreflexion. Genau deshalb ist dieser Auftrag zugleich so wertvoll. Bieten Sie den Lernenden an, diese Übung in Partnerarbeit, zum Beispiel in Form eines Interviews durchzuführen. Dann wird deren Perspektive zusätzlich um die Fremdwahrnehmung erweitert.

Eine solch humorvolle, spielerische Intervention birgt die Gefahr, von den Lernenden zu locker genommen zu werden. Seien Sie präsent und weisen Sie die Lernenden auf ein gutes Maß an Ernsthaftigkeit und freudvoller Bearbeitung hin. Sollten einige Lernende die Übung zu heiter angehen, kann dies auch ein Zeichen dafür sein, dass sie sich ungern mit sich selbst und ihren Eigenschaften beschäftigen. Deshalb empfehle ich Ihnen, darüber milde hinwegzusehen.

Hinweise

Je nach Schülerklientel können Sie die Fragen modifizieren.

Quellen

Bork, J. (2016): *Waschzettel*. In: Neumann-Wirsig, H. (Hrsg.) (2016): *Lösungsorientierte Supervisionstools. Renommierte Supervisorinnen und Supervisoren beschreiben 50 lösungsorientierte, systemische und hypnosesystemische Tools für die Supervision*. Bonn: managerSeminare. S. 151–155.

Wehrle, M. (2014): *Die 50 kreativsten Coaching-Ideen. Das große Workbook für Einsteiger und Profis zur Entwicklung der eigenen Coaching-Fähigkeit*. Bonn: managerSeminare.

5.2 Das SOP-Chart – die eigene Bedienungsanleitung

Was machen Unternehmen, wenn sich ihre Mitarbeiter nicht an bestimmte Abläufe halten? Sie erstellen eine SOP, eine Standard-Operation-Procedure (auf Deutsch etwa standardisiertes Vorgehen). Dabei werden wichtige Arbeitsschritte schriftlich und grafisch aufbereitet. So kann sich jeder Mitarbeiter bei der Bearbeitung einer bestimmten Aufgabe Schritt für Schritt an die Anleitung halten. Die Mitarbeiter gewinnen Sicherheit, sie arbeiten meist effektiver und die Fehlerquote sinkt.

Sozialform/Dauer

- Gruppengröße/Sozialform: gesamte Klasse, ab zwei Schülern, frei gewählte Sozialform
- Zeit: ca. 60 bis 90 Minuten

Ziele

Die Lernenden

- analysieren ihre konkreten Teilschritte bei Lern-/Arbeitsvorgängen.
- betrachten ihre Vorgehensweisen aus der Vogelperspektive.
- entwickeln Ideen/Interventionen zur Optimierung ihrer Handlungen.
- werden für eine Selbstbeobachtung im Lernprozess sensibilisiert.

Beschreibung

Schüler bearbeiten täglich Lernaufgaben oder Arbeitsaufträge. Lernen findet häufig intuitiv statt, anstatt bewusst und geplant. Das führt dazu, dass die Schüler bestimmte Muster entwickeln; individuelle Verhaltensweisen schleifen sich ein. Anstatt den eigenen Lernprozess zu optimieren und somit effektiver zu gestalten, wird immer nach ein und demselben Muster gehandelt. Häufig sind es sogar Muster, die eher kontraproduktiv sind.

Bei diesem Klassen-Coaching richten die Lernenden den Blick auf ihre Arbeitsabläufe und Prozesse (Abb. 38). Nur wer sich dessen bewusst ist, welche Vorgehensweisen er an den Tag legt, kann diese verändern.

Abb. 38: Ablauf des Klassen-Coachings »SOP-Chart«

Als Unternehmensberater erhält der Lernende den Auftrag, bestimmte Arbeits-/Lernprozesse genau unter die Lupe zu nehmen und zu optimieren (Abb. 39).

Durchführung

Schritt 1: Hinführung

Bevor Sie mit dem Klassen-Coaching beginnen, sammeln und visualisieren Sie im Plenum konkrete Arbeitsabläufe/Prozesse, die Lernende zu absolvieren haben, zum Beispiel folgende:

- Vorbereitung auf eine Klassenarbeit
- Erstellung einer Präsentation
- Arbeiten in der Selbstlernzeit

- Erledigung von Hausaufgaben
- Vorbereitung auf einen Schultag
- Packen der Schultasche
- Wiederholung von schulischen Inhalten

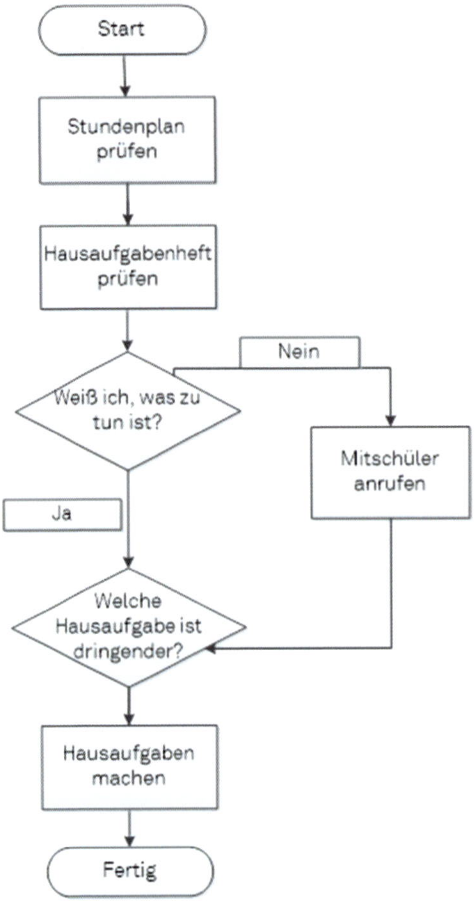

Abb. 39: Beispiel eines SOP-Charts

Danach bitten Sie die Lernenden, diejenigen Prozesse herauszusuchen, die sie gern optimieren möchten. Sie markieren die gesammelten Prozesse, welche die Lernenden bearbeiten möchten. Anschließend stellen Sie den Lernenden zur Wahl, den Arbeitsauftrag allein, in Partnerarbeit oder in Gruppen zu bearbeiten. Die Lernenden dürfen sich dazu einen Prozess aus der obigen Auflistung aussuchen.

Nun führen Sie das Coaching mit der Metapher des Unternehmensberaters ein, sodass sich die Lernenden gut in den Auftrag einfühlen können:

»Heute schaut ihr einmal aus einer anderen Perspektive auf euer Lernen. Stellt euch vor, ihr seid Unternehmensberater. Wer weiß, was ein Unternehmensberater macht? [Hier schließt sich ein Gespräch über die Tätigkeit des Unternehmensberaters an. Manchmal erzählen Lernende etwas über ihre Erfahrungen oder den Beruf von Verwandten oder Bekannten.] Hier ist euer Auftrag und nun erarbeitet ihr eine optimale Handlungsanweisung, damit ihr und eure Mitschüler in Zukunft anhand der Checkliste arbeiten könnt.«

Die Schüler erhalten den Arbeitsauftrag. Um die Übung noch realitätsnäher zu gestalten, könnten Sie die Lernenden bei den Arbeitsanweisungen siezen. Folgender Arbeitsauftrag ist möglich:

Bitte erstellt ein SOP-Chart für folgenden Prozess: ....
Geht dabei wie folgt vor:

1. Welche einzelnen Arbeitsschritte haben stattzufinden?
2. Worauf kommt es bei dem Prozess besonders an? Was ist besonders wichtig?
3. Was sollte auf gar keinen Fall bei dem Prozess passieren/gemacht werden?
4. Wo lauern Stolpersteine, Schwierigkeiten wie Ablenkungen, Störungen, Fehlerquellen?
5. Wie können diese ausgeschaltet werden?

Sammelt zunächst eure Ideen und Vorstellungen zu den oben stehenden Fragen. Erst danach erstellt ihr ein anschauliches Ablaufdiagramm. Orientiert euch dazu an den Vorlagen.

Arbeitsauftrag SOP-Chart

Schritt 2: Bearbeitung und Check-up der Handlungsanweisung im Tausch

Nun bearbeiten die Schüler den Auftrag in der gewählten Sozialform. Dabei gehen sie ziemlich detailgetreu vor. Sie erstellen eine ganz konkrete Handlungsanweisung.

Haben die Lernenden ihre SOP-Charts angefertigt, tauschen sie diese mit ihren Mitschülern aus. Die Mitschüler überprüfen nun, wie ein Unternehmensberater, die Richtigkeit des SOP-Charts. Und wie überprüfen sie dies am besten? Indem sie selbst die Handlungsanweisung durchspielen. Dadurch findet ein Praxis-Check statt. Die Lernenden geben danach ein kurzes Feedback. Je nach Lerngruppe kann es ratsam sein, übliche Feedbackkriterien einzuführen oder zu wiederholen. Danach erhält die Ursprungsgruppe ihr Chart zurück und kann es überarbeiten, sodass es perfekt ist.

Schritt 3: Auswertung

Gemeinsam im Plenum sammeln Sie die wichtigsten Faktoren, die bei Arbeitsabläufen/Prozessen einzuhalten sind. Ebenso können Sie auch die wichtigsten Stolperfallen sammeln. Wenn Sie dies im Plenum visualisieren, profitieren alle Lernenden davon. Die Lernenden übertragen diese Ergebnisse in ihr Klassen-Coaching-Logbuch.

Aufgaben des Klassen-Coaches

Es sollte Ihnen gelingen, den unternehmerischen, geschäftlichen Charakter als Auftraggeber für das SOP-Chart zu verkörpern. Dieses Klassen-Coaching lebt von dieser Vorstellung. Wenn Sie Ausdrücke wie Unternehmensberater, Prozessoptimierung, Standards etc. entwickeln und in die Hinführung/den Auftrag einfließen lassen, tauchen die Lernenden noch stärker in die Welt der Unternehmensberatung ein. Als Klassen-Coach sollten Sie mit solchen Ablaufdiagrammen vertraut sein und Strukturen folgen können.

Voraussetzungen/Vorbereitung

Sie bereiten Anschauungsmaterial in Form von Ablaufdiagrammen, Handlungsanweisungen und SOP-Charts vor und legen es aus. Diese Materialien sollten unterschiedlich und vielfältig sein, sodass die Lernenden eine Vorstellung von SOP-Charts entwickeln. Es hat sich bewährt, hier Materialien aus tatsächlichen beruflichen Kontexten von Unternehmen zu nutzen, damit die Lernenden verstärkt in die Welt der Unternehmensberater eintauchen können.

Chancen

Die Lernenden haben Freude daran, ihren Lernprozess in Teilbereiche zu untergliedern und wie ein Unternehmensberater zu analysieren. Allein die Vorstellung, dass sie jetzt Prozessoptimierer sind, weckt bei den Lernenden Motivation. Schüler sind für diesen Auftrag offen, da sie hierbei geschäftlich/unternehmerisch denken dürfen. Sie gehen jeden einzelnen Schritt gedanklich durch; dadurch werden ihnen Stolperfallen und hilfreiche Handlungsweisen bewusster. Zumeist bewirkt allein dieses Vorgehen im späteren Lernprozess eine Veränderung im Handeln bei den Schülern.

Stolpersteine

Es kann vorkommen, dass sich manche Schüler erstmals intensiv mit ihrem Lernprozess beschäftigen. Gelegentlich haben Schüler Schwierigkeiten, sich auf den Arbeitsauftrag einzulassen. Manchen kann es schwerfallen, sich in Strukturen hineinzuversetzen, entsprechend empfinden diese Schüler es als herausfordernd, ein SOP-Chart zu entwickeln.

Hinweise

Als Endprodukt dieses Klassen-Coachings sind auch andere Endprodukte als ein SOP-Chart denkbar, zum Beispiel ein YouTube-Tutorial. Darin erklären die Lernenden einem Internetnutzer die konkreten Handlungsschritte. Die konkrete Arbeits-/Lernsituation wird filmisch dargestellt. Dieser Auftrag entspringt der Lebenswelt der Lernenden. Im Sinne einer didaktischen Reduktion empfehle ich, zunächst mit dem schriftlichen SOP-Chart zu beginnen. Im darauffolgenden Schuljahr kann die Tutorial-Variante angeboten werden.

Wenn Sie mit Berufsschülern arbeiten, bitten Sie diese, Handlungsanweisungen aus ihrem Betrieb mitzubringen. Da arbeitsteilig gearbeitet wird, möchten die Lernenden zuweilen die SOP-Charts der anderen Gruppen sehen. Entscheiden Sie, inwiefern Sie eine Offenlegung in Form einer Präsentation oder eines Gruppenpuzzles sinnvoll finden. Es ist ratsam, sich bereits im Vorfeld darüber Gedanken zu machen. Ich empfehle Ihnen, die fertigen SOP-Charts am Ende einzusammeln: Anstatt eine Kompaktpräsentation durchzuführen, lassen Sie die jeweiligen Charts der Gruppen situativ, das heißt passend zu anstehenden schulischen Themen, einfließen. So verteilen Sie vor der nächsten Klassenarbeit beispielsweise das Chart »Vorbereitung auf Klassenarbeit«. Wenn Sie sich für diese Variante entscheiden, achten Sie darauf, alle Charts vorher noch einmal durchzusehen und gegebenenfalls Veränderungsvorschläge anzubieten. Nehmen Sie keinesfalls eigenmächtig Veränderungen an den Produkten der Schüler vor, sondern stellen sie der Gruppe inspirierende Fragen, sodass die Schüler diese selbst korrigieren. Um alle Gruppen gleichermaßen zu würdigen, sollten Sie im Blick haben, dass den Lernenden im Verlauf alle Charts ausgehändigt werden. Ansonsten ist es für einige Schüler demütigend, wenn Sie nur ausgewählte Charts austeilen.

Quellen

Dieses Klassen-Coaching wurde 2016 von **Hardeland,** H. entwickelt.

5.3
Sieh es doch mal so: ... – sich mit Schönfärberei Gutes tun

Viele Schüler verfluchen ihre (vermeintliche) persönliche Unfähigkeit, schlechte Noten, die eigene Bequemlichkeit, zu viele Hausaufgaben, nervige Referate und/oder den geballten Lernstress. Manch einer ist ständig von negativen Gedanken und Gefühlen geplagt. Wer sich einmal bewusst mit dem »Guten im Schlechten« oder dem »Guten im Unausweichlichen« beschäftigt, kann beschwerliche Schulangelegenheiten, wie Lernstress, Präsentationen oder Prüfungen, einmal mit anderen Augen sehen.

Sozialform/Dauer

- Gruppengröße/Sozialform: ab vier Schülern bis zur gesamten Klasse, jeweils in Vierer- oder Fünfergruppen
- Zeit: ca. 20 bis 40 Minuten

Ziele

Die Lernenden

- setzen sich mit anstrengenden/belastenden Situationen des Schulalltags auseinander.
- betrachten bewusst den Nutzen/die Vorteile ihres Problems und nutzen dies als (Lern-)Erfahrungen.
- erweitern ihren eingeschränkten Blickwinkel.
- entwickeln neue Ideen zur Problembewältigung.

Beschreibung

Je mehr man sich über unglückliche Umstände oder problembehaftete Situationen ärgert, desto größer und stärker wird das Problem. Am Ende steckt man im Jammertal des Leidens fest und es fehlt die Kraft, selbst wieder hinauszuklettern. Zu guter Letzt weiß man gar nicht mehr, ob das Problem tatsächlich problematisch ist oder ob man es selbst zu einem Problem gemacht hat. Häufig sind es unsere Gedanken, die das Problem zu einem Problem machen und weniger bzw. gar nicht die Umstände oder die Tatsachen. Dieses Klassen-Coaching zielt mittels der lösungsorientierten Coaching-Intervention »Reframing« genau darauf ab. Der Begriff stammt aus dem Englischen und bedeutet »Umdeutung« oder »Neuausrichtung«. Damit werden die Schüler eingeladen, Geschehnisse oder Situationen umzudeuten, ihnen eine andere Bedeutung, einen anderen Sinn beizumessen. Schwierige Situationen oder Probleme werden mit anderen Augen gesehen. Die negativen Gedanken werden von ihrer negativen Konnotation hin zu einer positiven gelenkt. Es wird sozusagen auf die zweite Seite der Medaille geschaut, um der Situation Chancen, Möglichkeiten oder eine Sinnhaftigkeit abzugewinnen. Hierbei wird davon ausgegangen, dass jede Erfahrung etwas Nützliches hat (*Hardeland 2016*). Man stellt die Dinge sozusagen in einen anderen Bedeutungszusammenhang und verabschiedet sich von »seiner Problemhypnose« (*Wehrle 2012, 162*). Glauben Lernende an ihre eigenen Fähigkeiten, so gehen sie mit mehr Ausdauer und weniger Sorgen bzw. Vorbehalten an Aufgaben heran. Das schulische Selbstvertrauen steht im engen Zusammenhang zu den schulischen Leistungen. Schätzen Schüler ihre Kompetenzen hingegen negativ ein, so führt dies zu einer geringen Erfolgszuversicht bzw. einer großen Misserfolgsüberzeugung, die meist auch zu einer geringeren Leistung führt. Kurz: Eine optimistische Grundhaltung kann sogar eine Leistungssteigerung bewirken (*Scheunpflug/Stadler-Altmann/Zeinz 2012*).

Durchführung

Schritt 1: Hinführung

Sie erfragen vorweg in der Klasse, welche negativen Sichtweisen die Lernenden im Hinblick auf die Schule oder ihr eigenes Lernverhalten haben. Nennen Sie zur Einstimmung einige Themenbeispiele wie folgende:

- Viel zu viele Hausaufgaben und kein freier Nachmittag.
- Lernstress durch zu viele Klassenarbeiten auf einen Schlag.
- Eine anstehende schwierige Prüfung
- Eine enttäuschende Note in der Klassenarbeit.
- Ich bin genervt, weil ich so unorganisiert bin.

Themenbeispiele zur Einstimmung der Schüler

Leiten Sie dieses Klassen-Coaching wie folgt ein:

»Jetzt möchte ich mit euch einmal etwas schönfärben. Wir schauen jetzt sozusagen durch die rosarote Brille. [Wenn möglich, können Sie bei dieser Gelegenheit auch eine rosarote Brille aufsetzen. Alternativ besprühen oder colorieren Sie ein Flipchartpapier rosa, um zu verdeutlichen, dass sich jetzt die Sichtweise/Wahrnehmung ändern wird.] Schließlich haben jede Situation, jedes Problem und fast jeder Gegenstand zwei Seiten.«

Schritt 2: Themenwahl

Nach einer kurzen Bedenkzeit sammeln Sie die Themen. Anschließend laden Sie die Lernenden ein, diese Hemmnisse/Probleme in einem anderen Licht zu betrachten, nämlich als eine Chance, zum Beispiel um sich weiterzuentwickeln. Die Lernenden suchen sich jeweils ein Thema aus, mit dem sie sich intensiver beschäftigen möchten. Auf dieser Grundlage bilden sie arbeitsteilige Gruppen.

Schritt 3: Gruppenarbeit

Nachdem sich die Schüler in Gruppen zusammengefunden haben, formulieren Sie den unten stehenden Arbeitsauftrag und die Regeln für die Zusammenarbeit. Hier gelten die klassischen Brainstorming-Regeln (Tab. 10, Kap. 4.5). An dieser Stelle können Sie den kreativen Prozess anregen, indem Sie eigene Ideen einwerfen. Dadurch ermutigen Sie die Schüler und lenken deren Gedanken in eine konstruktive Richtung. So wird deutlich, wie weit die Schönfärberei gehen darf. An dieser Stelle können Sie, falls vorhanden, den einzelnen Gruppen auch eine rosarote Brille aushändigen.

Visualisiert euer Anliegen/Problem/Thema. Beantwortet nun gemeinsam die nachstehenden Fragen. Sammelt eure Ideen im Brainstorming. Ihr dürft dabei ganz anders/verrückt denken. Schreibt eure Sichtweisen/Erkenntnisse zu folgenden Fragen auf:

- Was ist das Gute an eurem Problem?
- Welche Vorteile bringt das Problem?
- Welchen Nutzen hat es?
- Was ist eine gute Seite des Problems?
- Welche Chancen stecken in dem Problem?

Arbeitsauftrag »Sieh es doch mal so: ...«

Die Lernenden sammeln ihre Ideen und Ergebnisse. Anschließend küren die Schüler selbst in jeder Gruppe die besten drei Ideen. Danach ist Gelegenheit, um die persönlichen Erkenntnisse in das Klassen-Coaching-Logbuch aufzunehmen. Hierfür erhalten die Lernenden folgende Handlungsanweisungen:

Eintragungen für das Klassen-Coaching-Logbuch

Notiere dein Thema in deinem Klassen-Coaching-Logbuch. Welche Sichtweise möchtest du zu diesem Thema entwickeln? Schreibe dazu die Ideen oder Denkweisen auf, die dir selbst am nützlichsten sind. Wann und wie willst du dich an diese neue Denk-/Sichtweise erinnern?

Fragen/Handlungsanweisung zur Reflexion im Klassen-Coaching-Logbuch

Schritt 4: Auswertung

Gemeinsam im Plenum tauschen sich die Schüler über ihre Erkenntnisse und die Erfahrungen mit dieser Methode aus.

Aufgaben des Klassen-Coaches

Hier kommt Ihnen die Aufgabe eines Animateurs, eines »Denktüröffners« zu, der die Bereitschaft der Lernenden für diese Aufgabe weckt. Wer selbst ein eher ernsthafter Typ ist und/oder zu Pessimismus neigt, sollte abwägen, ob diese Methode für ihn geeignet ist. Schließlich sollten Sie selbst hinter der Methode stehen und ein solches Vorgehen gutheißen können. Beschäftigen Sie sich vor der Einführung dieses Klassen-Coachings mit möglichen Themen. Und entwickeln Sie selbst einige Umdeutungsideen, um Denkanstöße geben zu können, falls eine Gruppe ins Stocken gerät.

Voraussetzungen/Vorbereitung

Sie achten sensibel auf negative Äußerungen der Schüler und notieren sich diese. Alternativ bitten Sie die Lernenden, über den Zeitraum einer Schulwoche in Form einer Wandzeitung negative, hemmende und störende Gedanken/Aussagen im Hinblick auf ihre schulische oder lernspezifische Situation zu sammeln. In bestimmten Phasen, zum Beispiel am Ende des ersten Schulhalbjahres oder in der Berufsschule nach der Hälfte der Ausbildungszeit, häufen sich meist negative Kommentare; es lohnt sich, sensibel darauf zu achten. So können Sie die aktuellen (Lern-)Befindlichkeiten der Lernenden produktiv nutzen und ein Klassen-Coaching anregen.

Chancen

Neurowissenschaftler und Psychologen haben es bewiesen: Der Blick durch die rosarote Brille bringt jede Menge Vorzüge (*Schäfer 2015*). Die Schönfärberei schiebt negative Stimmungen und Gedanken beiseite und erhöht die Lebenszufriedenheit. Dadurch fühlt sich einiges leichter, machbarer an. Bei dieser Methode werden die Lernenden zu Lockerheit und Humor angeregt, Probleme scheinen lösbarer. Den Lernenden bereitet diese fantasievolle Übung viel Freude und sie wachsen beim Kreieren neuer Sichtweisen förmlich über sich hinaus.

Stolpersteine

Wer dieses Klassen-Coaching zu häufig einsetzt, kann den Eindruck erwecken, dass er die Probleme der Schüler nicht ernst nimmt. Grundsätzlich sollten die Lernenden Gelegenheit erhalten, um ihre negativen Emotionen oder Gefühle der Überforderung auszusprechen. Diese haben eine Daseinsberechtigung und dürfen nicht einfach schöngeredet werden. Besteht ein wertschätzender Umgang zwischen Ihnen und den Schülern, so spüren diese Ihr ernsthaftes Interesse. Auf dieser Grundlage kann ein kreativer, spielerischer Umdenkprozess in die Wege geleitet werden. Wer es mit ernsthafteren Schülern zu tun hat, sollte vor dieser Methode trotzdem nicht zurückschrecken. So mancher legt im Rahmen dieser Übung seine Scheuklappen ab und gewinnt an Leichtigkeit.

Es besteht die Gefahr, dass Lernende im Jammertal »stecken« bleiben. Dann unterstützen Sie diese Lernenden. Gern mache ich Ihnen Mut: Bisher ist es mir in der Praxis immer gelungen, die Perspektive der Lernenden für etwas Positives zu weiten.

Wenn sich Lernende kritisch zu dieser Methode äußern, legen Sie ihnen einfach deren Chancen und Möglichkeiten dar.

Hinweise

Manche Klassen finden an diesem Klassen-Coaching Gefallen und fordern es fortan regelrecht ein. So kann es ritualisiert am Ende der Schulwoche eingeführt werden: Die Lernenden nennen am Freitag gegen Mittag erst Dinge, die ihnen an der Schulwoche nicht gefallen haben. In der anschließenden »Sieh-es-doch-mal-so-Runde« entwickeln die Lernenden dann andere Sichtweisen. Das wirkt entlastend, bereitet Spaß und verschafft den Kindern/Jugendlichen eine viel positivere Grundhaltung. So beenden die Lernenden ihre Schulwoche mit einem guten Gefühl.

Wahlweise können Sie während der Hinführung zu diesem Klassen-Coaching auch eine rosarote Brille aufsetzen; so stellen Sie die Kernaussage dieser Methode zugleich plastisch dar. Die Schüler entwickeln Freude daran, dem Klassen-Coaching etwas Humorvolles abzugewinnen.

Quellen

Hardeland, H. (2016): *Lernende in ihrem Lernprozess wirksam begleiten und unterstützen. Ein Buch zur (Weiter-)Entwicklung der theoretischen und praktischen (Lern-)Coachingkompetenz.* 5., korrigierte Auflage. Baltmannsweiler: Schneider Verlag Hohengehren.

Schäfer, A. (2015): *Gesunde Schönfärberei.* In: Psychologie Heute, 5. Weinheim und Basel: Beltz. S. 63–66.

Wehrle, M. (2012): *Die 500 besten Coaching-Fragen. Das große Workbook für Einsteiger und Profis zur Entwicklung der eigenen Coaching-Fähigkeit.* 2. Auflage. Bonn: manager-Seminare.

5.4 Das Pferd von hinten aufzäumen – verrückt anders denken

Regelmäßige Klassenarbeiten, jede Menge Hausaufgaben: An einigen unangenehmen Situationen können die Schüler zunächst wenig ändern. Das kann schnell demotivierend wirken und unzufrieden machen. Doch auch in scheinbar festgefahrenen Situationen kann durch einen heilsamen Perspektivwechsel Veränderung hineingebracht werden — etwa indem man »das Pferd von hinten aufzäumt«.

Sozialform/Dauer

- Gruppengröße/Sozialform: ab vier Schülern bis zur gesamten Klasse, jeweils in Vierer- oder Fünfergruppen
- Zeit: ca. 60 bis 90 Minuten

Ziele

Die Lernenden

- entwickeln kreative Umkehrideen.
- tauschen sich über ihre Lernschwierigkeiten aus.
- erarbeiten positive Lösungsideen zum Überwinden von Lernproblemen.
- schauen über den Tellerrand und erweitern ihre Perspektive.

Beschreibung

Was ist, wenn Lernende eine Situation beklagen, sich ausgeliefert fühlen und nicht wissen, wie sie etwas daran ändern können? Je festgefahrener ein Problem scheint, desto schwerer kann man sich davon befreien. Gerade in solchen Situationen kann es sogar helfen, das Problem anders zu betrachten – also das Pferd sozusagen von hinten aufzuzäumen. Denn dadurch können sich plötzlich und unbewusst Lösungsideen und Änderungsmöglichkeiten auftun. Diesen Ansatz nutzt das hier beschriebene Klassen-Coaching: Der Spieß wird einfach umgedreht. Zunächst wird daher gesammelt, was alles getan werden muss, um genau das Gegenteil von dem Erwünschten zu bewirken.

> Ein Schüler möchte seine Hausaufgaben zügiger erledigen. Die passende Gegenteilfrage lautet: »Wie musst du dich verhalten, damit du die Hausaufgaben so langsam wie möglich machst?«

Auf dieser Grundlage sammeln die Schüler ganz einfach andersartige Ideen. Das Gute daran ist, dass diese Übung sehr viel Spaß bereitet. Im Beispiel entwickeln die Lernenden folgende Ideen:

Wie musst du dich verhalten, damit du die Hausaufgaben so langsam wie möglich machst?

- mich zwischendurch viel ablenken, spielen gehen, etwas trinken, mich mit der Familie unterhalten
- möglichst spät abends anfangen, weil ich dann besonders müde und unkonzentriert bin
- kein Hausaufgabenheft führen, dann muss ich immer erst die anderen fragen, was zu tun ist
- erst abwarten und dann immer alle Hausaufgaben auf einmal machen, damit ich überfordert bin
- nur langweilige Hausaufgaben machen
- mich bei den Hausaufgaben immer ganz viel über die Aufgaben ärgern
- die Hausaufgaben immer erst dann machen, wenn der betreffende Unterricht schon lange her ist, damit ich mich wieder völlig neu einarbeiten muss
- die Hausaufgaben machen, wenn ich müde vom Fußballtraining nach Hause komme
- möglichst unausgeschlafen sein
- mir einen unruhigen Arbeitsplatz mit viel Ablenkung suchen
- bei den Hausaufgaben parallel Fernsehen schauen und/oder Musik hören

Beispiele für Schülerergebnisse bei »Das Pferd von hinten aufzäumen«

Durchführung

Schritt 1: Hinführung

Nachdem Sie den Lernenden Ablauf und Intention dieses Klassen-Coachings erläutert haben, entscheiden sich die Lernenden für ein Thema. Der Klassen-Coach unterstützt die Gruppen dabei, ihr Ziel oder die Frage ins Gegenteil zu kehren.

Schritt 2: Ideensammlung zur Gegenteilfrage in Gruppen

Zunächst sammeln die Lernenden gemeinsam Ideen und Lösungen, um das Gegenteil zu erreichen. Dies findet wieder in einem Brainstorming unter Berücksichtigung der Brainstorming-Regeln statt (Tab. 10, Kap. 4.5). Alles darf andersherum gedacht werden, das heißt, all das wird berücksichtigt, was dazu beiträgt, dass die Situation noch schlimmer wird. Hier sollen möglichst viele Ideen entwickelt werden. Wichtig ist, dass diese alle gut sichtbar aufgeschrieben werden.

Abb. 40: Ablauf der Methode »Pferd von hinten aufzäumen«

Schritt 3: Clustern und Auswertung der Ideen in Gruppen

Im Weiteren betrachten die Schüler die konkreten Inhalte ihrer »gegenteiligen« Lösungen und versuchen herauszufinden. Sie fassen passende/ähnliche Inhalte zu Oberbegriffen zusammen; es wird geclustert. In dieser Phase analysieren die Lernenden ihre Ideen – dies ist eine anspruchsvolle Aufgabe. Möglicherweise benötigen die Gruppen hier verstärkt Ihre Hilfe. Dabei kann ein Austausch über die unproduktiven Ideen stattfinden, die von den Schülern in der Vergangenheit möglicherweise schon unbewusst in die Tat umgesetzt wurden. Hierzu lautet die zentrale Frage wie folgt:

> »Welche der Lösungsvorschläge/Ideen setzt ihr tatsächlich um?«

Im Zuge dieser Selbstreflexion entdecken Lernende, dass sie möglicherweise einige der ungünstigen Strategien tatsächlich anwenden. Sie erzielen dadurch einen Erkenntnisgewinn.

Schritt 4: Positive Ideensammlung in Gruppen

Anschließend werden die Ideen in ihr positives Gegenteil umformuliert.

Die Idee »Die Hausaufgaben erst machen, wenn der Unterricht möglichst lange her ist, damit ich mich wieder völlig neu einarbeiten muss« wird in folgende Lösungsidee umformuliert: »Ich mache die Hausaufgaben gleich am selben Tag oder spätestens einen Tag nach dem Unterricht, dann bin ich noch gut im Thema.«

Beispiel für eine positive Umformulierung

Die Schüler sammeln hilfreiche, positive Ideen zur Bewältigung ihres Anliegens.

Schritt 5: Auswertung

Je nach Zielsetzung ihres Klassen-Coachings kann im Plenum noch ein Gespräch über die entwickelten Maßnahmen stattfinden. Dies muss nicht zwingend erfolgen. Jeder Schüler erhält nun Zeit, um eine der Maßnahmen auszuwählen und sich gedanklich mit der konkreten Umsetzung dieser zu beschäftigen. Die Erkenntnisse sollten im Klassen-Coaching-Logbuch festgehalten werden.

Aufgaben des Klassen-Coaches

Der Klassen-Coach unterstützt, sofern erforderlich, bei der Formulierung des Gegenteilziels oder der -frage. Es ist eine Ihrer Aufgaben, quasi die Ideenmaschinerie anzuwerfen, sodass die Lernenden im Weiteren eigene Ideen entwickeln. Dadurch ermutigen Sie die Schüler, auch unmoralische, unpassende, verrückte, normabweichende Ideen zu nennen. Ziel ist, möglichst viele verschiedene Vorschläge zu sammeln. Gelegentlich benötigen die Gruppen während der Gruppenarbeitsphase Ihre Hilfe, wenn die einzelnen Ideen zu Oberbegriffen zusammengefasst werden.

Voraussetzungen/Vorbereitung

Benötigt werden Gruppenarbeitstische, Flipchart-Papier und Moderationsstifte. Jede Gruppe braucht Moderationsstifte in vier unterschiedlichen Farben, um die geclusterten Inhalte farblich zu kennzeichnen.

Chancen

Diese Übung erlaubt, alles zu sagen, was eigentlich verwerflich, verboten und hemmend ist. Alte Gedankenwege werden verlassen und neue beschritten. Auf spielerische Art dürfen die

Lernenden verrückt denken; sie bringen sich hoch motiviert ein. Dabei herrscht meist eine gute Stimmung. Davon profitiert nicht nur das Klassenklima, sondern im Nachgang werden auch wertvolle Ideen entwickelt. Ohne Druck wird die Kreativität gesteigert.

Stolpersteine

Was ist, wenn die Lernenden die andersherum gedachten Ideen tatsächlich in die Tat umsetzen wollen? Das ist unwahrscheinlich, denn schließlich möchten die Lernenden in der Regel gern etwas an ihrer als störend empfundenen Situation ändern. Stellen Sie sich darauf ein, dass der Erkenntnisgewinn der Schüler auch darin bestehen kann, dass ihnen die dort entwickelten Lösungen bereits vorher klar waren, jedoch nicht umgesetzt wurden.

Hinweise

Leiten Sie die Phase der konstruktiven, positiven Ideenfindung beispielsweise durch eine kleine Auflockerung oder Bewegungsübung ein. Dann fällt den Schülern der Übergang vom Gegenteil-Denken zum erneuten positiven Denken leichter.

Quellen

Diese Methode beruht auf der allgemein bekannten Unterrichtsmethode »Kopfstandmethode«.

5.5 Die Notenkonferenz – in die Lehrerrolle schlüpfen

Fast jeder Schüler hat schon einmal von der Notenkonferenz gehört. Dabei tauschen sich die Lehrer darüber aus, wie sie ihre Schüler wahrnehmen, wie deren Leistungsstand ist. Doch die hier vorgestellte Notenkonferenz ist besonders: Nicht die Lehrer sprechen dabei über ihre Schüler, sondern die Lernenden schlüpfen in die Rolle des Lehrers; sie blicken aus der Lehrerperspektive auf sich selbst.

Sozialform/Dauer

- Gruppengröße/Sozialform: ab vier Schülern bis zur gesamten Klasse, jeweils in Vierer- oder Fünfergruppen
- Zeit: ca. 90 Minuten

Ziele

Die Lernenden

- probieren sich in einer neuen Rolle aus und füllen diese kreativ aus.
- versuchen, sich sprachlich gewandt auszudrücken.
- erweitern ihre eigene Perspektive.
- kontrollieren als Regisseure präzise, dass die Notenkonferenz im Großen und Ganzen sachlich bleibt und nicht zu einer Comedy-Show gerät.
- betrachten sich selbst unverkrampft, entwickeln dadurch eine positive Einstellung zu sich selbst und können auch einmal über sich selbst lachen.
- schätzen ihre eigene Leistungsfähigkeit von außen betrachtet ein.

Beschreibung

Mancher Schüler mag sich schon einmal diese Fragen gestellt haben: »Was erzählen sich die Lehrer wohl bei einer Notenkonferenz? Wie schätzen die Lehrer meine Leistung ein?« Gern wüssten sie, wie Lehrer über sie reden. Bei diesem Klassen-Coaching setzen sich die Lernenden in einem Rollenspiel spielerisch mit sich selbst auseinander: Sie können sich selbst von außen betrachten, indem die Mitschüler aus der Perspektive eines Lehrers über sie reden: Die Mitschüler spielen Lehrer, die sich in der Notenkonferenz über Schüler austauschen. Der Schüler, über den gesprochen wird, hört und sieht dabei selbst als »heimlicher« Beobachter zu. Dabei darf der Lernende im Vorfeld mitbestimmen, über welche Themen sich die Lehrer auf der Konferenz austauschen sollen. Dadurch wird das Bedürfnis nach Sicherheit und Wahlfreiheit beim Lernenden gesichert; zugleich wird verhindert, dass ihm ein Spiegel vorgehalten wird in Bezug auf Aspekte, zu denen er nichts hören möchte. Bei diesem Klassen-Coaching arbeiten fünf Lernende je Kleingruppe zusammen. Dabei sind folgende Rollen zu besetzen:

- drei Lehrer der Notenkonferenz,
- ein Schüler, der als heimlicher Beobachter dabei zusehen kann, was bei der Notenkonferenz passiert, und
- ein Regisseur, der auf eine konstruktive inhaltliche Bearbeitung achtet und einzelne Aspekte einbringt (zum Beispiel folgende Aufforderung: »Sprecht jetzt bitte noch einmal über die mündliche Mitarbeit des Schülers!«).

Abb. 41: Ablauf »Die Notenkonferenz«

Durchführung

Schritt 1: Hinführung

Sie leiten die Methode wie folgt ein:

»Wer von euch möchte gern einmal lauschen, wenn sich die Lehrer zum Beispiel in einer Notenkonferenz über euch unterhalten? [Klassen-Coach wartet, bis die Lernenden aufgezeigt haben.]. Was möchtet ihr gern über euch in der Notenkonferenz erfahren? Worüber sollen sich die Lehrer austauschen? Bitte sammelt in Fünfergruppen ein paar Themen und schreibt diese auf, ich werde sie später hier auf Zuruf sammeln. [Lehrer gibt die Fünfergruppen vor.]«

Nach dieser kurzen Austauschrunde bitten Sie die Lernenden, Ihnen Aspekte für die Notenkonferenz zuzurufen. Sie visualisieren das Genannte an der Tafel/dem Whiteboard. Hier können Sie bereits sensibel modifizieren, falls Lernende Themen benennen, die wenig mit dem Lernen zu tun haben. Mögliche passende Themen sind zum Beispiel folgende:

- Einschätzung des Leistungsstandes,
- Beurteilung der Präsentationsfähigkeit oder der Fähigkeit zum Erklären oder Vorlesen in der Klasse,
- Einschätzung des Sozialverhaltens,
- Rückmeldung bezüglich der Lernentwicklung in den letzten Wochen,
- Einschätzung der Arbeitsorganisation,
- Rückmeldung bezüglich der Fähigkeit, mit Mitschülern zusammenzuarbeiten,
- Beurteilung der Fachkompetenz im jeweiligen Unterrichtsfach,
- Einschätzung der Veränderungsbereitschaft,
- Beurteilung der mündlichen Mitarbeit.

Beispiele für Themen/Inhalte der gespielten Notenkonferenz

Anschließend sucht sich jeder Schüler zwei Aspekte aus dieser Liste aus, über die er im Hinblick auf sich selbst mehr erfahren möchte. Zusätzlich benennt er die Lehrkräfte, die in der Notenkonferenz von seinen Mitschülern gespielt werden sollen. Da die Lernenden diese Auswahl bewusst treffen sollen, händigen Sie jedem Schüler einen kurzen Papierstreifen mit dem entsprechenden Auftrag aus. Die Lernenden kleben den Papierstreifen in ihr Klassen-Coaching-Logbuch.

Begründung der Themenauswahl für das Klassen-Coaching: »Die Notenkonferenz«

Notiere hier deine Auswahl. Wichtig: Begründe deine Auswahl kurz.

Auswahl meiner Themen

Diese zwei Themen suche ich mir aus:

Thema 1:	Davon erhoffe ich mir:
Thema 2:	Davon erhoffe ich mir:

Lehrerauswahl

An meiner Notenkonferenz sollen diese drei Lehrer teilnehmen:

Frau/Herr:	Davon erhoffe ich mir:
Frau/Herr:	Davon erhoffe ich mir:
Frau/Herr:	Davon erhoffe ich mir:

Schülerbegründung zur Lehrerauswahl – zum Einkleben ins Logbuch

Anschließend erläutern Sie die Methode und die Intention anhand eines visualisierten Ablaufs. Jetzt ist Gelegenheit, noch Fragen zu klären. Die Lernenden werden in Fünfergruppen eingeteilt und platzieren sich entsprechend in ihren Arbeitsecken.

Schritt 2: Notenkonferenz durchführen

Die Schüler schlüpfen nun in ihre Notenkonferenz-Rollen. In diesem Zuge wird zunächst festgelegt, mit welchem Schüler begonnen wird – dessen Name steht auf einer Moderationskarte und diese wird in die Tischmitte gelegt. Während die Teilnehmer der Notenkonferenz über diesen Schüler sprechen, ist er der heimliche Beobachter.

Der Regisseur leitet die Notenkonferenz, die anderen Schüler spielen die Lehrer, die an der Notenkonferenz teilnehmen; sie stecken sich jeweils die passenden Lehrer-Namensschilder an. Der Regisseur eröffnet die Notenkonferenz und nennt zugleich den ersten inhaltlichen Aspekt, auf den die Teilnehmer der Notenkonferenz für den heimlichen Beobachter eingehen sollen:

»Klappe, die Erste. Die erste Runde der Notenkonferenz ist eröffnet. Es geht um die Mitarbeit von Schüler ... im Unterricht.« [Dabei klatscht der Regisseur beide Unterarme und Hände aneinander, als ob es eine Klappe vom Filmset wäre.]

Gemeinsam tauschen sich die drei »Lehrer« über den jeweiligen Schüler aus. Nach etwa drei bis vier Minuten beendet der Regisseur diese Phase und leitet die zweite Austauschrunde zu einem neuen Aspekt ein. Insgesamt findet folglich pro Aspekt eine Austauschrunde von je drei bis vier Minuten statt.

Arbeitsauftrag »Die Notenkonferenz«

Austauschrunde in der Notenkonferenz

Die Lehrer tauschen sich in einer Notenkonferenz zu dem jeweiligen Schüler aus. Wichtig: Die Lehrer sprechen dabei nur über das vom Schüler vorgegebene Thema. Der Regisseur benennt vorab jeweils das Thema. Pro Thema habt ihr drei bis vier Minuten Zeit. Der Schüler selbst ist der »heimliche« Beobachter.

Die Teilnehmer der Notenkonferenz sprechen Folgendes im Hinblick auf das Thema an:

- Was kann der Schüler bei ... gut?
- Wo hat der Schüler manchmal bei ... Schwierigkeiten?
- Was wäre ein nächster Entwicklungsschritt bei ... für den Schüler?

Auswertung

1. Im Anschluss an die Konferenz füllt jeder seinen Reflexionsauftrag aus (ca. vier Minuten lang).
2. Lauft danach einmal um eure Stühle herum, damit jeder für seine neue Rolle bereit ist. Dann wechselt ihr eure Positionen.

Gruppenarbeitsauftrag Notenkonferenz

Am Ende gibt jeder »Lehrer« reihum einen Tipp für den nächsten Entwicklungsschritt des Schülers.

Schritt 3: Reflexion in den Kleingruppen

Nach jeder Notenkonferenz findet eine Reflexion anhand der nachstehenden Fragen statt. Je nach Rolle erhalten die Lernenden die Auswertungsfragen als Handout (siehe Kasten) zum Einkleben in ihr Klassen-Coaching-Logbuch.

Auswertungsfragen »Die Notenkonferenz«

Rollenspieler der Notenkonferenz

- »Wie ist es euch in der Rolle ergangen?«
- »Was habt ihr gefühlt?«
- »Was war für euch unangenehm?«
- »Was habt ihr Neues entdeckt?«
- »Was hat euch überrascht?«

Regisseur

- »Wie glaubwürdig waren die Darstellungen des Lehrers?«
- »Wie echt schien der dargestellte Aspekt?«
- »Was ist dir aufgefallen?«
- »Was hat dich überrascht?«

Heimlicher Beobachter

- »Was war für dich neu/interessant/nützlich?«
- »Was leuchtet dir ein?«
- »Was hat dich überrascht?«
- »Was möchtest du umsetzen?«

Auswertungsfragen zur »Notenkonferenz«

Schritt 4: Auswertung

Wenn die Lernenden zurück im Plenum sind, bitten Sie alle, sich einmal kräftig zu schütteln, sozusagen um ihre Rolle abzuschütteln. Wer mit pubertierenden Schülern arbeitet, sollte nachsichtig sein, falls diese sich nicht »entschütteln« wollen. Anschließend notiert jeder Schüler in nur zwei Sätzen, wie bei einer SMS, was sein persönlicher Nutzen aus der Notenkonferenz ist. Auf dem Fußboden haben Sie ein großes Dreieck ausgelegt und jeweils beschriftet (Abb. 42). Sie stellen den Lernenden nun die Frage, welche Erfahrungen sie aus der Übung ziehen. Die Schüler stellen sich jeweils zu dem Aspekt, zu dem sie sich hingezogen fühlen. Sie fordern die Schüler auf, freiwillig Stellung zu ihrer Position zu beziehen.

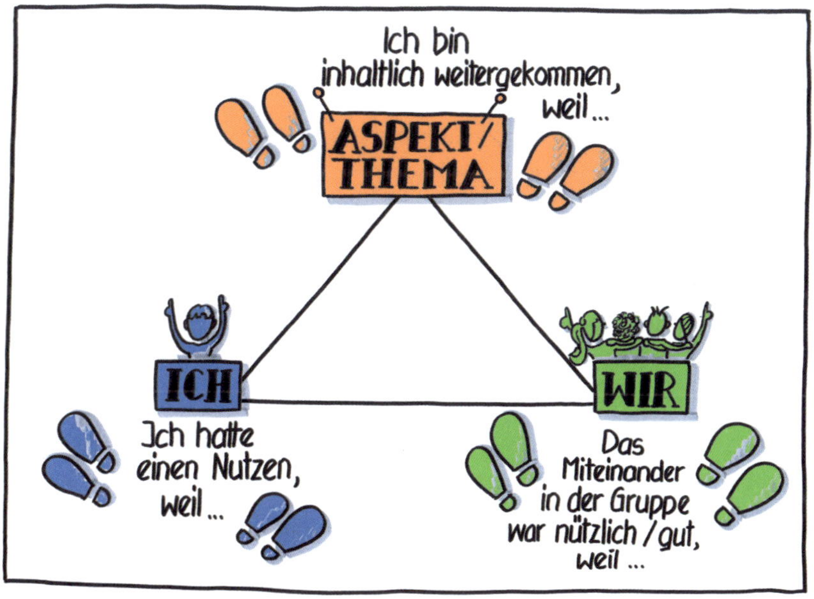

Abb. 42: Plenumsauswertung in Anlehnung an das TZI-Dreieck von Ruth Cohn (Nowak/Bergmann 2015, S. 191)

Weisen Sie die Schüler abschließend darauf hin, dass dies nur ein Rollenspiel war. Das heißt, es ist nicht die Wahrheit/Wirklichkeit, sondern nur eine Fantasiedarbietung, die möglicherweise jedoch Ähnlichkeit mit der Wirklichkeit hat.

Aufgaben des Klassen-Coaches

Sie erläutern den Lernenden vorab die Methode des Rollenspiels und die Intention dieses Klassen-Coachings. Hier gilt es auch, zu vermitteln, dass die Schüler während des Rollenspiels durchaus Spaß haben dürfen, jedoch sollte im Rollenspiel der ernsthafte Charakter überwiegen. Wer die »Notenkonferenz« in seiner Klasse ausprobiert, sollte sich mit der Methode Rollenspiel auskennen. Sie (und auch Ihr Lehrerteam) sollten es aushalten können, wenn Lernende Lehrer karikieren. Hier werden Ihnen viel Sensibilität und Fingerspitzengefühl abverlangt: Sie selbst sind Ihren Kollegen gegenüber loyal und halten Bemerkungen oder Kommentare Ihren Kollegen gegenüber zurück. Bleiben Sie unbedingt neutral. Möglicherweise werden auch Sie selbst von den Lernenden gespielt, sodass sie dahingehend einen Einblick erhalten, wie Sie von den Lernenden wahrgenommen werden.
Insgesamt haben Sie eine moderierende und strukturierende Funktion. Sie haben alle Gruppen im Blick, sodass Sie gegebenenfalls korrigierend auf die Gruppen einwirken können, falls die Lernenden zu albern werden.

Voraussetzungen/Vorbereitung

Bereiten Sie das Setting für die Gruppenarbeitsecken vor: Drei Lernende sitzen in einem Stuhlkreis, Regisseur und heimlicher Beobachter etwas separiert.
Legen Sie für jede Gruppe mehrere Streifen Kreppklebeband und Moderationsstifte bereit, sodass sich die Lernenden das Namensschild des jeweiligen Lehrers ankleben können. Jede Gruppe sollte eine Uhr erhalten, sodass der Regisseur die Zeit im Blick hat. Zusätzlich erhält jede Gruppe einen Arbeitsauftrag und entsprechende Reflexionsbögen zum Einkleben in ihr Klassen-Coaching-Logbuch.
Wer mag, kann ein paar typische Konferenzrequisiten bereitstellen, wie ein exemplarisches Klassenbuch, eine Klassenliste oder eine kleine Schale Gummibärchen.

Chancen

Bei diesem kreativen, spielerischen Klassen-Coaching wird bewusst ein Perspektivwechsel angeregt. Weil sie aus der Distanz auf sich selbst blicken, erhalten die Lernenden neue Impulse. Allein die Aufgabenstellung ist schon so verlockend, dass sich Lernende gern darauf einlassen und engagiert mitarbeiten. Dieser Auftrag bereitet viel Freude und lässt viel kreativen Handlungsspielraum.

Stolpersteine

Möglicherweise steigern sich manche Schüler zu sehr in ihre Rolle hinein und spielen die Lehrpersonen zu übertrieben, zu albern oder zu resolut. Im Extremfall kann das für den heimlichen Beobachter sogar verletzend sein. Deshalb hat es sich bewährt, dem heimlichen Beobachter einen Regisseur zur Seite zu stellen. Dieser hat ein Vetorecht und achtet neben seiner Aufgabe als Zeitwächter darauf, dass alle wesentlichen inhaltlichen Aspekte einfließen, die der Lernende gern betrachtet haben möchte. Er kann das Rollenspiel auch stoppen – dies nur im Extremfall –, falls die Lernenden sich in ihrer Rolle »verlieren«.

Vielleicht erregen Sie bei der Anwendung dieser Methode den Ärger mancher Lehrerkollegen: Schließlich bieten Sie den Lernenden eine Gelegenheit, Ihre Kollegen bewusst nachzumachen. Mitunter reagieren Kollegen darauf sehr sensibel und empfinden Ihr Handeln als ein »In-den-Rücken-fallen«. Beugen Sie möglichen Konflikten und Befindlichkeiten vor, indem Sie diese Klassen-Coaching-Methode vorab in Ihrem Klassenteam vorstellen und die Kollegen über Intention und Vorgehen informieren. Erläutern Sie auch, dass es vielmehr um den Erkenntnisgewinn der Lernenden geht, schließlich erhalten diese eine Einschätzung darüber, wie sie möglicherweise von den Lehrkräften wahrgenommen werden. Bieten Sie den Kollegen an, Sie bei dieser Übung zu begleiten. Einzelne Kollegen nehmen diese Einladung gern an.

Hinweise

Wenn Sie als Klassen-Coach zu hohe inhaltliche Ansprüche an das Ergebnis im Sinne von »Aha, jetzt wurden mir die Augen geöffnet« haben, könnten Sie enttäuscht werden. Tatsächlich steckt in diesem Klassen-Coaching viel Potenzial zur Selbstreflexion, zur Selbstveränderung und zum Perspektivwechsel. Dennoch zeigen Lernende nicht immer ihren persönlichen Erkenntnisgewinn. Vielmehr wird ein Prozess angebahnt, der auch nachwirkt.

Je nachdem, wie konzentriert ihre Klassen sind, kann es gelingen, dass die Notenkonferenz pro Gruppe jeweils fünf Mal durchgeführt wird. Dies erfordert ein hohes Maß an Konzentration. Alternativ führen Sie die Notenkonferenzen an mehreren Schultagen durch.

Eine weitere Variante besteht darin, dass die Lernenden im Vorfeld keine Themen/Aspekte selbstständig aussuchen. Dann darf die Notenkonferenz intuitiv tagen, sodass die »Lehrer« selbst bestimmte Themen ansprechen. Dieses Vorgehen bietet sich bei Klassen an, die bereits sehr gut mit strukturierten Klassen-Coaching-Methoden wie der Skalierungsfrage (Kap. 4.4) zurechtgekommen sind.

Quellen

Diese Methode wurde 2016 von **Hardeland,** H. entwickelt.

6.

Sich stärken: »Das bringst du schon mit!«

Wenn Sie Schüler nach ihren Stärken fragen, kommt meistens: »Puh, da fällt mir gar nichts ein« oder »Da muss ich aber gut überlegen«. Warum ist das so? Viele Schüler sind unsicher und möchten sich nicht blamieren. Sie fragen sich unter Umständen: Ist das auch wirklich eine Stärke? Wie sage ich es jetzt? Vielleicht sehe auch nur ich das so? Wie sieht das mein Gegenüber? In den meisten Fällen fallen die Schülerantworten hierauf recht allgemein aus – »Ich bin freundlich und gut gelaunt« –, vorausgesetzt, sie antworten überhaupt. Wie erfahren die Schüler mehr über ihre Stärken und wie werden sie sicherer im Umgang mit sich selbst? Indem ein Abgleich des Selbst- und Fremdbildes stattfindet. Suchen Sie bei diesem Klassen-Coaching gezielt nach Stärken und Ressourcen. Durch positive Rückmeldungen werden Ihre Schüler gestärkt und selbstbewusster. Jeder Schüler trägt einen beachtlichen Schatz an Ressourcen in sich. Nun gilt es, diesen ans Tageslicht zu befördern und zu beleuchten. Die nachfolgend dargestellten Methoden zielen alle darauf ab, die Ressourcen und Schätze zu heben.

»Wenn Sie an Ihre einzelnen Schüler denken, was zeichnet sie aus? Was schätzen Sie an ihnen?«

Die fünf Klassen-Coaching-Methoden zeigen Ihnen auf,

- wie Ihre Schüler zu Schatzgräbern werden (*Schatztruhe füllen*);
- wie Lernende ein Tagebuch führen und sich anschließend auf die Schulter klopfen (*Schulterklopfer-Tagebuch*);
- welche Perlen Ihre Schüler in sich tragen (*Perlen sammeln*);
- welche Türen Sie mit dem Erfolgsschlüssel öffnen (*Schlüssel zum Erfolg*);
- wie Sie ein leeres Blatt mit Lob füllen (*Blanko-Lob*).

6.1
Schatztruhe füllen – Ressourcen entdecken und zurückmelden

Lernende können häufig sagen, was schlecht gelaufen ist oder womit sie unzufrieden sind. Auch in der Schule überwiegt häufig die negative Rückmeldung. Nur wer seine Stärken kennt, kann diese auch weiter ausbauen. Wer dieses Klassen-Coaching verlässt, hat eine prall gefüllte Schatztruhe unter dem Arm.

Sozialform/Dauer

- Gruppengröße/Sozialform: ab vier Schülern bis zur gesamten Klasse, Gruppenarbeit
- Zeit: ca. 20 bis 40 Minuten

Ziele

Die Lernenden

- erkennen ihre eigenen Ressourcen.
- fühlen sich von ihren Mitschülern anerkannt und akzeptiert.
- entwickeln eine positive/optimistische Grundhaltung und blicken verstärkt auf nützliche Ressourcen.
- spüren, wie sie selbst zu erfolgreichem Handeln beitragen.

Beschreibung

Schwieriges, Unerfreuliches, Schwächen oder Misserfolge stehen im Fokus. Der Blick auf erfolgreiches Handeln, Ressourcen und positive Erlebnisse geht dadurch häufig verloren. Bei diesem Klassen-Coaching ist es anders: Hier tauchen die Lernenden in die Welt eines Schatzsuchers ein und hier füllen die Peer-Berater jeweils in kurzen Sequenzen die Schatztruhe des Lernenden. Der Blick wird dabei bewusst auf die Ressourcen und Stärken gerichtet (Abb. 43).

Durchführung

Schritt 1: Hinführung

Leiten Sie das Klassen-Coaching mit einer kleinen Einstimmung (Kap. 1.5) ein, sodass sich alle Schüler in Ruhe auf diese Übung einlassen und konzentrieren können. Anschließend erklären Sie den Schülern den folgenden Arbeitsauftrag, den Sie möglichst für alle sichtbar visualisieren:

»Im Folgenden sprechen wir, jeweils immer nur einer von euch, über positive Lernerfahrungen. Deshalb sucht ihr jetzt bitte einmal nach Lernsituationen, in denen

- ihr ein wichtiges oder positives Lernerlebnis hattet.
- das Lernen bei euch besser, zufriedenstellender, erfolgreicher gelaufen ist.
- ihr positiv gestimmt oder auch positiv überrascht wart.«

Abb. 43: »Schatztruhe befüllen«

In diesem Zuge erläutern Sie, dass jeder Schüler im Laufe des Schuljahres die Schatzsucher-Runde wird genießen können.

Erfragen Sie nun, welcher Schüler von seinem (positiven) Lernerlebnis berichten möchte. Oder Sie brechen das Eis, indem Sie selbst anfangen. Bevor der Schüler mit seinen Schilderungen beginnt, erklären Sie den Peer-Beratern ihren Arbeitsauftrag. Abhängig von den Klassen-Coaching-Vorerfahrungen und dem Entwicklungsstand der Peer-Berater können Sie den nachstehenden Arbeitsauftrag (siehe Kasten) vereinfachen oder reduzieren. In der Praxis hat es sich bewährt, den Auftrag auf einem Plakat oder an der Tafel zu verschriftlichen.

Arbeitsauftrag

Jetzt füllt ihr eure Schatztruhen. Die Peer-Berater hören aufmerksam zu. Ihr seid die Schatzsucher.

Aber Schätze sind meist versteckt, man muss sie erst entdecken oder sich auf Spurensuche begeben. Deshalb konzentriert ihr euch und achtet auf

- Eigenschaften,
- Rahmenbedingungen (Zeit, Ort, Raum),
- Mitmenschen.

Also auf all die Dinge, die zum Erfolg beigetragen haben. Am Ende sammeln wir diese gesamten Schätze.

Arbeitsauftrag »Schatztruhe füllen«

Schritt 2: Schilderung und Wertschätzung des Schülers durch den Klassen-Coach

Der Schüler berichtet von seinem Lernerlebnis; Sie stellen als Klassen-Coach konkrete ressourcenorientierte oder auch hypothetische Fragen, um mehr über das Gelungene in Erfahrung zu bringen:

- Was genau war gut/ist gelungen?
- Was hat geholfen, damit es so (positiv) gelaufen ist?
- Wer hat dich in der Situation unterstützt?
- Welche deiner Eigenschaften hat dir dabei geholfen?
- Was hast du selbst getan, damit es gelingt?
- Welche äußeren Faktoren wie Zeit, Ort und Raum waren noch förderlich?

Während der Schüler berichtet, bestärken Sie ihn positiv, etwa durch Nicken oder lobende Kommentare wie »Super, weil du ...!« oder »Klasse, dass du ...!«. Hier können Sie auch positiv bekräftigen, indem Sie einen Vergleich mit anderen Menschen im Allgemeinen anstellen (also nicht auf konkrete Schüler Bezug nehmen), etwa wie folgt:

»Andere Personen hätten in dieser Situation wahrscheinlich gleich aufgegeben. Und du hast stattdessen ...«

Häufig nehmen wir (negative) Dinge als selbstverständlich hin. Ein solcher Vergleich verstärkt den Blick auf das Positive. Wenn der Lernende selbst Ressourcen nennt, werfen Sie den Peer-Beratern einen ermunternden Blick zu, Sie signalisieren damit Folgendes: »Achtung, seid aufmerksam, eine Ressource wird genannt!«

Schritt 3: Schatztruhe füllen durch die Peer-Berater

Nun beziehen Sie die Peer-Berater ein. Sie fassen zunächst noch einmal die wesentlichen Inhalte zusammen. Regen Sie die Lernenden dazu an, die Schatztruhe zu füllen, indem Sie vorab ein Beispiel nennen wie folgendes:

> »Ich bin beeindruckt, dass sich X so gut vorbereitet und seine Sachen so sorgfältig plant.«

Jetzt sammeln die Peer-Berater in einer fünfminütigen Besprechungszeit Ressourcen und tauschen sich darüber aus, was den Schüler auszeichnet, was er besonders gut kann oder gemacht hat. Sie wenden sich in dieser Zeit dem Schüler zu. Danach nennen die Peer-Berater abwechselnd das Positive und Gelungene, alle sprechen dem Lernenden ein Lob aus. Währenddessen notieren Sie als Klassen-Coach die Rückmeldungen der Peer-Berater auf Karten mit einer Schatztruhe (Abb. 44 und als Download-Material). Schreiben Sie möglichst die Wortwahl der Peer-Berater auf und nicht ihre eigene. Jetzt können Sie konkretisierend nachfragen: »Was genau ist damit gemeint? Wie können wir das verstehen?«

DOWNLOAD

Abb: 44: Beipsiel einer ausgefüllten Schatz-Karte (Download-Material)

Schritt 4: Auswertung

Die Ressourcen- oder Schatz-Karte wird dem Lernenden überreicht. Zugleich wird dieser um ein kurzes Feedback zu dem Ergebnis der Zusammenarbeit gebeten. Abschließend erhalten auch die Peer-Berater die Möglichkeit, einen Abschlusskommentar zu äußern. Die Schatz-Karten klebt der Lernende in sein Logbuch.

In einem letzten Schritt können alle Lernenden ihre Erkenntnisse in das Logbuch eintragen. Zentrale Fragen hierfür lauten beispielsweise wie folgt:

Logbucheintrag

Beantworte die Fragen in deinem Logbuch:

- Welche dieser Eigenschaften kennst du bei dir auch?
- In welchen Situationen könnte ein solches Vorgehen für dich auch hilfreich sein?
- Was davon möchtest du auch einmal ausprobieren?

Logbucheintrag zu »Schatztruhe füllen«

Aufgaben des Klassen-Coaches

Die Lernenden arbeiten bei dieser Methode nicht allein. Der Klassen-Coach ist sehr präsent. Sie stellen ressourcenorientierte Fragen, um den Prozess voranzubringen. Sie sind der Initiator der Schatzsuche. Wer diese Methode anwendet, sollte gut und aufmerksam zuhören, Ressourcen zügig identifizieren und würdigend zurückmelden können. Der Klassen-Coach nimmt hier eine Vorbildfunktion für die Peer-Berater ein und lenkt das Klassen-Coaching bewusst in eine positive Richtung. Wichtig ist, dass Sie die Ressourcen der Schüler wohldosiert und authentisch, das heißt nicht übertrieben positiv, anerkennen.

Voraussetzungen/Vorbereitung

Stellen Sie im Vorfeld ein Stuhlkreissetting her. Jeder der Schüler hat einen Stift und hält sein Logbuch parat, sodass er seine Ideen und Erkenntnisse notieren kann. Legen Sie außerdem ansehnliche, farbige Schatz-Karten und Moderationsstifte parat. Darauf werden die Ressourcen notiert. Um die Redezeit der Schüler zu begrenzen, bietet es sich an, eine für alle sichtbare Sanduhr aufzustellen. Um die Metapher der Schatztruhe zu verstärken, kann eine mit ein wenig Sand und Spiel-Goldmünzen gefüllt Schatztruhe in die Raummitte gestellt werden.

Chancen

Dieses Klassen-Coaching füllt im wahrsten Sinne des Wortes die Schatztruhe. Bei einem wertschätzenden und kollegialen Miteinander werden mannigfaltige Schätze entdeckt. Diese Wertschätzung wirkt sich positiv auf das Miteinander, die Motivation, die Selbstwirksamkeit der Lernenden aus. Die Kinder/Jugendlichen gehen gestärkt und ermutigt – sozusagen mit einer prall gefüllten Schatztruhe – aus diesem Coaching.

Stolpersteine

Die Lernenden haben keine positiven Lernerlebnisse/-erfahrungen oder möchten sich nicht einbringen? Als erfahrener Klassen-Coach wird es Ihnen gelingen, fast jeder Situation positive Verhaltensweisen abzugewinnen. Hier benötigen Sie ausreichend Scharfsinn, um das Positive oder Gelungene herauszuarbeiten. Da die Erfolge oftmals nicht so offensichtlich sind, brauchen die Peer-Berater verstärkt Ihre Unterstützung. Stellen Sie den Peer-Beratern konkrete Fragen wie die folgende:

> »Was hat positiv dazu beigetragen, dass die Situation dann nicht noch schlimmer geworden ist?«

Hinweise

Diese Methode kann ritualisiert einmal wöchentlich zum Einsatz kommen. Dabei werden die Schatztruhen von jeweils zwei bis drei Schülern gefüllt.

Dieses Klassen-Coaching bietet sich besonders dann an, wenn die Lernenden kein eigenes Anliegen haben. Wer Lernenden die Themen nicht mühsam »aus der Nase ziehen« will, wählt einfach dieses Coaching.

Nutzen Sie möglicherweise auch Ressourcen- oder Stärkekarten als Anregungen, um Ressourcen zu finden (*Hardeland 2014*).

Seitens der Peer-Berater erfordert diese Methode ein wenig Übung, um Ressourcen zu erkennen sowie Würdigungen und Lob aussprechen zu können. Meiner Erfahrung nach braucht es dazu nur zwei bis drei Runden, dann wissen die Lernenden, was zu tun ist, und werden sicherer. Sollte die Peer-Berater-Gruppe Probleme bei der positiven Rückmeldung haben, so unterstützen Sie hier. Orientieren Sie sich dabei an dem Impuls- und Fragen-Trichter (Abb. 4, Kap. 1.5 »Passen Sie das Reflexionsniveau an«) und geben Sie eindeutigere Impulse wie die folgenden:

»Die Schülerin X hat berichtet, dass sie immer wieder die Vokabeln wiederholt hat, auch wenn sie vom Vokabellernen genervt ist. Welche Eigenschaft hat ihr dabei geholfen, das immer wieder zu tun?« Sollten die Peer-Berater dann immer noch Schwierigkeiten haben, so unterbreiten Sie einige Angebote zur Auswahl, etwa wie folgt: »Ist sie besonders hartnäckig, ehrgeizig, fleißig, pflichtbewusst?«

Beispiel für einen Impuls des Klassen-Coaches

Dank dieser Unterstützung wird den Peer-Beratern deutlich, was zu tun ist.
Falls Sie bei älteren Schülern die Bezeichnung »Schatztruhe« nicht nutzen möchten, können Sie stattdessen einen anderen Begriff, wie »Goldbox« oder »Superbox«, wählen.

Quellen

Gruber, M. (2016): *Trip(p)el zum Thema.* In: Neumann-Wirsig, H. (Hrsg.) (2016): *Lösungsorientierte Supervisionstools. Renommierte Supervisorinnen und Supervisoren beschreiben 50 lösungsorientierte, systemische und hypnosesystemische Tools für die Supervision.* Bonn: managerSeminare. S. 46–51.

Keller, E. (2013): *Nachhaltigkeit in Beratung und Training. Konzept und Methoden.* Bonn: managerSeminare.

6.2 Schulterklopfer-Tagebuch – Ressourcen bewusst machen

Wie findet ein Schüler heraus, was ihn unterstützt, zufrieden und glücklich macht? Häufig geht im Alltag der Blick für die eigenen Bedürfnisse verloren. Nur wer selbst weiß, was ihn positiv stimmt, kann gut für sich selbst sorgen. Der »Schulterklopfer« lenkt die Aufmerksamkeit bewusst auf die eigenen Kraftquellen.

Sozialform/Dauer

- Gruppengröße/Sozialform: ab einem Schüler bis zur gesamten Klasse, Einzelarbeit
- Zeit: ca. 20 Minuten

Ziele

Die Lernenden

- setzen sich mit ihren Ressourcen auseinander.
- üben sich im positiven und optimistischen Denken.
- nehmen den Unterschied zwischen unproduktiven und produktiven Wahrnehmungen wahr.
- lassen ihren Schultag Revue passieren.

Beschreibung

Wer seine Ressourcen, seine eigenen Bedürfnisse und Werte kennt, weiß, was er sich Gutes tun kann. Bei diesem Klassen-Coaching werden die Lernenden dazu angehalten, achtsam mit sich selbst umzugehen. Sie werden dafür sensibilisiert, einen Augenblick innezuhalten, sie lassen den bisherigen Schultag Revue passieren. Dabei blicken sie bewusst nur auf die positiven Aspekte und schenken diesen Aufmerksamkeit. Sie führen eine Art Schulterklopfer-Tagebuch. Diese Übung begeistert durch interessante Fragen, anregende Impulse und anschauliche Visualisierungen. Dazu erhalten die Schüler in regelmäßigen Abständen, etwa zweimal pro Schulwoche, inspirierende Schreibvorlagen/Charts (Abb. 45). Sie bieten den Schülern verschiedene inhaltliche Schwerpunkte an, etwa folgende: »Ich und meine Kraftquellen« oder »Unterstützer: Diese Person hat mir geholfen: ...«. Die Lernenden wählen jeweils einen Schulterklopfer-Aspekt aus und reflektieren diesen in ihrem Klassen-Coaching-Logbuch.

Abb. 45: Chart eines Schulterklopfer-Tagebuchs (www.lerncoaching-shop.de)

Durchführung

Schritt 1: Hinführung und Erarbeitung

Leiten Sie das Klassen-Coaching wie folgt ein:

»Ganz oft wissen wir im Nachhinein nicht mehr, was wir an einem Tag Gutes erlebt, gemacht oder erfahren haben. Bei dieser Übung geht es genau darum: Ihr führt euer Schulterklopfer-Tagebuch. Hier findet ihr unterschiedliche Themen und anschauliche Schreibvorlagen. Sucht euch eine aus und sucht das Positive an diesem Tag heraus. Schreibt eure wichtigsten Erkenntnisse dazu auf.«

Die Lernenden bearbeiten die Schreibvorlage.

Schritt 2: Auswertung

Im Plenum kann darüber gesprochen werden, was den Lernenden während der Bearbeitung der Schulterklopfer-Schreibvorlage bewusst geworden ist. Die Lernenden teilen mit, was das Klassen-Coaching bei ihnen bewirkt hat. An dieser Stelle können auch gemeinsam Ideen für künftige Tagebucheinträge gesammelt werden.

Aufgaben des Klassen-Coaches

Der Klassen-Coach bereitet thematisch passende Schreibvorlagen für den Tagebucheintrag vor und unterstützt die Lernenden situativ durch konkrete Nachfragen, falls erforderlich.

Voraussetzungen/Vorbereitung

Diese Übung erfordert keine große Vorbereitung, lediglich die Schreibvorlagen sollten Sie anfertigen oder bestehende Vorlagen nutzen.

Einige Charts hierzu finden Sie im Lerncoaching-Shop (www.lerncoaching-shop.de).

Chancen

Die Lernenden fühlen sich wertgeschätzt, sind neugierig und lassen sich gern auf diese Übung ein. Automatisch werden Ressourcen aktiviert, die sie ansonsten nicht wahrgenommen hätten.

Stolpersteine

Wenn die Schüler langweilige Formulare vor sich liegen haben, wird ihre Kreativität nicht hinreichend angeregt und die Übung bereitet ihnen kaum Freude. Entsprechend unmotiviert reflektieren die Lernenden dann. Nutzen Sie daher anschauliche, kreative Schreibvorlagen und sorgen Sie für eine bunte Mischung und Abwechslung. Sie werden erleben, wie engagiert die Lernenden ihr Schulterklopfer-Tagebuch führen.

Hinweise

Variieren Sie bei dieser Übung. Lassen Sie die Schüler zum Beispiel eine SMS mit der Schulterklopfer-Kernbotschaft formulieren. Im Unterschied zu den Methoden »Perlen sammeln« (Kap. 6.3) und »Schatztruhe füllen« (Kap. 6.1) geht es hier um unterstützende Personen, positive Tätigkeiten, angenehme Situationen, hilfreiche Vorgehensweisen etc.

Quellen

Deppe-Schmitz, U.; **Deubner-Böhme**; M. (2016): *Auf die Ressourcen kommt es an. Praxis der Ressourcenaktivierung.* Göttingen: Hogrefe.

Keller, E. (2013): *Nachhaltigkeit in Beratung und Training. Konzept und Methoden.* Bonn: managerSeminare.

6.3 Perlen sammeln – Ressourcensuche anregen

Gute Lernmomente sind »Perlen-Momente«. Wann haben die Lernenden sich wohlgefühlt oder eine Erkenntnisperle in der Schule gesammelt? Gibt es überhaupt solche Momente in der Schule? Wer die Lernenden dazu inspiriert, diese besonderen Momente bewusst wahrzunehmen, trägt dazu bei, ihr Wohlbefinden zu steigern.

Sozialform/Dauer

- Gruppengröße/Sozialform: ab vier Schülern bis zur gesamten Klasse, jeweils in Vierer- oder Fünfergruppen
- Zeit: ca. 30 Minuten

Ziele

Die Lernenden

- richten ihre Aufmerksamkeit auf positive Dinge im Schulalltag.
- erkennen, welche Momente/Situationen ihnen guttun.
- begegnen ihren Mitschülern im Schulalltag positiv.
- nehmen positive Auswirkungen der »Perlen-Momente« auf sich selbst wahr.

Beschreibung

Wenn es gelingt, gute, anregende, erfahrungsreiche, humorvolle – kurz: ressourcenreiche – Momente in den Mittelpunkt zu rücken, nehmen die Schüler den schulischen Alltag leichter und positiver wahr. Hier werden bewusst diese »Perlen-Momente« beleuchtet. Diese Methode grenzt sich von der vorherigen, »Schatztruhe füllen«, ab, da es hier nicht um allgemeine Ressourcen, sondern um positive »(Lern-)Momente« geht. Negative Erlebnisse oder schlechte Erfahrungen werden bewusst außer Acht gelassen. Diese Übung fördert auch die Aufmerksamkeit der Lernenden sich selbst gegenüber. Die Lernenden sammeln Momente, die sie als stärkend, erheiternd oder positiv empfunden haben. Die Sammlung motiviert (Abb. 46). Die Schüler lernen, Situationen oder Dinge zu würdigen, die scheinbar selbstverständlich sind. Folgende zentrale Frage wird gestellt und anschließend ausgewertet:

> »Wann hast du Momente erlebt, in denen du dich in der Schule/beim Lernen wohlgefühlt hast?«

Abb. 46: Gesammelte und geclusterte »Perlen-Momente« der Schüler

Abb. 47: Ablauf der Methode »Perlen-Momente«

Schritt 1: Hinführung

Die Einleitung des Klassen-Coachings kann wie folgt stattfinden:

> »Im Alltag merken wir häufig gar nicht, dass wir positive Momente erleben. Sie ziehen an uns vorbei wie Wolken. Deshalb möchte ich, dass ihr euch einmal bewusst an ›Perlen-Momente‹ erinnert. Das sind Momente, in denen ihr euch wohlgefühlt habt. Diese möchte ich jetzt gern mit euch sammeln.«

Nutzen Sie dann einige der Fragen (siehe »Beschreibung«), um die Lernenden zur Suche zu inspirieren.

Schritt 2: Durchführung in Gruppen

Die Lernenden sammeln in Vierer- oder Fünfergruppen ihre positiven Momente und schreiben diese auf runde Karten. Anschließend werden die »Perlen-Momente« an einer Pinnwand gesammelt. Hierzu haben Sie eine Moderationswand, eventuell mit Muschelmotiven, vorbereitet (siehe »Voraussetzungen/Vorbereitung«). Die Lernenden pinnen die runden Karten (ihre Perlen) in die Muscheln. Es bietet sich an, die Karten thematisch zusammenhängend zu clustern (Abb. 46).

Schritt 3: Analyse (in Gruppen)

Anschließend wählen die Lernenden einen »Perlen-Moment« aus und analysieren diesen detailliert. Dazu händigen Sie den Schülern ein Arbeitsblatt (Kasten) aus. Die Lernenden notieren die Ergebnisse der Tabelle in ihrem Klassen-Coaching-Logbuch.

MEIN »PERLEN-MOMENT«			
Beschreibe den Moment genau.	Was hast du in diesem Moment gefühlt, gedacht, gespürt?	Was davon kannst du wie wiederholen, um diesen Moment noch einmal zu erleben?	Was war es genau, was dir gutgetan hat? Benenne die Ressource.

Arbeitsblatt zur Auswertung des »Perlen-Moments«

Schritt 4: Auswertung

Anschließend sammeln Sie im Plenum gemeinsam die Ressourcen. Diese können Sie für alle sichtbar zu den jeweiligen Perlen kleben. Dann werden diejenigen Perlen mit einem Smiley bemalt, einem Aufkleber oder Strass-/Glitzersticker bestückt, auf welche die Gruppe in Zukunft häufiger achten möchte.

Aufgaben des Klassen-Coaches

Sie sollten eine ressourcen- und lösungsorientierte Haltung einnehmen und die entsprechende Gesprächsführung anwenden können. Wer selbst im Alltag keine »Perlen-Momente« wahrnimmt und anerkennt, wird mit dieser Methode Schwierigkeiten haben und dabei womöglich unglaubwürdig wirken.

Voraussetzungen/Vorbereitung

Gestalten Sie diese Übung anschaulich, indem Sie eine große, geöffnete Muschel auf einer Moderationswand visualisieren. Dann erhalten die Lernenden ausgeschnittene, runde, glitzernde Papierkarten, die Perlen – pubertierende Jungen können selbstverständlich auch neutrale Karten auswählen. Wenn Sie den Perleneffekt verstärken möchten, können Sie die Moderationskarten mit handelsüblichem Glitzerspray besprühen. Geben Sie den Lernenden eine Ressourcenübersicht aus dem Download-Material (siehe »Stolpersteine«).

Chancen

Hier wird die beeindruckende Vielfalt von »Perlen-Momenten« herausgearbeitet. Die Schüler lernen, positive Augenblicke und Dinge (mehr) zu schätzen.

Stolpersteine

Möglicherweise fällt es den Lernenden schwer, konkrete Ressourcen zu benennen. Schließlich sind es die meisten gewohnt, über Defizite und Schwierigkeiten zu sprechen. Hier betreten die Lernenden höchstwahrscheinlich Neuland, wenn sie sich den Ressourcen widmen. Händigen Sie den Schülern vorab eine Übersicht mit Ressourcen (Download-Material) aus.

Hinweise

Diese Methode kann ritualisiert werden. Wichtig: Beobachten Sie dabei die Lerngruppen. Sobald die Schüler genervt reagieren, sollten Sie die Häufigkeit verringern. Durch einen vorgezogenen Mini-Input (Kap. 1.7 »Streuen Sie Mini-Inputs ein«) über die Bedeutung von Ressourcen oder der »Schönfärberei« (Kap. 5.3, »Sieh es doch mal so: ...«) (*Schäfer 2015*) können Sie die Wichtigkeit dieses Klassen-Coachings betonen.
Hängen Sie das Perlen-Plakat gut sichtbar im Klassenraum auf. Im Idealfall erinnern sich die Lernenden immer wieder an diese Momente und gemeinsam kann die Pinnwand im Laufe des Schuljahres oder in weiteres Klassen-Coachings ergänzt werden.

Quellen

Deppe-Schmitz, U.; **Deubner-Böhme**; M. (2016): *Auf die Ressourcen kommt es an. Praxis der Ressourcenaktivierung.* Göttingen: Hogrefe.
Keller, E. (2013): *Nachhaltigkeit in Beratung und Training. Konzept und Methoden.* Bonn: managerSeminare.

6.4 Schlüssel zum Erfolg – aus Erfolgen lernen

Woher weiß ein Schüler eigentlich, welche Rahmenbedingungen und Lernstrategien ihm besonders gut helfen? Wie kann er sich diese besonderen Bedingungen merken, um sie später produktiv zu nutzen? Dieses Klassen-Coaching hilft den Schülern, erfolgversprechende Lernsituationen und/oder -strategien zu identifizieren.

Sozialform/Dauer

- Gruppengröße/Sozialform: ab drei Schülern bis zur gesamten Klasse, jeweils in Dreiergruppen
- Zeit: ca. 60 bis 90 Minuten

Ziele

Die Lernenden

- bauen Hemmungen ab und berichten über ihre Erfolge.
- entwickeln ein Bewusstsein für ihre Ressourcen und positive lernbeeinflussende Faktoren.
- erkennen ihre eigenen Einflussmöglichkeiten.
- wissen, wie sie ihren Lernprozess künftig erfolgreich gestalten können.
- gehen wertschätzend auf ihr Gegenüber ein.

Beschreibung

Diese Übung basiert auf dem lösungsorientierten Coaching-Ansatz: Hier wird davon ausgegangen, dass jede Person Erfolge zu verzeichnen hat. Sicherlich ist die Ausprägung dieser Erfolge von Mensch zu Mensch unterschiedlich stark, aber es gibt immer Ausnahmesituationen, in denen Personen erfolgreicher waren als in anderen.

Allein die Artikulation der eigenen Erfolge lässt einen wachsen. Auch die anderen Lernenden werden von den Erfolgsstrategien ihrer Mitschüler profitieren. Bei diesem Klassen-Coaching lernen alle und werden durch das Erfolgsgespräch gestärkt. Nach dem Erfolgsinterview halten die Schüler ihren »Schlüssel zum Erfolg« in der Hand.

Dieses Klassen-Coaching unterscheidet sich von den vorherigen Methoden dieses Kapitels insofern, als hier die Erfolge analysiert und Rückschlüsse für künftiges Handeln abgeleitet werden.

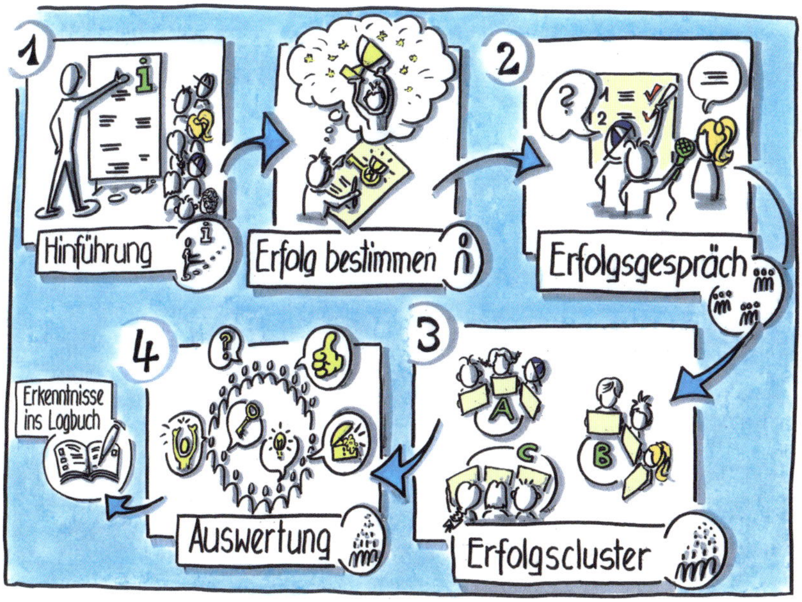

Abb. 48: Ablauf »Schlüssel zum Erfolg«

DOWNLOAD

Abb. 49: Symbolkarte »Schlüssel zum Erfolg«

Durchführung

Schritt 1: Hinführung und Erfolg bestimmen

Bitten Sie die Lernenden, sich an ihre letzten X Schulwochen zu erinnern:

»Erinnert euch an eure letzten X Schulwochen und an die Dinge, die in der Zeit passiert sind. Jetzt sucht ihr euch eine Situation heraus, in der ihr mit euch zufrieden wart, in der ihr erfolgreich wart, also gut gearbeitet habt. Es kann ein ganz unscheinbarer Erfolg sein, ein kleiner Fortschritt, es muss kein riesiger Erfolg sein. Vielleicht habt ihr die Hausaufgaben schneller erledigt als sonst. Möglicherweise gibt es einen Moment, in dem ihr einen Unterrichtsinhalt besser verstanden habt als sonst. Ihr bekommt jetzt fünf Minuten Zeit, um in Ruhe darüber nachzudenken. Ich bin fest davon überzeugt, dass ihr alle jeden Tag viele verschiedene Erfolge erlebt. Meistens bemerken wir sie bloß nicht. Jeder von euch wird gleich einen kleinen Erfolg mitbringen können. Wer mag, kann dazu auch auf dem Flur einen kleinen Gedankenspaziergang machen. Wer ein kleines Erfolgserlebnis hat, bekommt von mir eine Erfolgskarte. Darauf notiert ihr euren Erfolg. In fünf Minuten machen wir hier im Plenum weiter.«

Die Lernenden reflektieren und finden (im Idealfall) ein kleines Erfolgserlebnis. Von Ihnen erhält jeder Schüler eine Symbolkarte mit dem Erfolgsschlüssel (Abb. 49). Hier notieren die Lernenden zunächst erst einmal ihr Erfolgserlebnis. So ist es schwarz auf weiß festgehalten und lässt sich auch von den Lernenden nicht mehr verändern. Anschließend erläutern Sie im Plenum das weitere Vorgehen anhand des Arbeitsauftrages (siehe Kasten).

Schritt 2: Erfolgsgespräch in Dreiergruppen

Teilen Sie die Lernenden in Dreiergruppen ein und teilen Sie den Arbeitsauftrag »Schlüssel zum Erfolg« (siehe Kasten) aus. Nach einer kurzen Erläuterung des Vorgehens – auch hierfür bietet sich eine Visualisierung des Settings an – und dem Klären von Fragen beginnen die Lernenden damit, in ihren Gruppen die Erfolgsinterviews zu führen.

Arbeitsauftrag

Ihr habt jetzt 15 Minuten Zeit, um in Dreiergruppen zu arbeiten:

- Schüler 1 wird interviewt.
- Schüler 2 führt als Journalist das Interview.
- Schüler 3 beobachtet.

Ihr wechselt die Rollen jeweils nach fünf Minuten.

Schüler 2 beginnt und stellt die unten stehenden Interviewfragen. Schüler 1 antwortet knapp, höchstens drei Sätze pro Frage. Schüler 3 notiert beim Erzählen von Schüler 1 gute Bedingungen oder hilfreiche Vorgehensweisen/Eigenschaften, die den Erfolg unterstützt haben.

Interviewfragen

- »Was hast du genau gemacht?«
- »Wie hast du das geschafft?«
- »Welche Eigenschaft/Stärke hat dir dabei geholfen?«
- »Welche Umstände waren hilfreich?«
- »Wie warst du vorbereitet?«
- »Was war an deiner Strategie gut?«
- »Welche Selbstbelohnung gab es dafür?«

Sammelt die Erfolgsfaktoren. Notiert diese auf dem »Schlüssel zum Erfolg«.

Arbeitsauftrag »Schlüssel zum Erfolg«

Schritt 3: Erfolgscluster im Plenum

Abschließend bitten Sie jeden Lernenden, seinen wichtigsten Erfolgsfaktor auf eine Karte zu schreiben. Ein Schüler beginnt und liest kurz seine Karte vor, anschließend sucht er sich eine frei gewählte Position im Raum und stellt sich dorthin. Der nächste Schüler liest seine Karte vor und positioniert sich ebenfalls mit seiner Karte; ab jetzt stellen sich die Lernenden thematisch auf. Am Ende entstehen im Klassenraum Gruppen zu bestimmten Themenclustern (Abb. 50). Der Klassen-Coach benennt die Erfolgsüberschriften jeder Schülergruppe. So ist für alle offensichtlich, welche Faktoren einen besonders hohen Einfluss auf den Lernerfolg haben.

Abb. 50: Erfolgsthemencluster der Schüler im Klassenraum

Schritt 4: Auswertung

Im Plenum tauschen sich die Lernenden über ihre Erfahrungen aus. Es besteht abschließend die Möglichkeit, die Erkenntnisse ins Logbuch einzutragen.

Aufgaben des Klassen-Coaches

Achten Sie bei dieser Methode darauf, dass Sie eine positive Grundhaltung ausstrahlen. Pessimistisch veranlagte Klassen-Coaches werden Schwierigkeiten haben, diese Übung authentisch anzubieten und interessant zu gestalten. Wie bereits dargestellt (»Beschreibung«) fußt dieses Klassen-Coaching auf dem lösungsorientierten Ansatz. Entsprechend sollten auch Sie die Annahme vertreten und verkörpern, dass jeder Schüler in bestimmten Situationen erfolgreich ist. Diese erfolgreicheren Situationen gilt es zu identifizieren und zu analysieren. Ihnen sollte es gelingen, die Grundannahme dieses Ansatzes gegenüber den Schülern zu vertreten. Es geht nicht darum, besondere Erfolgserlebnisse zu haben, sondern vielmehr gezielt Situationen zu nutzen, in denen etwas besser/erfolgreicher als in anderen gelaufen ist.
Sie sollten ein regelrechter Erfolgssucher sein. Wer diese Übung nutzt, muss die Lernenden gegebenenfalls bei der Ressourcensuche unterstützen. Eine gewisse Versiertheit bezüglich der Anwendung von ressourcen- und lösungsorientierten Fragen ist ratsam.

Voraussetzungen/Vorbereitung

Der Raum sollte ausreichend Rückzugs- und Bewegungsmöglichkeiten bieten.
Die Lerngruppe sollte dazu in der Lage sein, selbstständig zu arbeiten. Halten Sie die Kopien

der Arbeitsaufträge und des Erfolgsschlüssels sowie das Moderationsmaterial für die Auswertung im Plenum griffbereit. Aus der Praxis weiß ich, dass eine Ressourcenübersicht als »Spickzettel« für die Schüler hilfreich ist. (Eine Kopiervorlage erhalten Sie als Download-Material.)

Chancen

Das Klassen-Coaching animiert Lernende dazu, sich über Erfolge auszutauschen und sie bewusster wahrzunehmen. Der Blick wird geweitet. Es ermuntert, von den eigenen Erfolgen berichten zu dürfen. Nach einer (potenziellen) anfänglichen Hemmung profitieren die Lernenden enorm davon.

Stolpersteine

Gelegentlich fällt es Schülern schwer, über ihre Erfolge oder positiven Erlebnisse zu berichten. Die Redensart »Eigenlob stinkt« haben viele Menschen verinnerlicht und fühlen sich dadurch gehemmt. Wenn Ihre Lernenden diesbezüglich Schwierigkeiten haben, kann es hilfreich sein, dass Sie als Vorbild vorangehen: Indem Sie über den Lerneffekt eines Erfolges berichten, können Sie die Hemmschwelle senken. Zugleich verstehen die Lernenden dann, worauf es bei diesem Klassen-Coaching ankommt. Außerdem bietet die Arbeit in Dreiergruppen mehr Privatsphäre als in größeren Gruppen.

Wenn den Lernenden keine Erfolgserlebnisse einfallen, unterstützen Sie sie. In der Regel ist das jedoch nicht notwendig, fast alle haben schon einmal ein Erfolgserlebnis gehabt. Sollten Sie Unterstützung anbieten wollen, so bitten Sie den jeweiligen Schüler, Ihnen kurz zu berichten, was er in den letzten Wochen erlebt hat. Als erfahrener Klassen-Coach werden Sie einige Anknüpfungspunkte für positive Erfolgsfaktoren finden und können hier detaillierter nachfragen, etwa wie folgt:

> »Was hat sich da genau ereignet? Was war daran erfolgreich? Was würden mir andere Menschen sagen, was du in den letzten Wochen gut gemacht hast? Wann war eine Situation, die anders war?«

Hinweise

Geben Sie den Lernenden unbedingt die Interviewfragen (Arbeitsauftrag weiter vorn im Kasten) an die Hand. Die konkreten Fragen erleichtern den Lernenden, über die Ressourcen ins Gespräch zu kommen. Sie können ein solches Gespräch anhand der Interviewfragen auch einmal im Plenum demonstrieren, so wird den Schülern häufig klarer, was genau zu tun ist. Das ist auch von den Vorerfahrungen Ihrer Lerngruppe abhängig.

Quellen

Herwig-Lempp, J. (2016): *Ressourcenorientierte Teamarbeit. Systemische Praxis der kollegialen Beratung. Ein Lern- und Übungsbuch.* 3., durchgesehene Auflage. Göttingen: Vandenhoeck & Rupprecht.

6.5 Blanko-Lob – Positives sammeln

Der Schriftsteller Mark Twain sagte einmal Folgendes: »Von einem guten Kompliment kann ich zwei Monate leben.« Ein gutes Kompliment ist eine machtvolle Kraftquelle. Wer einmal oder gar mehrmals gehört hat, er sei ein hilfsbereiter Mensch, wird sich auch künftig höchstwahrscheinlich hilfsbereit verhalten. Die Methode »Blanko-Lob« lässt viel Spielraum, damit Lernende gegenseitig in unterschiedlichste Richtungen Komplimente aussprechen und Lob empfangen können; dieses Klassen-Coaching stärkt die Lernenden.

Sozialform/Dauer

- Gruppengröße/Sozialform: ab vier Schülern bis zur gesamten Klasse, jeweils in Vierer- oder Fünfergruppen
- Zeit: ca. 30 Minuten

Ziele

Die Lernenden

- erkennen ihre Ressourcen.
- üben sich darin, Positives zu erkennen und zurückzumelden.
- werden in ihrer Beziehung zu den Mitschülern gestärkt.

Beschreibung

Gegenseitige positive Rückmeldungen wirken sich förderlich auf das Selbstbild der Lernenden und das Klassenklima aus. Möglicherweise werden sogar Ressourcen entdeckt, die Ihren Schülern vorher selbst gar nicht bewusst waren. Die Lernenden werden sensibilisiert, die Stärken anderer wahrzunehmen. Zugleich gehen sie gestärkt aus dieser Übung hervor. Jeder wird sich seiner Außenwirkung und seines persönlichen Wertes bewusst.

Die Lernenden erhalten hier eine fokussierte Rückmeldung: Jeder bestimmt für sich selbst, zu welchem Thema/Bereich er ein Lob haben möchte. Der Schüler kann auch einen Lob-Impuls vorgeben (Tab. 11). So wird das Bedürfnis nach Sicherheit und Autonomie gewahrt. Niemand braucht ein schmerzhaftes Feedback zu befürchten. Die Schüler erhalten bei diesem Klassen-Coaching – anders als bei anderen Übungen, bei denen ein globales Lob ausgeschüttet wird –

tiefergehendes Lob. Auf allgemeine Rückmeldungen wie »Bleib so, wie du bist« wird bei dieser Methode verzichtet. Mögliche Aspekte können folgende sein:

LOB-IMPULSE FÜR DAS »BLANKO-LOB«	
▸ Darin bist du wirklich gut: … ▸ Wenn ich Hilfe für/bei … bräuchte, würde ich mich bei dir melden. ▸ Diese Eigenschaft von dir hätte ich auch gern: … ▸ Das macht dich unverwechselbar: … ▸ Bei Gruppenarbeiten schätze ich an dir … ▸ In folgender Situation, …, ist mir bewusst geworden, dass du die Stärke … hast.	▸ Dir möchte ich gern folgende Bestärkung mit auf den Weg geben: … ▸ Dich beschreibe ich mit diesen drei positiven Worten: …, … und … ▸ Mit dir würde ich gern mal … ▸ Dir wünsche ich … ▸ Beeindruckt bin ich davon, dass du … ▸ Du trägst positiv dazu bei, dass … ▸ Vielen Dank für dein/deine/deinen …

Tab. 11: Mögliche Lob-Impulse für das »Blanko-Lob«

Abb. 51: Ablauf »Blanko-Lob«

Durchführung

Schritt 1: Hinführung/Aspekte bestimmen

Leiten Sie das Klassen-Coaching wie folgt ein:

»Jeder von euch verfügt über einen wahren Schatz an positiven Eigenschaften, hilfreichen Fähigkeiten, herausragenden Merkmalen. Häufig schätzen wir andere Menschen wegen ihrer guten Eigenschaften. Nur selten melden wir ihnen diese jedoch zurück. Genauso selten bekommen wir selbst ein Kompliment. Bei diesem Klassen-Coaching habt ihr die Gelegenheit, Komplimente auszusprechen und gleichzeitig welche zu erhalten. Das Besondere ist: Anstatt wahllos irgendwelche Komplimente auszusprechen, möchte ich gemeinsam mit euch entscheiden, zu welchen bestimmten Überschriften/Kategorien ihr gern ein Lob erhalten oder jemandem geben möchtet.«

Die Lernenden sammeln in Vierer- oder Fünfergruppen Überschriften zu bestimmten Themenbereichen wie »Mitarbeit im Unterricht« oder »Hilfsbereitschaft«, für die sie ein Lob aussprechen oder auch eines erhalten möchten. Anschließend geben Sie jedem Schüler die Vorlage für das »Blanko-Lob«. Die Schüler tragen darin ihren Namen und ihre Lob-Impulse (Tab. 11) ein. Dann nehmen alle im Stuhlkreis Platz.

Schritt 2: Lobrunde im Stuhlkreis

Die Lernenden sitzen im Stuhlkreis. Jeder hat auf seinem Schoß die Vorlage für das »Blanko-Lob« und schreibt ganz oben auf das Blatt seinen Namen (Abb. 52). Nun bitten Sie alle Lernenden, ihre Vorlage an den rechten Sitznachbarn weiterzugeben. Nun kann die erste Runde über drei Minuten starten: Die Lernenden tragen für die oben stehende Person ihr Lob auf der Vorlage ein. Ist die Zeit abgelaufen, fordern Sie die Lernenden dazu auf, mit dem Schreiben aufzuhören. Anschließend gibt jeder das vorliegende Lob-Chart an seinen rechten Sitznachbarn weiter. Je nach verfügbarer Zeit entscheiden Sie, wie viele Runden geschrieben bzw. wann die Charts nach rechts weitergegeben werden. Nach Ablauf der Zeit sammeln Sie alle Charts ein. Jeder bekommt sein eigenes Chart zurück und darf in Ruhe das Lob genießen. Die Charts werden in das Logbuch geklebt.

Schritt 3: Auswertung

Am Ende tauschen die Lernenden ihre Erfahrungen aus:

- Welches Lob hat dich besonders positiv gewirkt?
- Wie ist es für dich, Lob zu bekommen?

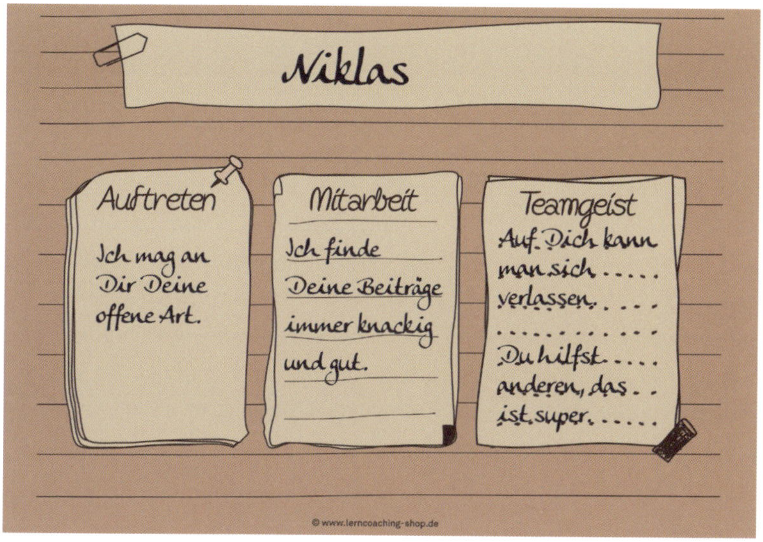

Abb. 52: Chartbeispiel für das »Blanko-Lob«(www.lerncoaching-shop.de)

- Was ist dir bei dieser Übung deutlich geworden?
- Was fällt dir selbst beim Loben auf oder schwer?

Aufgaben des Klassen-Coaches

Achten Sie darauf, dass bei diesem Klassen-Coaching eine positive und lösungsorientierte Atmosphäre herrscht. Dementsprechend sollten Sie den Arbeitsauftrag einleiten. Wer missmutige Kommentare loswerden möchte, muss sie bei dieser Übung unterdrücken. Entsprechend sollten Sie einen geeigneten Zeitpunkt wählen, sodass auch eine angenehme, wertschätzende Klassenatmosphäre herrscht. Wer das Gefühl hat, die Klasse befindet sich in einer Konfliktphase, sollte den Nutzen dieser Übung gut abwägen.

Voraussetzungen/Vorbereitung

Diese Übung ist spontan und unkompliziert durchzuführen. Arrangieren Sie einen Stuhlkreis. Visualisieren Sie die inhaltlichen Wunschelemente/-aspekte an der Tafel oder auf dem Flipchart. Legen Sie ein »Blanko-Lob« für jeden Schüler bereit.

Beispielsweise finden Sie hierfür eine Vorlage/ein Chart im Lerncoaching-Shop (www.lerncoaching-shop.de).

Chancen

Die Lernenden schauen bewusst auf das Positive und ernten bestärkende, differenzierte Rückmeldungen. Dieses Klassen-Coaching können Sie sehr variabel einsetzen, je nach Zeitressourcen. Jeder Lobdurchgang dauert etwa drei Minuten.

Stolpersteine

Pubertierenden fällt es gelegentlich schwer, sich auf ein solches Klassen-Coaching einzulassen: Sie zeigen sich skeptisch oder belächeln die Methode. Doch ein Lob zu erhalten, tut jedem gut – auch diesen Jugendlichen. Insofern möchte ich Sie als Klassen-Coach ermutigen, hier Zutrauen und Zuversicht in Bezug auf die Lernenden zu haben. Probieren Sie sich mit solchen Methoden aus. Dazu gehört auch, dass Sie als Klassen-Coach Skepsis oder kritische Äußerungen über eine Methode dulden. Wenn Sie stärkere Abwehr oder unproduktive Belustigung bei den Lernenden wahrnehmen, reagieren Sie flexibel und beenden Sie die Methode gegebenenfalls vorzeitig. Dennoch rate ich Ihnen, nicht gleich von vornherein auf solche Methoden zu verzichten. Schließlich bieten sie Lernenden eine Chance, sich auch erwachsen zu zeigen – das möchten Pubertierende in der Regel gern. Gelegentlich fällt es Lernenden schwer, ein Lob zu formulieren, etwa weil sie mit dem betreffenden Schüler wenig zu tun haben, ihn nicht mögen und/oder nicht wirklich wissen, was sie loben sollten. Da die Karten im Uhrzeigersinn durch den Stuhlkreis wandern, ist es nicht so offensichtlich, wer mit dem Lob Schwierigkeiten hatte.

Hinweise

Wer die Schüler auf diese Übung einstimmen will, bietet ihnen eine kleine Gedankenreise an, dadurch rufen sich die Lernenden ihre Erlebnisse und Erfahrungen mit ihren Mitschülern in Erinnerung. Wer eine genaue Vorstellung davon entwickelt, wird das Lob anschließend einfacher formulieren können. Händigen Sie den Lernenden auch hier eine Liste mit positiven Eigenschaften aus (als Download-Material). Hier dürfen sich die Lernenden bestimmte lobenswerte Eigenschaften für den jeweiligen Mitschüler aussuchen.

Quellen

Diese Methode wurde 2014 von **Hardeland**, H. für ein Modul der Fortbildung zum Lerncoach entwickelt.

7. Nachhaltigkeit und Transfer sichern: »Erinnere dich noch einmal daran, dass ...!«

Was nützt eine gestochen scharfe Zielformulierung, was bringen die wundervollsten Lösungsideen, wenn die Lernenden am Ende nichts davon umsetzen? Jeder von uns hat schon produktive Schülergespräche erlebt und hinterher gedacht: Das war gut, das hat etwas gebracht, jetzt wird sich der Schüler bestimmt ändern. Doch nach einiger Zeit mussten wir feststellen, dass keine Veränderung stattgefunden hat. Wer erreichen möchte, dass die Ergebnisse des Klassen-Coachings wirkungsvoll sind und nicht verpuffen, sollte eine Brücke zwischen Klassen-Coaching und Alltag schlagen. Sorgen Sie dafür, dass sich die Lernenden an ihre Vorsätze erinnern und sich mit möglichen Stolpersteinen auseinandersetzen. Nur wer seinen Gegner – die eingeschliffenen Routinen und den inneren Schweinehund – kennt, kann dagegen vorgehen. Dem wichtigen Aspekt der Nachhaltigkeit wird in klassischen Schülerberatungen leider zu wenig Beachtung geschenkt. Sorgen Sie für regelmäßige Wiederholungen und Auffrischungen, dann werden sich auch die Lernenden besser erinnern, ihre Vorhaben verinnerlichen und schließlich auch praktisch umsetzen können.

»Wie reagieren Ihre Kollegen, wenn Ihre Schüler die im Klassen-Coaching vereinbarten Vorhaben tatsächlich in die Tat umsetzen?«

Bei diesen fünf Klassen-Coaching-Methoden

- machen Sie mit Ihren Schülern eine Flussüberquerung (*Flussüberquerung*);
- küren Sie den Erinnerungssieger (*Erinnerungswettbewerb*);
- veranlassen Sie einen Wochenrückblick (*Wochenreflexion*);
- halten die Lernenden ein Plädoyer ab (*Plädoyer für mich selbst*);
- wandern die Schüler mutig durch einen Stolperparcours (*Stolperparcours*).

7.1
Flussüberquerung – auf das Erreichte zurückblicken

Im tosenden Fluss des Alltags gehen die guten Vorsätze häufig verloren. Ist das wirklich so oder glaubt man es bloß? Diese Übung veranschaulicht, was die Lernenden bereits erreicht haben. Die Ressourcen werden in Form von Rettungsringen, Flößen und Luftmatratzen offensichtlich.

Sozialform/Dauer

- Gruppengröße/Sozialform: ab vier Schülern bis zur gesamten Klasse, Plenumsarbeit
- Zeit: ca. 20 bis 40 Minuten

Ziele

Die Lernenden

- erkennen, was sie bereits erreicht haben.
- setzen sich mit ihrer Ausgangslage und ihren Zielformulierungen auseinander.
- probieren sich in einer neuen Rolle aus und füllen diese kreativ aus.
- werden sich ihrer Ressourcen und Erfolge bewusst.

Beschreibung

In der Schule treffen Lehrpersonen und Schüler viele Vereinbarungen, aber viel zu selten wird überprüft, inwiefern die Ziele erreicht wurden. Anstatt am Ende des Schuljahres zu bemängeln, dass aus dem guten Vorsatz keine Taten resultiert sind, wird bei dieser Methode anschaulich Bilanz gezogen. Außerdem blicken die Lernenden ganz bewusst auf ihre Fähigkeiten und Ressourcen. Bei dieser Übung wird deutlich, was die Lernenden selbst dazu beigetragen haben, um ihr Ziel zu erreichen. Die Stärken und der Beitrag eines jeden Schülers werden bei diesem Klassen-Coaching bewusst gemacht und dargestellt.

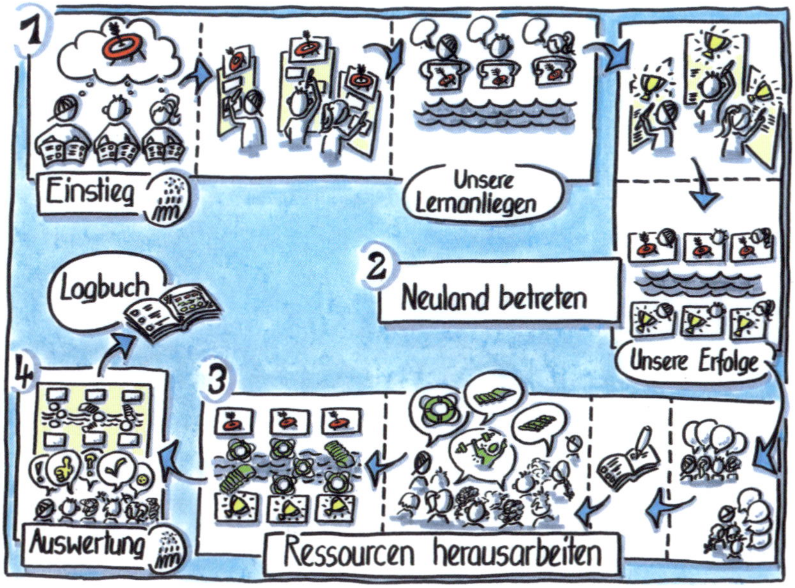

Abb. 53: Ablauf »Flussüberquerung«

Durchführung

Schritt 1: Einstieg

Sie bitten die Schüler nach der Pause in den Raum; alle setzen sich auf ihre Stühle. Erfahrungsgemäß schauen die Lernenden jetzt schon neugierig auf den bereits ausgebreiteten blauen Müllsack-Fluss in der Raummitte: Ihr Setting. Ohne viele Erklärungen bitten Sie die Lernenden, sich mit ihren Logbüchern zu beschäftigen:

»Jeder nimmt sich jetzt sein Klassen-Coaching-Logbuch. Ihr habt fünf Minuten Zeit, um euch damit zurückzuziehen. In dieser Zeit beschäftigt ihr euch in Einzelarbeit mit euren darin festgehaltenen Lernthemen/-anliegen/-zielen. Schreibt bitte auf die Papierstreifen die Punkte, die ihr verändern wollt. Dann kommt ihr mit den beschrifteten Karten hierher zurück.«

Die Lernenden notieren ihre ehemaligen Anliegen/Ziele aus den vorherigen Klassen-Coachings aus dem Logbuch auf den Papierstreifen. Sie versammeln sich alle mit ihren Anliegen-/Ziel-Karten in der Hand an dem einen Flussufer. Nun bitten Sie die Lernenden, jeweils der Reihe nach ein Kurzstatement zu ihren Anliegen/Zielen abzugeben, zum Beispiel: »Ich will rechtzeitig für die Klassenarbeiten mit dem Lernen anfangen.« Danach legen Sie die Papierstreifen jeweils auf den Fußboden, auf die linke Uferseite. Sie platzieren an dieser Seite die große, sichtbare Überschrift »Unsere Lernanliegen/Ziele«. An dieser Stelle erläutern Sie, wofür diese Uferseite steht. Dann leiten Sie die nächste Phase des Coachings ein.

Schritt 2: Neuland betreten

Jetzt bitten Sie die Lernenden, ihren persönlichen Beitrag zu »Unsere Erfolge/das Erreichte« ebenfalls auf Karten zu notieren. Zur Veranschaulichung legen Sie diese zweite Überschrift direkt auf die rechte Uferseite:

»Nun nehmt ihr euch bitte fünf Minuten Zeit, um das bisher Umgesetzte und Erreichte auf Karten zu schreiben.«

Sie händigen die Karten aus, diesmal haben die Karten eine andere Farbe. Im Idealfall sind sie grün – schließlich ist es die Farbe der Hoffnung.
Wenn die Schüler die Karten beschriftet haben, stellen Sie sich alle gemeinsam an die andere, die rechte Seite des Ufers. Auch hier erzählt jeder Schüler kurz etwas zu seiner Karte und legt sie dann an der Uferseite ab. Wenn nötig, können Sie oder die Schüler Fragen stellen. Sie loben die Erfolge des Schülers und bitten die Lernenden in einem kurzen Klassengespräch um ihre Wahrnehmung.

Schritt 3: Ressourcen herausarbeiten

Daran anknüpfend bitten Sie die Schüler, sich in Vierergruppen zusammenzutun. Dazu sprechen Sie folgenden Auftrag aus und stellen diesen anschaulich dar, indem Sie zu den jeweiligen Uferseiten über den Fluss hinweg wandern:

»Nun kommt man ja in der Regel nicht so einfach von dem einen Ufer zum anderen hinüber. So ein Fluss hat auch eine Strömung und Untiefen. Tauscht euch jetzt bitte aus: Was hat euch geholfen, diesen tosenden Fluss zu überqueren? Wie habt ihr es geschafft, an das andere Ufer zu gelangen? Notiert eure Erkenntnisse erst einmal kurz in eurem Logbuch. Anschließend werden wir diese hier gemeinsam zusammentragen.«

In einem gemeinschaftlichen Plenumsgespräch tauschen Sie sich mit den Schülern über deren Ressourcen und Fähigkeiten aus. Sie unterstützen diese bei einer konkreten Formulierung. Jeder Schüler erhält ein bis zwei Schreibvorlagen in Form eines Rettungsrings, Floßes oder einer Luftmatratze. Hierauf notieren die Lernenden jeweils ihre wichtigsten Ressourcen. Anschließend werden die Notizen symbolisch in den Fluss gelegt.

Schritt 4: Auswertung

Sie stehen mit den Schülern einige Meter vom Fluss entfernt und bitten die Schüler, zu diesem Gesamtgebilde Stellung zu nehmen. Es kann auch erfragt werden, wie diese Ressourcen in der Zukunft weiter genutzt werden sollen.
Anschließend fotografieren Sie das Gesamtgebilde und händigen den Lernenden in der nächsten Stunde eine Fotokopie des Bildes aus. Die Kopie kann ins Logbuch eingeheftet werden.

Aufgaben des Klassen-Coaches

Zu Beginn der Übung haben Sie einen eher moderierenden Auftrag. Im weiteren Verlauf stellen Sie anregende Fragen, um die Lernenden selbst zur Benennung wichtiger Ressourcen zu animieren. Andernfalls benennen Sie Ressourcen und bitten die Schüler jeweils um ihre Zustimmung.

Voraussetzungen/Vorbereitung

Der Klassen-Coach formuliert Ressourcen punktgenau und schnell, ansonsten wäre diese Phase (Schritt 3 der »Durchführung«) zu langatmig. Im Vorfeld sollten mindestens zwei Klassen-Coachings stattgefunden haben, sodass die Schüler bereits Notizen über ihr Anliegen im Klassen-Coaching-Logbuch haben.
Sie bereiten den Klassenraum vor, die Schüler sehen beim Eintreten in den Raum das Arrangement: Der Raum bietet viel Bewegungsfreiheit und ist in der Mitte frei von Tischen und Stühlen. Einige Tische und Stühle sollten jedoch vorhanden sein, damit die Lernenden hier in Ruhe in ihren Logbüchern stöbern und die Karten beschriften können. Legen Sie mehrere auseinandergeschnittene blaue Müllsäcke, die am Rand wellenartig geschnitten sind, hintereinander in die Raummitte. Sie symbolisieren den Fluss. Außerdem halten Sie zwei Stapel mit farbigen (roten und grünen) Papierstreifen, Moderationsstifte und ausgedruckte Rettungsringe, Flöße und Luftmatratzen griffbereit. Vorlagen hierzu finden Sie als Download.

Abb. 54: Beispiel einer ausgefüllten Schreibvorlage (Download-Material)

Chancen

Die Schüler werden motiviert, weil sie erkennen, was sie bisher schon erreicht haben. Je mehr über Ressourcen und Fortschritte gesprochen wird, desto präsenter werden diese. Diese Übung ist anschaulich und lebendig. Ich habe die Erfahrung gemacht, dass die Lernenden dieses Klassen-Coaching gerade deshalb sehr schätzen. Schnell macht sich eine positive, lösungsorientierte Stimmung breit.

Stolpersteine

Schlimmstenfalls hat kein einziger Schüler das im Logbuch notierte Ziel erreicht. Regen Sie dann ein Gespräch über andere Ziele an, die bereits erreicht wurden. Dann lenken Sie das Augenmerk der Lernenden auf bereits erreichte Teilerfolge. Achten Sie darauf, die Plenumsrunden möglichst kurz zu halten, damit viele Schüler aktiv beteiligt sind und keine Langeweile aufkommt.

Hinweise

Bei dieser Übung wird bewusst nicht zwischen »Anliegen« und »Zielen« unterschieden, um die Lernenden nicht zu überfordern. Stattdessen wird zwischen »Anliegen/Zielen« und »Erfolgen/Erreichtem« unterschieden.

Zur Auswertung der Ressourcen hat sich das Plenumsgespräch bewährt, so können Sie bei der Formulierung konkreter Ressourcen unterstützen. Bei erfahrenen Lerngruppen können die

Schüler dies selbst übernehmen. Dieses Klassen-Coaching bietet sich an, wenn Sie mit Klassen-Coaching-Neulingen arbeiten.

Quellen

Hinrichsen, T. (2012): *Die Wäscheleine*. In: Rauen, C. (Hrsg.) (2012): *Coaching-Tools III*. Bonn: managerSeminare. S. 291–293.

Wehrle, M. (2014): *Die 50 kreativsten Coaching-Ideen. Das große Workbook für Einsteiger und Profis zur Entwicklung der eigenen Coaching-Fähigkeit*. Bonn: manager-Seminare.

7.2 Erinnerungswettbewerb – damit es im Gedächtnis bleibt

Die besten Vorsätze und Ziele nützen nichts, wenn man sie vergisst. Wer sich regelmäßig an sein Ziel erinnert, erhöht die Wahrscheinlichkeit, es tatsächlich umzusetzen. Beim »Erinnerungswettbewerb« sammeln die Schüler Tipps und Ideen, damit ihre Ziele nicht in Vergessenheit geraten. Am Ende wird die beste Idee gekürt.

Sozialform/Dauer

- Gruppengröße/Sozialform: ab einem Schüler bis zur gesamten Klasse, jeweils Dreier- bis Fünfergruppen
- Zeit: ca. 60 Minuten

Ziele

Die Lernenden

- setzen sich mit möglichen Stolpersteinen auseinander.
- entwickeln kreative Erinnerungsideen.
- verspüren Tatkraft und Veränderungsbereitschaft.

Beschreibung

Wer sich auf einen Veränderungspfad begibt, kämpft unweigerlich mit seinen Gewohnheiten und seiner Bequemlichkeit. Veränderung ist anstrengend, das kennen Sie sicherlich aus eigener Erfahrung. Das Gleiche gilt für das Klassen-Coaching. Neue (Lern-)Strategien anzuwenden, kostet Mühe. Wenn wir uns dessen bewusst sind, können wir gegensteuern. Das ist die gute Nachricht. Bei dieser Übung setzen sich die Lernenden kreativ mit verschiedenen Erinnerungshilfen auseinander und entwickeln vielfältige Ideen.

Durchführung

Schritt 1: Hinführung

In der Einleitung informieren Sie die Lernenden, dass es jetzt vordergründig darum geht, sich regelmäßig an das eigene Ziel zu erinnern. Zunächst sammeln Sie alle Anliegen/Ziele der Lernenden: Die Schüler schreiben ihr Vorhaben jeweils auf eine Papier-/Moderationskarte. Anschließend clustern Sie die Karten an einer Moderationswand: Inhaltlich ähnliche Themen werden einer Überschrift zugeordnet (Abb. 56). Dann teilen Sie die Lernenden in Gruppen ein (siehe »Hinweise«):

»Nun beginnt der Wettbewerb. Jede Gruppe entwickelt jetzt Erinnerungsideen, die für das jeweilige Thema passend sind. Beachtet dabei, dass Erinnerungshilfen für zuhause wahrscheinlich anders sind als solche für ein Vorhaben, das in der Schule umgesetzt werden soll. Anschließend präsentiert ihr eure Ideen im Plenum. Die Gruppe mit der besten inhaltlichen Idee wird zum Sieger gekürt. Hierbei geht es um die Qualität der Idee und nicht um die Menge. Welche Gruppe das ist, entscheiden wir nach der Präsentation anhand des Applausometers.«

Abb. 55: Ablauf »Erinnerungswettbewerb«

Schritt 2: Bearbeitung in Gruppen

Bevor Sie die Schüler zum Arbeiten in die Gruppen schicken, klären sie gemeinsam noch Fragen und Unklarheiten bezüglich der geclusterten Überschriften. Danach gehen die Lernenden jeweils in ihre Gruppen und kreieren ihre Erinnerungsideen für ihr Thema. Diese Ideen werden auf Moderationskarten notiert.

Schritt 3: Auswertung und Siegerehrung

Die Gruppen präsentieren ihre Ideen nacheinander im Plenum und pinnen diese an die zweite Moderationswand. Dabei wird präzise, knackig und kurz präsentiert. Diskussionen sind zu vermeiden. Sind alle Gruppen mit ihrer Präsentation fertig, wird die Gruppe mit dem besten inhaltlichen Ergebnis gekürt.

Die Schüler schreiben eine für sie passende Erinnerungshilfe ins Logbuch. Zugleich notieren sie, wie sie diese in die Praxis umsetzen wollen.

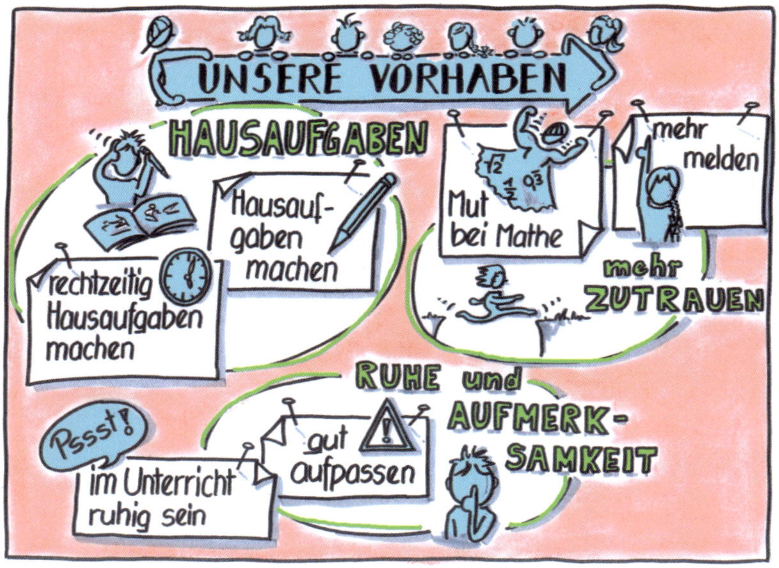

Abb. 56: Beispiel für die geclusterten Vorhaben

Aufgaben des Klassen-Coaches

Bei dieser Methode sollten Sie sich mit dem Clustering auskennen. Vorab sammeln Sie selbst mögliche Vorhaben der Lernenden. So werden Sie diese zügiger clustern und verschenken für diesen Prozess nicht unnötig viel Zeit. Bereiten Sie zuhause bereits mögliche Überschriften vor und halten Sie diese griffbereit. Aber aufgepasst: Verwenden Sie diese Überschriften nur, wenn sie tatsächlich passen. Ansonsten schreiben Sie neue. Je nach Klassenstufe bitten Sie die Schüler, beim Clustern mitzuhelfen, oder übertragen den Lernenden diese Aufgabe komplett.

Voraussetzungen/Vorbereitung

Stellen Sie zwei Pinn-/Moderationswände, Moderationskarten, -stifte und Nadeln zum Anpinnen bereit. An der ersten Wand werden die Vorhaben gesammelt und geclustert. An der zweiten Wand sammeln Sie später die Erinnerungsideen.

Wenn Sie ganz professionell auftreten möchten, können Sie sich einen Applausmesser als App auf Ihr Smartphone herunterladen. Die herkömmliche Variante »nach Gehör« ist selbstverständlich auch möglich.

Es steht Ihnen frei, im Zuge der Siegerehrung der betreffenden Gruppe eine Medaille oder andere Belohnung zu überreichen, damit habe ich gute Erfahrungen gemacht, weil dadurch zusätzlich der Ehrgeiz der Schüler geweckt wird.

Chancen

Dieses Klassen-Coaching bringt zahlreiche Ideen für Erinnerungshilfen hervor. Alle Schüler profitieren davon und auch Sie selbst erweitern Ihr Repertoire an Erinnerungsideen. Durch den Wettbewerbscharakter bei dieser Methode werden die Lernenden angespornt. Es herrscht eine sehr konstruktive, belebende Stimmung. Die Lernenden bringen sich engagierter ins Klassen-Coaching ein.

Stolpersteine

Seien Sie bei einer ehrgeizigen Schulklasse auf Protest oder Enttäuschung vorbereitet, schließlich kann nur eine Gruppe gewinnen. Wer die anderen trösten möchte, kann kleine Trostpreise verteilen.

Hinweise

Denkbar ist auch, den Wettbewerb langfristig zu erweitern: Dann gewinnt der Schüler, der dank seiner Erinnerungshilfe als Erster sein Ziel erreicht hat. Diese Methode bietet sich auch zum Halbjahresabschluss an, damit den Lernenden ihre Ziele für das zweite Schulhalbjahr präsent sind.

Die Methode eignet sich besonders dann, wenn Lernende schon verschiedenste Einträge in ihrem Logbuch haben.

Quellen

Keller, E. (2013): *Nachhaltigkeit in Beratung und Training. Konzept und Methoden.* Bonn: managerSeminare.

7.3 Wochenreflexion – das eigene Verhalten reflektieren

Viele Schüler sind hoch motiviert, wenn sie ihr Lernziel festgelegt haben. Im Laufe der Schulwoche verlieren sie dieses Ziel jedoch erfahrungsgemäß schnell aus den Augen: Es gibt ja noch sooo viele andere Dinge zu erledigen. Mit der Methode »Wochenreflexion« können die Lernenden einmal ganz in Ruhe ihr Verhalten reflektieren.

Sozialform/Dauer

- Gruppengröße/Sozialform: ab einem Schüler bis zur gesamten Klasse, Einzelarbeit
- Zeit: ca. 20 bis 30 Minuten

Ziele

Die Lernenden

- reflektieren ihre Einsatz- und Veränderungsbereitschaft bezüglich ihres Ziels.
- sind sich ihrer eigenen Gefühle bewusst.
- werden in ihrer Eigenverantwortung gestärkt.

Beschreibung

Mit dem »Wochenrückblick« oder der »Wochenreflexion« überprüfen Lernende, ob und wie das erwünschte Ziel umgesetzt wurde. Angenommen, das Ziel wurde bereits erreicht, dann ermöglicht dieses Instrument eine differenzierte Reflexion: Wie und womit hat sich der Erfolg eingestellt? Wie erfolgreich war der Lernende? Womit war er zufrieden? Sollte das Ziel nicht erreicht worden sein, blicken die Lernenden bei dieser Methode auf sich selbst und ihren eigenen Beitrag – anstatt die Schuld den (ungünstigen) Umständen oder anderen Personen zuzuschreiben.

- So viel Aufmerksamkeit habe ich meinem Ziel geschenkt: ...
- Das hat meine Aufmerksamkeit abgelenkt: ...
- In dieser Woche hat es gut geklappt, dass ...
- Damit bin ich unzufrieden: ...
- So fühle ich mich: ...
- So viele Zufriedenheitspunkte gebe ich mir – ein Punkt: »grausame Woche, total unzufrieden«, 10 Punkte: »es ist hervorragend gelaufen, absolut zufrieden«.
- Das lerne ich daraus: ...

Beispiele für Impulse beim »Wochenrückblick«

Abb. 57: Ablauf »Wochenreflexion«

Durchführung

Schritt 1: Hinführung

Die Einleitung dieses Klassen-Coachings lautet wie folgt:

»Ihr habt euch im Klassen-Coaching etwas vorgenommen, das ihr in Zukunft erreichen möchtet. Nun ist es ja immer so eine Sache: Man nimmt sich etwas vor, man will das auch erreichen. Aber zwischenzeitlich verliert man sein Ziel aus den Augen. Damit ihr euer Vorhaben wirklich in die Tat umsetzt, habt ihr jetzt 15 Minuten Zeit, um euch noch einmal damit zu beschäftigen.«

Schritt 2: Bearbeitung in Einzelarbeit

Jeder Lernende erhält ein Chart mit Reflexionsfragen (Abb. 58). Im Plenum klären Sie gemeinsam die Fragen der Schüler, daraufhin bearbeitet jeder Schüler das Chart. Anschließend wird es in das Klassen-Coaching-Logbuch eingeheftet.

Schritt 3: Auswertung

Greifen Sie in der Abschlussreflexion eine Frage des Charts auf. Beispielsweise platzieren sich die Schüler auf der visualisierten Zufriedenheitsskala (siehe »Voraussetzungen/Vorbereitung«)

wie folgt: 1: »grausame Woche, total unzufrieden«; 10: »hervorragend/bestens/optimal gelaufen, absolut zufrieden«. Anschließend regen Sie ein Gespräch über den Standpunkt und den daraus resultierenden Lerneffekt für die kommende Woche ab.

Aufgaben des Klassen-Coaches

Wer diese Methode nutzt, sollte selbst von der Wichtigkeit einer Nachhaltigkeitssicherung überzeugt sein – gerade weil Lernende diese Methode manchmal als »Aufwärmen einer kalten Suppe« empfinden. Informieren Sie sich noch einmal über die Wichtigkeit der Transfersicherung, um langfristig Verhaltensänderungen zu bewirken. Hier kann ein Mini-Input (Kap. 1.7 »Streuen Sie Mini-Inputs ein«) zum menschlichen Gehirn erfolgen.

Voraussetzungen/Vorbereitung

Jeder Lernende braucht ein Wochenreflexions-Chart, das Sie vorbereiten. Zusätzlich bereiten Sie eine visualisierte Zufriedenheitsskala für die Reflexion im Plenum vor.

Einige Charts finden Sie im Lerncoaching-Shop (www.lerncoaching-shop.de).

Chancen

Diese Kurzreflexion lässt sich sehr einfach in den Schulalltag integrieren. Durch anschauliche Charts fühlen sich die Lernenden animiert und inspiriert. Unabhängig davon, wie intensiv sich die Lernenden mit ihrem Thema bisher beschäftigt haben, gelangt das Thema dank dieser Wochenreflexion noch einmal in die Köpfe. Des Weiteren lernen die Schüler, mit bestimmten Themen abzuschließen und sich selbst zu reflektieren.

Stolpersteine

Manche Schüler sind mit ihrem Thema innerlich schon »fertig« oder möchten sich nicht mehr damit beschäftigen: »Och nö, nicht schon wieder! Das ist doch jetzt durch.« Hier hilft beispielsweise eine aufrichtig ermunternde Antwort wie folgende:

»Es freut mich, dass du mit dem Thema schon abgeschlossen hast. Dann kommt diese kurze Abschlussreflexion ja genau passend, um den Sack jetzt zuzumachen.«

Abb. 58: Ein ausgefülltes Chartbeispiel (www.lerncoaching-shop.de)

Hinweise

Modifizieren Sie die Charts im Hinblick auf die Fragen, die Inhalte etc., dann können Sie dieses Instrument auch in regelmäßigen Abständen verwenden. Nutzen Sie solche Charts auch nach einer Unterrichtseinheit oder bei Beendigung eines Projektes. Hier bieten sich Ihnen vielfältige Möglichkeiten.

Sie können die ausgefüllten Charts zum Anlass nehmen, um mit Ihren Schülern in der Folgewoche noch einmal abzugleichen, inwiefern sie ihr Ziel erreicht haben oder wie die Lernzufriedenheit der Lernenden ist.

Quellen

Becker-Hill, S. (2013): *»Freitagsreflexion – der Brückenbau in den Alltag«*. In: Rauen, C. (Hrsg.) (2013): *Coaching-Tools*. 8. Auflage. Bonn: managerSeminare. S. 326–331.

7.4
Ein Plädoyer für mich selbst – sag, wie es ist

Ob Sportler oder Politiker, viele erfolgreiche Menschen reden in den höchsten Tönen von sich selbst. Warum? Weil sie sich damit Mut zusprechen und zugleich ihren Selbstwert erhöhen (*Schäfer 2015*). Wie Sie die positive Selbstinstruktion als Antriebsmotor beim Klassen-Coaching nutzen, erfahren Sie bei dieser Methode.

Sozialform/Dauer

- Gruppengröße/Sozialform: ab einem Schüler bis zur gesamten Klasse, Einzelarbeit
- klassenübergreifend: arbeitsgleich
- Zeit: ca. 15 Minuten Vorbereitungszeit, fünf Minuten pro Plädoyer

Ziele

Die Lernenden

- konzentrieren sich auf ihr Ziel und ihre Umsetzungsstrategie.
- erkennen ihre Hürden und entwickeln dafür Gegenmaßnahmen.
- gehen mit sich selbst wohlwollend und wertschätzend um.
- entwickeln Optimismus und Zielstrebigkeit.

Beschreibung

Beim stillen Vor-sich-hin-Denken sind die Gedanken eher zusammenhanglos und unklar. Wer seine Gedanken ausspricht, wird klarer und nimmt seine Gedanken und die damit einhergehenden Gefühle stärker wahr – auch weil man sich selbst reden hört. Lösungsorientierte und

mutmachende Selbstgespräche und -instruktionen wirken sich positiv auf die Zuversicht und Handlungsfähigkeit von Personen aus. Besonders förderlich sind sogenannte »Konsequenzfragen« (*Tenzer 2011, 26*). Dabei werden Handlung und Ergebnis zueinander in Beziehung gesetzt wie bei folgendem Beispiel: »Wenn ich jetzt erst Englisch lerne, wie mache ich dann noch Mathe?« Beispielsweise Grundschulkinder können sich dadurch besser konzentrieren und ihre Aufmerksamkeit, zum Beispiel beim Erledigen einer Aufgabe, besser bewahren.
Genau das bezweckt dieses Klassen-Coaching: Der Lernende hält, aus der Rolle einer ihm wohlwollenden Person, ein Plädoyer für sich selbst. Und zwar vor einer fiktiven Notenkonferenz. Warum soll der Lernende dazu in eine andere Rolle schlüpfen? Ganz einfach: Weil es ihm dann leichter fällt, positiv von sich selbst zu sprechen.
In dieser Rolle hält er seine Ansprache vor mehreren Schülern. Er hält eine Überzeugungsrede, bei der er hervorhebt, was er wie erreichen wird. Damit motiviert sich der Lernende gleich selbst, denn er entwickelt Tatkraft, Optimismus und ein Gefühl von Selbstwirksamkeit.
Bei dem Plädoyer gehen die Lernenden auf folgende Aspekte ein:

- Welche Stolpersteine können mir im Weg liegen? Wie will ich diese meistern?
- Was kann mir dabei helfen, es zu schaffen?
- Weshalb lohnt es sich, dass ich es schaffe?

Beispiele für Impulse beim Plädoyer

Abb. 59: Ablauf »Plädoyer«

Durchführung

Schritt 1: Hinführung

Vor dem Einstieg in das »Plädoyer« entscheidet sich jeder Schüler für ein konkretes Klassen-Coaching-Ziel – eines, für das er sich stärken will. Dazu bietet sich ein Blick ins Logbuch an. Dann bitten Sie die Lernenden, Stolpersteine, Hürden oder Schwierigkeiten zu sammeln:

»Nun fällt es ja immer schwer, ein solches Ziel wirklich in die Tat umzusetzen. Da gibt es alte Gewohnheiten, Dinge, die einen davon abhalten, das Ziel zu erreichen. Schreibt bitte drei bis vier solcher Stolpersteine auf.«

Danach erläutern Sie den Lernenden, worauf es bei der folgenden Übung ankommt:

»Forscher haben es bewiesen: Menschen, die an sich selbst glauben, sind erfolgreicher. Genau darum soll es bei diesem Klassen-Coaching gehen. Bitte überlegt einmal ein paar Minuten lang, welche euch nahestehenden Personen an euch glauben. Wählt eine Person, die in einer Überzeugungsrede positiv über euch spricht. Jeder Schüler braucht gleich seinen eigenen imaginären Fürsprecher.«

Anschließend bitten Sie die Schüler, sich eine wohlwollende Person auszusuchen, die ein Plädoyer für sie halten soll:

»Jetzt schlüpft ihr in die Rolle der Person X und sprecht an ihrer Stelle über euch selbst, also über den Schüler Y. Die Person X überzeugt nun die Lehrer einer Notenkonferenz (das sind einige eurer Mitschüler) in einer fünfminütigen Rede davon, dass der Schüler Y sein Ziel erreicht.«

Nachdem alle Fragen geklärt wurden, erhalten die Lernenden 15 Minuten Zeit, um ihr Plädoyer vorzubereiten. Erleichtern Sie den Lernenden das Einnehmen der Rolle als wohlwollende Person, indem Sie Etiketten verteilen. Hier schreiben die Lernenden den Namen der wohlwollenden Person auf und kleben sich das Etikett auf ihre Brust. In ihrer Rolle als Fürsprecher gehen die Lernenden auf die vorher gesammelten Stolpersteine ein und entkräften diese. Die Schüler finden Argumente dafür, weshalb sie diese Stolpersteine überwinden werden.

Schritt 2: Erarbeitung des Plädoyers in Einzelarbeit

Die Lernenden erarbeiten nun ihr Plädoyer, möglicherweise mithilfe einer Vorlage (siehe Kasten).

»Sehr geehrte Damen und Herren,
ich stehe hier nun heute als Person ... vor Ihnen, weil ich Ihnen gern mitteilen möchte, dass ... sein Ziel erreichen wird. Er hat sich vorgenommen, folgendes Ziel zu erreichen: ...
Manche behaupten, er sei ein fauler Hund und würde das nicht schaffen. Aber ich kenne ihn ganz anders. Ich weiß, wie konzentriert und ehrgeizig er beim Judotraining ist. Ich weiß auch, dass er sich vorgenommen hat, diesen Ehrgeiz auch im Matheunterricht an den Tag zu legen.
Wer jetzt sagt, er sei im Unterricht geschwätzig, den kann ich beruhigen. Der Schüler ... will sich jetzt in ... [zum Beispiel Mathematik] verbessern und verstehen, wie bestimmte Aufgaben gelöst werden. Ab jetzt wird er diese Fragen nicht mehr mit seinen Nachbarn klären, sondern sich direkt an die Lehrperson wenden. Sie glauben, das schafft er nicht? Dann setzen Sie ihn auf einen Einzelplatz, auch dazu ist er bereit.
Und außerdem ...«

Beispiel für »Ein Plädoyer für mich selbst«

Schritt 3: Abhalten des Plädoyers in Gruppen

Nun schlüpfen die Schüler in die Rolle ihres wohlwollenden Fürsprechers und halten die Rede vor einer Notenkonferenz. Etwa vier bis fünf Schüler nehmen dabei die Rollen der Lehrpersonen ein.

Schritt 4: Auswertung

In Einzelarbeit notieren die Lernenden, wie sie sich in ihrer Rolle und beim Plädoyer wahrgenommen haben. Geben Sie den Lernenden dazu Leitfragen, diese werden im Logbuch beantwortet:

- »Welche Argumente haben sich gut angefühlt/waren überzeugend?«
- »Was ist dir selbst über deine Stolpersteine bewusst geworden?«
- »Welche weiteren Ideen hast du, um Hemmnisse zu entkräften?«

Im Plenum tauscht sich die Klasse abschließend über die Erfahrungen und die Wirkung dieser Übung aus.

Aufgaben des Klassen-Coaches

Wer das »Plädoyer« anwendet, sollte selbst Freude an Rollenspielen haben. Ansonsten fällt es Ihnen schwer, die Schüler für diesen Auftrag zu begeistern. Während die Lernenden ihr Plädoyer erarbeiten, ist der Klassen-Coach möglicherweise beansprucht, wenn mehrere zeitgleich Hilfe brauchen.

Voraussetzungen/Vorbereitung

Sorgen Sie für ein angenehmes Setting im Raum. Fertigen Sie Arbeitsaufträge für die Schüler an. Wenn Sie diese Methode häufiger anwenden, lohnen sich laminierte, wiederverwendbare Aufträge.

Chancen

Diese Methode unterstützt die Nachhaltigkeit des Klassen-Coachings, da die Stolpersteine direkt thematisiert und (dadurch) entkräftet werden. Durch das Rollenspiel können sich die Lernenden trauen, ihre Hemmnisse zu benennen, schließlich stellen sie eine andere Person dar. Der Spaßfaktor, eine solche Rede zu halten, erhöht den Nutzen dieser Übung. Damit nicht nur der spielerische Charakter im Gedächtnis bleibt, sollten Sie unbedingt auf der Auswertung in Einzelarbeit anhand des Logbuches und der gemeinsamen Plenumsauswertung bestehen.

Stolpersteine

Wenn Sie die Übung sehr überzeugend einleiten, verstehen manche Schüler den Auftrag falsch: Sie glauben dann, ihren persönlichen Fürsprecher in die Schule holen oder selbst befragen zu müssen. Beobachten Sie die Reaktionen der Schüler sensibel und beugen Sie diesem Missverständnis gegebenenfalls vor.

Der Arbeitsauftrag ist etwas komplexer, da die Schüler in die Rolle einer anderen Person schlüpfen. Arrangieren Sie im Vorfeld bereits das Setting der Notenkonferenz und demonstrieren Sie bei der Vorstellung des Auftrages, wie die Übung abläuft. So können die Lernenden den Auftrag besser verstehen.

Möglicherweise haben Schüler Schwierigkeiten mit dem Auftrag, weil ihnen Argumente fehlen. Dann unterstützen Sie die Lernenden situativ.

Wenn Lernende zu schüchtern sind, um ein Plädoyer abzuhalten, können Sie bei dieser Übung dafür sensibilisiert werden. Vorteilhaft ist, dass die Schüler nicht sich selbst darstellen, sondern in eine Rolle schlüpfen. Das wirkt für einige schon entlastend. Wer sich dennoch schwertut und Hemmungen hat, kann das Plädoyer auch nur vor Ihnen oder vor ein bis zwei Mitschülern seines Vertrauens abhalten.

Hinweise

Dieses Klassen-Coaching können Sie in Etappen auf mehrere Schulstunden verteilen. Nachdem die Schüler zeitgleich ihr Plädoyer erarbeitet haben, werden die Plädoyers abgehalten, gern auch über mehrere Schultage verteilt. Zu viele Plädoyers hintereinander sind manchmal ermüdend.
Wer seinen Schülern eine gesteigerte Form zumuten möchte, intensiviert die Übung: Dann nehmen die beobachtenden Schüler aktive Lehrerrollen ein und mischen sich in das Plädoyer bei der Notenkonferenz ein. Sie fragen beispielsweise kritisch nach, woraufhin der Fürsprecher antwortet.

Quellen

Tenzer, E. (2011): *Sprich mit dir!* In: Psychologie Heute, H. 9. Weinheim und Basel: Beltz. S. 26–30.

Wehrle, M. (2014): *Die 50 kreativsten Coaching-Ideen. Das große Workbook für Einsteiger und Profis zur Entwicklung der eigenen Coaching-Fähigkeit.* Bonn: manager-Seminare.

7.5 Der Stolperparcours – Hindernisse beseitigen

Wer sein Ziel erreichen will, sollte sich den Weg zum Ziel vor Augen führen. Denn häufig liegen unliebsame Stolpersteine im Weg. Damit die Schüler auf ihrer Reise zum Ziel nicht plötzlich gestoppt werden, setzen sie sich hier bereits mit möglichen Hindernissen und deren Beseitigung auseinander.

Sozialform/Dauer

- Gruppengröße/Sozialform: ab einem Schüler bis zur gesamten Klasse, Einzelarbeit
- Zeit: 60 bis 90 Minuten

Ziele

Die Lernenden

- konzentrieren sich auf ihr Umsetzungsvorhaben.
- identifizieren mögliche Stolpersteine.
- üben sich in der Problembewältigung.
- übernehmen Verantwortung für ihren Umsetzungsprozess.

Beschreibung

Wenn sich Lernende ein Ziel vornehmen, wie »Ich lerne konzentriert«, rechnen sie häufig nicht mit Störungen von außen wie Ablenkungen durch Mitschüler oder ungünstige räumliche Rahmenbedingungen. Wer sich aber gezielt mit möglichen Stolpersteinen und Hemmnissen beschäftigt, ist gewappnet und kann diese aus dem Weg räumen oder umgehen.
Bei dieser Methode stellt der Lernende seinen geplanten Veränderungsweg mit möglichen Hürden und Hindernissen richtig im Raum auf. So wird der geplante Lösungsweg plastisch und anschaulich.

Abb. 60: Ablauf »Stolperparcours«

Durchführung

Schritt 1: Hinführung

Vor dem Einstieg in das Klassen-Coaching führen sich die Lernenden ihr konkretes Vorhaben mit einem Blick ins Logbuch vor Augen. Sie leiten die Schüler dann wie folgt an:

»Jeder von euch hat sich jetzt mit seinem Umsetzungsvorhaben beschäftigt. Und leider klingt es auf dem Papier meist einfacher, als es in der Praxis ist. Man nimmt sich etwas vor und auf einmal werden einem Stolpersteine in den Weg gelegt wie ›Ich vergesse wichtige Schulsachen, weil ich so spät abends meinen Schulranzen packen muss oder weil ich mir das meistens nicht aufschreibe‹ – Dinge, mit denen man nicht gerechnet hat. In der folgenden Übung schaut ihr euch die Stolpersteine einmal ganz genau an. Dazu baut ihr jetzt euren Veränderungsweg erst einmal auf. Ihr habt jetzt 15 Minuten Zeit, um euren Start, euer Ziel und die Stolpersteine auf dem Weg gestalterisch darzustellen. Nutzt dazu die verschiedenen Materialien. Wenn ihr euch schon Gedanken über die Umsetzung gemacht habt, dann legt bitte auch die einzelnen Schritte zur Umsetzung hin.«

Während Sie das erläutern, visualisieren Sie einen Startpunkt, zeichnen einen Weg und am Ende ein Ziel auf.

Abb. 61: Visualisierung zur Erklärung des Arbeitsauftrages

Schritt 2: Aufbau des Umsetzungsvorhabens in Einzelarbeit

Die Lernenden stellen ihr Vorhaben gestalterisch dar, dazu nutzen sie die von Ihnen bereitgestellten Materialien (Abb. 61).

Danach leiten Sie die nächste Phase ein.

Schritt 3: Aufstellen der Stolpersteine und der Lösungsmöglichkeiten in Einzelarbeit

»Nun nehmt ihr euch bitte die Materialien, welche die Stolpersteine und Hürden symbolisieren. Stellt euren Weg zum Ziel mit den Stolpersteinen auf. Anschließend geht ihr euren Stolperparcours ein- bis zweimal entlang. Danach überlegt ihr euch, welche Lösungsmöglichkeiten es gibt: Was könnt ihr tun, um diese Stolpersteine zu umgehen oder aus dem Weg zu räumen?«

Abb. 62: Visualisierung des Ziels durch einen Schüler

Schritt 4: Marktplatz im Plenum

Hier haben die Schüler die Möglichkeit, sich die Visualisierungen ihrer Mitschüler anzuschauen. Meist betrachten sie interessiert die Wege und Stolpersteine der anderen. Darüber hinaus wird in dieser Phase deutlich, wenn es ähnliche Hindernisse gibt. Auch Sie gehen umher und widmen sich einzelnen Schülern (siehe »Aufgaben des Klassen-Coaches«).

Schritt 5: Auswertung

Im Plenum sammeln Sie die wichtigsten Stolpersteine und die dazugehörigen Bewältigungsideen. Visualisieren Sie diese in Tabellenform und für alle Schüler sichtbar. Zur Ergebnissicherung übernehmen die Lernenden diese Tabelle in ihr Logbuch. So haben sie für spätere

Umsetzungsvorhaben gleich eine Auflistung möglicher Hindernisse und entsprechender Interventionen zur Hand.

Aufgaben des Klassen-Coaches

Sie besorgen im Vorfeld viele verschiedene Materialien (siehe »Voraussetzungen/Vorbereitung«), um die Stolpersteine darzustellen. Je facettenreicher diese sind, desto inspirierter sind die Schüler.
Bei dieser Methode kann es turbulenter, chaotischer und auch lauter zugehen. Sie sollten es aushalten können, dass sich die Schüler aktiv im Raum bewegen und mit den verschiedenen Materialien ihre Lernwege am Boden gestalten.
Sie unterstützen die Lernenden, indem sie sich die einzelnen Vorhaben anschauen, interessiert nachfragen und ergänzende Ideen einbringen. Zusätzlich fertigen Sie Fotos von den einzelnen Visualisierungen an. Diese Fotos können die Schüler hinterher in ihr Logbuch kleben. Sollten Sie es zeitlich nicht schaffen, sich die einzelnen Vorhaben anzuschauen, so nutzen Sie das Foto, um später mit den Lernenden ins Gespräch zu kommen und sie individuell dabei zu unterstützen, aus ihren Stolpersteinen Zielformulierungen abzuleiten.

Voraussetzungen/Vorbereitung

Legen Sie unterschiedlichste Materialien, wie den Flemo-Kasten®, Taue, farbige Papierstreifen, Steine, Holzstücke, Bauklötze sowie kleine Barrieren von Lego® oder Playmobil® bereit.
Organisieren Sie einen ausreichend großen Raum, sodass sich alle Schüler ausbreiten können. Jeder Schüler braucht etwa anderthalb Quadratmeter Platz für seine Visualisierung, außerdem sollte zwischen den einzelnen Darstellungen ausreichend Platz sein, um sich im Raum zu bewegen. Alternativ eignet sich das Klassen-Coaching perfekt, um nach draußen in die Natur zu gehen – auch wenn die Schüler dort manchmal abgelenkt sind.
Eine Voraussetzung ist, dass die Lernenden bereits ein konkretes Veränderungsvorhaben vor Augen bzw. im Logbuch vermerkt haben.

Chancen

Hier setzen sich die Schüler ganz bewusst und praktisch-gestalterisch mit ihren Stolpersteinen auseinander; sie nehmen ihr Vorhaben ganzheitlich wahr. Zudem werden konkrete Interventionen entwickelt. Es ist ein anschauliches, lebendiges Klassen-Coaching, das viel Freude bereitet.

Stolpersteine

Teilweise möchten Schüler ihre Visualisierung unbedingt am Platz und auf dem Tisch gestalten. Da hier Stolpersteine aufgestellt und anschließend auch in Bewegung abgeschritten werden sollen, sollten Sie hier beharrlich bleiben und die Schüler nur im Raum bzw. auf dem Boden arbeiten lassen.

Die schrittweise Erklärung erfordert immer wieder, dass sich die Lernenden während des kreativen Schaffensprozesses sammeln und fokussieren, um Ihnen zuzuhören. Wenn Ihre Lerngruppe einen komplexen Arbeitsauftrag selbstständig bearbeiten kann, so verzichten Sie auf diese schrittweise Erklärung.

Hinweise

Diese Methode können Sie an Ihre Bedürfnisse anpassen: Sie können eine gegenseitige Präsentation der Umsetzung des Vorhabens integrieren, entsprechend müssen Sie allerdings mehr Zeit einplanen.

In der Praxis hat es sich bewährt, jeden Arbeitsschritt einzeln zu erklären und anschließend zu bearbeiten, anstatt alle Schritte auf einmal zu erläutern. Dadurch haben einige Schüler zwar möglicherweise kreative Schaffenspausen weil sie auf die restlichen Schüler warten. Doch wird der komplette Arbeitsauftrag in einem Stück erklärt, so legen die Lernenden häufig sofort die Stolpersteine hin (Schritt 3) und vergessen, vorab ihre konkreten Umsetzungsschritte darzustellen (Schritt 2). Nutzen Sie für Ihre schrittweisen Erklärungen eine Visualisierung, zum Beispiel am interaktiven Board oder auf einem Plakat. Dann können Sie Teile des Arbeitsauftrages abdecken und stückweise, bei der Erläuterung des jeweils nächsten Schritts, aufdecken.

Wer mit den Ergebnissen weiterarbeiten will, kann – entweder sofort oder in der folgenden Unterrichtsstunde – nach »Schritt 4: Auswertung im Plenum« einen Mini-Input (Kap. 1.7 »Streuen Sie Mini-Inputs ein«) zur Formulierung von »Wenn-dann-Plänen« einfließen lassen und damit weiterarbeiten.

Mehr über die wirksame Formulierung und Bedeutung von »Wenn-dann-Plänen« können Sie in meinem Buch nachlesen: »Lerncoaching und Lernberatung. Lernende in ihrem Lernprozess wirksam begleiten und unterstützen. Ein Buch zur (Weiter-)Entwicklung der theoretischen und praktischen (Lern-)Coachingkompetenz«.

Quellen

Keller, E. (2013): *Nachhaltigkeit in Beratung und Training. Konzept und Methoden.* Bonn: managerSeminare.

Fragen aus der Praxis zum Klassen-Coaching

Bei meinen Fortbildungen stellen Lehrpersonen wiederkehrende Fragen – hier finden Sie die Antworten auf diese häufig gestellten Fragen.

Wie groß sollten die Gruppen für Klassen-Coaching sein?

Ein Klassen-Coaching können Sie mit der gesamten Klasse oder einzelnen Schülergruppen durchführen. Wenn Sie nur mit einem Teil der Klasse arbeiten, sollten Sie dafür Sorge tragen, dass auch der Rest der Klasse mit sinnvollen Aufgaben beschäftigt ist. Alternativ können Sie Methoden, wie das kollegiale Live-Coaching (Kap. 4.2), im Teilungsunterricht mit vier bis 15 Lernenden durchführen.

Wann und wie führe ich Klassen-Coaching durch?

Das hängt davon ab, wie selbstorganisiert und selbstständig Ihre Schüler arbeiten. Je selbstständiger Ihre Schüler sind, desto flexibler sind Sie selbst. Bei fortgeschrittenen Lerngruppen können auch Schüler einzelne Aufgaben des Klassen-Coaches wie die Moderation oder das Themenclustern übernehmen.

Klassen-Coaching kann auch in Projekt- oder Wiederholungsphasen integriert werden, beispielsweise vor einer Abschlussprüfung. Sie brauchen für das Klassen-Coaching keine extra ausgewiesenen Stundendeputate. Integrieren Sie es in Ihren herkömmlichen Unterricht. Dafür müssen Sie allerdings Zeit von Ihrem Fachunterricht oder Ihren Klassenlehrerstunden abgeben. Es wäre wünschenswert, wenn Schulen Zeitfenster für Klassen-Coaching bereitstellen würden. Um anfangs Sicherheit mit den Methoden zu gewinnen, bitten Sie Kollegen, Sozialpädagogen, Schulpraktikanten, Referendare und/oder ältere Schüler als Mentoren/Tutoren oder engagierte Eltern um Unterstützung. Dann haben Sie größeren Freiraum, um sich einzelnen Gruppen oder Schülern zuzuwenden. Dabei sind Sie entlastet, weil Sie wissen, dass die anderen Schüler gut betreut sind.

Was mache ich, wenn die Schüler schwerwiegendere als nur Lernprobleme haben?

Viele Lehrpersonen haben die Sorge, dass durch das Klassen-Coaching tieferliegende Probleme der Schüler an die Oberfläche befördert werden. Diese Angst ist berechtigt, denn Sie bieten den Lernenden (viel) Raum und Möglichkeit, um über sich selbst nachzudenken. Ich möchte Sie dennoch dazu ermutigen, sich auf das (Klassen-)Coaching einzulassen. Wer zum Erzählen angeregt wird, wird zur Bewusstwerdung angeregt. Ich habe die Erfahrung gemacht, dass Lernende selbst einschätzen können, welche Themen in der Schule bearbeitet werden können bzw. in die Schule gehören und welche nicht. Für den Fall, dass sich andere, problematische Themen auftun, sind Sie zur Stelle und empfehlen den Schüler an einen kompetenten Kollegen (Lerncoach) oder eine passende Beratungsstelle weiter.

Welche Kompetenzen braucht der Klassen-Coach?

Als Klassen-Coach sollten Sie ein fundiertes Grundwissen über Coaching oder Lerncoaching haben. Wer darin ausgebildet ist, ressourcen- sowie lösungsorientierte 1:1-Coachings durchzuführen, wird sich leichter in die Rolle des Klassen-Coaches einfinden können. Schließlich moderieren und arrangieren Sie diesen Prozess für eine gesamte Schulklasse. Darüber hinaus kennen sich Lerncoaches noch besser mit lernspezifischen Themen aus und können spontan kurze Mini-Inputs zu lernspezifischen Themen wie Prüfungsangst, Motivation oder Lernstrategien einstreuen.

Des Weiteren sollten Sie es akzeptieren können, wenn die Lernenden eigene Lösungswege entwickeln, die sie für richtig halten.

Für welche Schüler ist Klassen-Coaching geeignet?

Klassen-Coaching eignet sich grundsätzlich für alle Schüler. Wenn Schüler selbstständiges Arbeiten gewohnt sind und es gewohnt sind, ihre Reflexionen auf Karten/ins Logbuch einzutragen, erleichtert dies das Klassen-Coaching. Die zuvor vorgestellten Methoden erfordern teilweise ein hohes Reflexionsvermögen der Lernenden. Deshalb empfehle ich Ihnen, Klassen-Coachings erst ab Klasse 5 durchzuführen. Natürlich können die einzelnen Methoden vereinfacht und abgewandelt werden, sodass sie auch schon in Grundschulklassen anwendbar sind. Sämtliche Methoden in diesem Buch haben sich in der Praxis bewährt.

Was ist, wenn sich Lernende mit der Lösungsfindung für eigene Probleme schwertun?

Die Schüler übernehmen beim Klassen-Coaching selbst Verantwortung für ihr Lernen. Deshalb ist es auch nicht Ihre Aufgabe, die Probleme der Schüler zu lösen. Ein wichtiges Ziel des Klassen-Coachings ist, dass die Lernenden eigene Lösungen finden und entwickeln. Wer sich bereits gedanklich mit Lösungsideen beschäftigt, wird automatisch einen Schritt in Richtung der Lösung gehen.

Kann jeder Schüler reflektieren?

Klassen-Coaching basiert – ebenso wie Coaching – darauf, dass jeder Mensch reflexions-, entwicklungs- und entscheidungsfähig ist, dies entspricht dem humanistischen Menschenbild (*Hardeland 2016*). Wenn Sie es mit jüngeren, unerfahrenen und/oder sprachlich eingeschränkten Schülern zu tun haben, dann benötigen diese unter Umständen eine intensivere, individuellere Betreuung oder gezielte Unterstützungsmaßnahmen (siehe Impuls- und Fragen-Trichter – Abb. 4, Kap. 1.5 »Passen Sie das Reflexionsniveau an«).

Wie gehe ich damit um, wenn sich Schüler im Klassen-Coaching über Lehrerkollegen beschweren oder diese als Thema einbringen?

Die Schüler dürfen alle lernrelevanten Themen ins Klassen-Coaching einbringen, entsprechend auch Schwierigkeiten mit Lehrpersonen. Für den Klassen-Coach sind solche Themen meist herausfordernd, möglicherweise geraten Sie in einen Loyalitätskonflikt: Sie möchten gleichermaßen dem Lehrerkollegen und Ihren Schülern gerecht werden. Entscheidend ist, dass Sie neutral und wertfrei bleiben. Sie regen die Schüler an, eine für sich passende Lösung zu finden. Keinesfalls dürfen Sie Inhalte des Klassen-Coachings an den betreffenden Kollegen weitergeben.

Was unterscheidet Klassen-Coaching vom Einzel-Coaching?

Klassen-Coaching ist eine Laienberatung. Die Peer-Berater haben keine Coachausbildung. Entsprechend ist die Beratungsqualität nicht mit der eines professionellen Coaches im 1:1-Gespräch vergleichbar. Darüber hinaus ist Klassen-Coaching eine Momentberatung, keine prozesshafte Beratung wie das Coaching.

Klassen-Coaching bietet die Möglichkeit, viele Lernende zeitgleich zur Reflexion ihres Lern-/Arbeitsverhaltens, ihrer Lernleistungen und ihres Wohlbefindens anzuregen. Dabei entwickeln mehrere Schüler konstruktive Ziele und hilfreiche Ideen, um ihr Lernen selbst in die Hand zu nehmen. Dafür sind kaum zusätzliche zeitliche und räumliche Ressourcen nötig, da das Klassen-Coaching in den Unterrichtsalltag integriert wird.

Literatur

Alke, M. (2008): *Praxistransfer inklusive! Vom Schwachpunkt zum Erfolgsfaktor: Transferphasen gezielt zum Aufbau sozialer Kompetenzen nutzen.* Bonn: managerSeminare.

Becker-Hill, S. (2013): *»Freitagsreflexion – der Brückenbau in den Alltag«.* In: Rauen, C. (Hrsg.) (2013): *Coaching-Tools.* 8. Auflage. Bonn: managerSeminare. S. 326–331.

Bork, J. (2016): *Waschzettel.* In: Neumann-Wirsig, H. (Hrsg.) (2016): *Lösungsorientierte Supervisionstools. Renommierte Supervisorinnen und Supervisoren beschreiben 50 lösungsorientierte, systemische und hypnosesystemische Tools für die Supervision.* Bonn: managerSeminare. S. 151–155.

Deppe-Schmitz, U.; **Deubner-Böhme**; M. (2016): *Auf die Ressourcen kommt es an. Praxis der Ressourcenaktivierung.* Göttingen: Hogrefe.

Gesche-Franzen, G. (2013): *Der Held in dir. Bilder-Logbuch.* In: Rauen, C. (Hrsg.) (2013): *Coaching-Tools II.* 3. Auflage. Bonn: managerSeminare. S. 205–208.

Grawe, K. (2004): *Neuropsychotherapie.* Göttingen: Hogrefe.

Gruber, M. (2016): *Trip(p)el zum Thema.* In: Neumann-Wirsig, H. (Hrsg.) (2016): *Lösungsorientierte Supervisionstools. Renommierte Supervisorinnen und Supervisoren beschreiben 50 lösungsorientierte, systemische und hypnosesystemische Tools für die Supervision.* Bonn: managerSeminare. S. 46–51.

Gührs, M.; Nowak, C. (2006): *Das konstruktive Gespräch. Beratung, Unterricht und Mitarbeiterführung mit Konzepten der Transaktionsanalyse.* 6. unveränderte Auflage. Meezen: Christa Limmer.

Hardeland, H. (2017): *Lernentwicklungsgespräche in der Grundschule.* Weinheim und Basel: Beltz.

Hardeland, H. (2016): *Lernende in ihrem Lernprozess wirksam begleiten und unterstützen. Ein Buch zur (Weiter-)Entwicklung der theoretischen und praktischen (Lern-)Coachingkompetenz.* 5., korrigierte Auflage. Baltmannsweiler: Schneider Verlag Hohengehren.

Hardeland, H. (2014): *Meine Stärken und ich. 120 ressourcenorientierte und anregende Fragen aus 18 lernbezogenen Themenbereichen.* Hamburg.
(online unter: *Meine Stärken und ich. http://www.lerncoaching-shop.de/warenkorb/?wpsg_action=showProdukt&produkt_id=10*, letzter Zugriff 28.10.2016).

Hardeland, H. (2013): *»Reflexion von Praxiseinsätzen – wie aus Erlebnissen in der Praxis Lernerfahrungen und -erwartungen werden«.* In: *Unterricht Pflege.* H. 3. Prodos Verlag. S. 40–46.

Hardeland, H./Nicolaisen, T. (2015): *Lernstrategien im Lerncoaching.* In: Martin, P.-Y./Nicolaisen, T. (Hrsg.) (2015): *Lernstrategien fördern – Modelle und Praxisszenarien.* Weinheim und Basel: Beltz Juventa. S. 83–95.

Hauser, B. (2016): *Kann man Gruppen, Projekte und Organisationen eigentlich coachen? – Action Learning Facilitation als ein Format zur Professionalisierung von Gruppen- und Organisations- Coaching.* In: Triebel, C.; Heller, J.; Hauser, B.; Koch, A. (Hrsg.) (2016): *Qualität im Coaching. Denkanstöße und neue Ansätze: Wie Coaching mehr Wirkung und Klientenzufriedenheit bringt.* Heidelberg: Springer. S. 33–53.

Hermann, T.; Furer, Y. (2015): *Dokumentieren – Lernen – Bewältigen.* In: Honegger, M.; Ammann, D.; Hermann, T. (Hrsg.) (2015): *Schreiben und Reflektieren. Denkspuren zwischen Lernweg und Leerlauf.* Forum Hochschuldidaktik und Erwachsenenbildung, Band 5. Bern: hep verlag ag. S. 35–44.

Herwig-Lempp, J. (2016): *Ressourcenorientierte Teamarbeit. Systemische Praxis der kollegialen Beratung. Ein Lern- und Übungsbuch* 3., durchgesehene Auflage. Göttingen: Vandenhoeck & Rupprecht.

Hinrichsen, T. (2012): **Die Wäscheleine.** In: Rauen, C. (Hrsg.) (2012): *Coaching-Tools III.* Bonn: managerSeminare. S. 291–293.

Holubek, C. (2011): *Montessori-Pädagogik. Ein Lebensentwurf.* Norderstedt: Books on Demand.

Honegger, M.; **Ammann**, D.; **Herrmann**, T. (2015): *Dimensionen schriftlicher Reflexion.* In: Honegger, M.; Ammann, D.; Hermann, T. (Hrsg.) (2015): *Schreiben und Reflektieren. Denkspuren zwischen Lernweg und Leerlauf.* Forum Hochschuldidaktik und Erwachsenenbildung, Band 5. Bern: hep verlag ag. S. 13–22.

Honegger, M./**Beglinger**, M. (2015): *Muss schreibend reflektiert werden?* In: Honegger, M.; Ammann, D.; Hermann, T. (Hrsg.) (2015): *Schreiben und Reflektieren. Denkspuren zwischen Lernweg und Leerlauf.* Forum Hochschuldidaktik und Erwachsenenbildung, Band 5. Bern: hep verlag ag. S. 45–57.

Jundt, W. (2004): *Es denkt, also bin ich. Konstruktivistische Grundlagen für den Unterricht.* In: profiL. Magazin für das Lehren und Lernen. 1/2004. Bern: Schulverlag blvm. S. 6–9.

Keller, E. (2013): *Nachhaltigkeit in Beratung und Training. Konzept und Methoden.* Bonn: manager-Seminare.

Knörl, S. (2014): *Die Förderung von Selbstreflexion im Coaching. Eine qualitative Untersuchung über die Ermöglichung von selbstreflexivem Lernen in Coachingprozessen.* Saarbrücken: AV Akademikerverlag.

Kohlhaas, M. (2012): *Zielcollage.* In: Rauen, C. (Hrsg.) (2012): *Coaching-Tools III.* Bonn: managerSeminare. S. 82–88.

Krausler, K. (2014): *Selbstreflexion in der LehrerInnenbildung. Professionalität im Beruf.* Saarbrücken: AV Akademikerverlag.

Lahm, S. (2015): *Schreiben als spreche man selbst.* In: Honegger, M.; Ammann, D.; Hermann, T. (Hrsg.) (2015): *Schreiben und Reflektieren. Denkspuren zwischen Lernweg und Leerlauf.* Forum Hochschuldidaktik und Erwachsenenbildung, Band 5. Bern: hep verlag. S. 58–82.

Lippmann, E. (2009): *Intervision. Kollegiales Coaching professionell gestalten.* 2. aktualisierte Auflage. Heidelberg: Springer.

Martin, P.-Y. (2015): *Diagnose lernstrategischer Kompetenzen.* In: Martin, P.-Y.; Nicolaisen, T. (Hrsg.) (2015): **Lernstrategien fördern. Modelle und Praxisszenarien.** Weinheim und Basel: Beltz Juventa. S. 70–82.

Martin, P.-Y.; Nicolaisen, T. (2015): *Einführung und Grundlagen.* In: Martin, P.-Y.; Nicolaisen, T. (Hrsg.) (2015): *Lernstrategien fördern. Modelle und Praxisszenarien.* Weinheim und Basel: Beltz Juventa. S. 9–69.

Müller, A; Probst, M.; Noirjean, R. (2015): *Können die, wo fertig sind, früher gehen?* Bern: hep Verlag.

Müller-Ebert, J. (2014): *Die entscheidende Frage ist: Wer will ich sein?* In: Psychologie Heute. H. 10. Weinheim und Basel: Beltz. S. 20–27.

Neumann, G. (2014): *Turbo-Coaching.* In: Schmid, B.; Koenig, O. (Hrsg.) (2014): *Train the Coach: Methoden. Übungen und Interventionen für die professionelle Weiterbildung von Coachs, Teamcoachs, Change-Agents, Organisationsentwicklern und Führungskräften.* Bonn: managerSeminare. S. 108–113.

Niehaus, G. A. (2012): *Mein ideales Leben.* In: Rauen, C. (Hrsg.) (2012): *Coaching-Tools III.* Bonn: managerSeminare. S. 93–95.

Nowak, C.; **Bergmann**, M. (2015): *TZI-Dreieck.* In: Nowak, C. (2015): *Geometrie der Veränderung. 70 Modelle für Führung, Coaching und Change-Management.* Meezen: Christa Limmer. S. 191–197.

Nowak, C.; **Bögel**, E. (2015): *Drei-Ebenen-Modell zur Gesprächsführung.* In: Nowak, C. (2015): *Geometrie der Veränderung. 70 Modelle für Führung, Coaching und Change-Management.* Meezen: Christa Limmer. S. 224–230.

Özdemir, H. (2014): *Fishbowl, Coachingfall, Open Staff Meeting und Reflecting Team in einem Modul.* In: Schmid, B.; Koenig, O. (Hrsg.) (2014): *Train the Coach: Methoden. Übungen und Interventionen für die professionelle Weiterbildung von Coachs, Teamcoachs, Change-Agents, Organisationsentwicklern und Führungskräften.* Bonn: managerSeminare. S. 163–168.

Offermanns, M. (2004): *Braucht Coaching einen Coach? Eine evaluative Pilotstudie.* Stuttgart: ibidem-Verlag.

Opp, G.; Unger, N. (2006): *Kinder stärken Kinder. Positive Peer Culture in der Praxis.* Hamburg: Körber-Stiftung.

Otto, A. (2015): *Positive Peerkultur aus Schülersicht. Herausforderungen (sonder-)pädagogischer Praxis.* Wiesbaden: Springer VS.

Perkhofer-Czapek, M.; **Potzmann**, R. (2016): *Begleiten, Beraten und Coachen. Der Lehrerberuf im Wandel.* Wiesbaden: Springer Fachmedien.

Petersen, S. (2009): *Rituale für kooperatives Lernen in der Sekundarstufe I.* 6. Auflage. Berlin: Cornelsen Scriptor.

Prior, M. (2010): *MiniMax für Lehrer. 16 Kommunikationsstrategien mit maximaler Wirkung.* 2. Auflage. Weinheim und Basel: Beltz.

Radatz, S. (2003): *Beratung ohne Ratschlag. Systemisches Coaching für Führungskräfte und BeraterInnen. Ein Praxishandbuch mit den Grundlagen systemisch-konstruktivistischen Denkens, Fragetechniken und Coachingkonzepten.* Wien: Verlag Systemisches Management.

Reich, K. (Hrsg.) (2008): *Methodenpool.* Unter: http://methodenpool.uni-koeln.de, letzter Zugriff: 13.10.2016.

Riedener, A./Storch, M. (2011): *Ich pack's! Selbstmanagement für Jugendliche – Ein Trainingsmanual für die Arbeit mit dem Zürcher Ressourcen Modell* (ZRM). 2., überarbeitete Auflage. Bern: Huber.

Roth, G. (2011): *Bildung braucht Persönlichkeit. Wie lernen gelingt.* Stuttgart: Klett Cotta.

Schäfer, A. (2015): *Gesunde Schönfärberei.* In: Psychologie Heute. H. 5. Weinheim und Basel: Beltz. S. 63–66.

Scheunpflug A.; **Stadler-Altmann**, U.; Zeinz, H. (2012): *Bestärken und fördern. Wege zu einer veränderten Lernkultur in der Sekundarstufe I. Erarbeitet und erprobt im Modellversuch KOMPASS – Kompetenz aus Stärke und Selbstbewusstsein.* Seelze: Klett Kallmeyer.

Schinzilarz, C.; **Friedli**, F. (2013): *Humor in Coaching, Beratung und Training.* Weinheim und Basel: Beltz.

Schlachte, C. (2012): *Bilder-Logbuch.* In: Rauen, C. (Hrsg.) (2012): *Coaching-Tools III.* Bonn: managerSeminare. S. 317–321.

Spitzer, M. (2006): *Lernen. Die Entdeckung des Selbstverständlichen.* Filmdokumentation von Reinhard Karl. Archiv der Zukunft. DVD.

Steiner, V. (2011): *Lernpower. Effizienter, kompetenter und lustvoller lernen. Die besten Strategien für Studium und Weiterbildung.* München: Pendo.

Storch, M. (2012): *Das Geheimnis kluger Entscheidungen. Von Bauchgefühlen und Körpersignalen.* München: Piper.

Storch, M. (2009): *Motto-Ziele, S.M.A.R.T.-Ziele und Motivation.* In: Birgmeier, B. (Hrsg.) (2009): *Coachingwissen. Denn sie wissen nicht, was sie tun?* Wiesbaden: VS. S. 183–205.

Storch, M.; **Krause**, F. (2010): *Ressourcen aktivieren mit dem Unbewussten.* Manual und ZRM-Bildkartei. Bern: Huber.

Storch, M.; **Krause**, F. (2007): *Selbstmanagement – ressourcenorientiert. Grundlagen und Trainingsmanual für die Arbeit mit dem Zürcher Ressourcen Modell.* 4., vollständig überarbeitete und erweiterte Auflage. Bern: Huber.

Tenzer, E. (2011): *Sprich mit dir!* In: Psychologie Heute. H. 9. Weinheim und Basel: Beltz. S. 26–30.

Wehrle, M. (2014): *Die 50 kreativsten Coaching-Ideen. Das große Workbook für Einsteiger und Profis zur Entwicklung der eigenen Coaching-Fähigkeit.* Bonn: manager-Seminare.

Wehrle, M. (2013): *14 Fantasiereisen für den Unterricht.* Weinheim und Basel: Beltz.

Wehrle, M. (2012): D*ie 500 besten Coaching-Fragen. Das große Workbook für Einsteiger und Profis zur Entwicklung der eigenen Coaching-Fähigkeit.* 2. Auflage. Bonn: managerSeminare.

Wehrle, M. (2011): *Die 100 besten Coaching-Übungen. Das große Workbook für Einsteiger und Profis zur Entwicklung der eigenen Coaching-Fähigkeit.* 2. Auflage. Bonn: manager-Seminare.

Weigand, W. (2015): *Die Gruppe als Resonanzraum und Mittel zur Beratung.* In: Edding, C.; Schattenhofer, K. (Hrsg.) (2015): *Handbuch Alles über Gruppen: Theorie, Anwendung, Praxis.* 2. Auflage Beltz: Weinheim und Basel. S. 209–257.

Wilhelm, K. (2015): *Echt toll! Warum wir Menschen auf den Sockel stellen.* In: Psychologie Heute. H. 5. Weinheim und Basel: Beltz. S. 32–35.

Wyss, C.; **Ammann**, D. (2015): *Rundum reflektieren.* In: Honegger, M.; Ammann, D.; Hermann, T. (Hrsg.) (2015): *Schreiben und Reflektieren. Denkspuren zwischen Lernweg und Leerlauf.* Forum Hochschuldidaktik und Erwachsenenbildung, Band 5. Bern: hep verlag. S. 23–34.

Anhang

1. Die schriftliche Reflexion im Logbuch

Schriftliche Reflexionsaufträge können Sie ganz unterschiedlich gestalten, nachstehend finden Sie einige Beispiele.

Beispiel zum Ausfüllen eines Ankreuz-/Fragebogens

Was möchtest du tun, um mit deiner Hausaufgaben-Situation zufriedener zu sein? Kreuze an:

- den/die/das ... schneller erledigen
- mich in Ruhe an meinen Schreibtisch setzen

Fragen beantworten

Hypothetische Frage:
Angenommen, dir schaut jemand bei den Hausaufgaben zu.
Was könnte er beobachten?

Weitere Fragetypen finden Sie nachstehend im Anhang.

Beispiel zum Ergänzen von Satzanfängen

Ich mache meine Hausaufgaben sehr gern, wenn ...
oder
Ich hasse es, Hausaufgaben zu machen, wenn ...

Beispiele zum Notieren von Gedanken zu einer Aussage/einem Impuls

> Schreibe deine Gedanken zu folgender Aussage auf:
> Hausaufgaben sind unnütz. Sie werden nur aufgegeben, weil die Lehrer den Unterrichtsstoff in der Schule meistens nicht schaffen.

Zur Methode des automatisierten Schreibens

Diese niedrigschwellige Reflexionsmethode können Sie einfach und spontan umsetzen. Die Lernenden schreiben ihre Gedanken, Bilder, Assoziationen, Gefühle und/oder Wahrnehmungen innerhalb von fünf Minuten auf, ohne sich darüber Gedanken zu machen.

Das automatische Weiterschreiben will den Verstand überlisten, indem einfach alles zu Papier gebracht wird. Dabei findet keine Bewertung oder Analyse statt. Erst im Nachhinein können die Ideen und Gedanken sortiert werden. Dank dieser Methode

- nehmen Lernende ihre Fortschritte wahr,
- können Denkblockaden überwunden werden,
- werden neue Ideen und Einsichten entwickelt (*Lahm 2015*).

Diese Methode eignet sich zu Beginn, am Ende oder auch während des Klassen-Coachings, etwa wenn den Schülern Redebeiträge oder Ideen fehlen:

> »Notiere deine Gedanken und Gefühle zu Hausaufgaben. Nutze dazu die Methode des automatisierten Schreibens.«

Zur Methode der Denkskizze

Diese Methode eignet sich, um bildhaftes Denken mit sprachlichem Ausdruck zu verbinden. Nennen Sie im Klassen-Coaching ein bestimmtes Thema oder lassen Sie die Lernenden eines auswählen. Anschließend schließen die Schüler einen Augenblick lang ihre Augen. Die Schüler warten ab, welche Frage, Idee oder welches Bild vor ihrem inneren Auge entsteht. Dies skizzieren die Lernenden kurz auf Papier, ohne jeglichen ästhetischen Anspruch. Anschließend ergänzen die Schüler Stichworte, Sprechblasen, Kommentare, Kritzeleien oder Halbsätze.

Diese Methode eignet sich zu Beginn und am Ende des Klassen-Coachings.

Auswertung der Logbucheinträge nach dem Drei-Ebenen-Modell

Wenn Sie gemeinsam mit den Lernenden die Reflexionsaufträge im Logbuch auswerten, können Sie dies anhand des Coaching-Analyseinstruments »Drei-Ebenen-Modell zur Gesprächsführung« (*Nowak/Bögel 2015, 224*) tun. Dazu betrachten Sie die drei Ebenen Denken, Handeln/Verhalten und Fühlen. Diese Ebenen sagen etwas über die Kommunikations- und Denkweise des Schülers aus. Hier sei kurz auf das Modell eingegangen:
Mit jeder Schwierigkeit/jedem Problem gehen die drei Ebenen Denken, Handeln/Verhalten und Fühlen einher (Abb. 63). Das Handeln/Verhalten ist für die Beteiligten sichtbar, während die Gefühle und Gedanken meist unerkannt bleiben. Deshalb ist das Handeln/Verhalten in der Abbildung auch oben (als Spitze des Eisbergs) dargestellt.

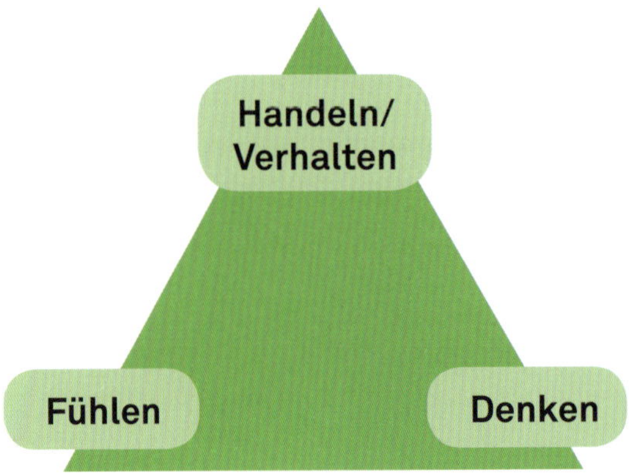

Abb. 63: »Drei-Ebenen-Modell zur Gesprächsführung« (Nowak/Bögel 2015, 224)

Wer Lernende berät oder coacht, sollte darauf achten, wie er bei der Darlegung ihrer Lernschwierigkeiten oder -hemmnisse auf die drei Ebenen eingeht. Wie tun Sie das? Sie blicken verstärkt auf die vom Lernenden verwendeten Formulierungen (Tab. 12). Dies sind Anhaltspunkte dafür, welche Ebenen beim Schüler präsenter und welche eher schwach ausgeprägt sind. Meist lässt sich eine Lösung auf der Ebene finden, die beim Schüler eher unterrepräsentiert ist, da er höchstwahrscheinlich auf der ihm vertrautesten Ebene nach einer Lösung sucht. Darüber hinaus wird davon ausgegangen, dass das Vokabular auf den präsenten Ebenen ausgeprägter ist als in den unterrepräsentierten Bereichen. Wenn Sie ausreichend Informationen über die drei Ebenen haben, können daraus Schlussfolgerungen für das künftige Handeln abgeleitet werden. Dazu stellen Sie sich folgende zentrale Frage: Was habe ich von dem Schüler über die drei Ebenen Denken, Handeln/Verhalten sowie Fühlen erfahren? Auf dieser Grundlage stellen Sie weitere Fragen, um die anderen Aspekte des Dreiecks zu beleuchten. Eine Auswahl von Fragen finden Sie in Tab. 12.

	DENKEN	FÜHLEN	HANDELN
Der Lernende	▸ trifft Schlussfolgerungen. ▸ analysiert. ▸ reflektiert. ▸ plant. ▸ beurteilt.	▸ nennt seine körperlichen und emotionalen Wahrnehmungen/Gefühle. ▸ teilt seine Sympathien/Antipathien mit. ▸ ist empathisch.	▸ macht Dinge/erledigt Sachen. ▸ schildert Abläufe von Ereignissen.
Äußerungen des Lernenden	▸ Ich überlege (schon lange) ... ▸ Ich glaube/vermute ... ▸ Ich möchte verstehen, warum ...	▸ Ich fühle mich ... (hilflos, allein etc.). ▸ Ich habe Angst vor ... ▸ Mir geht es ...	▸ Ich habe schon oft versucht, ... ▸ Ich übe ... ▸ Ich mache ständig ... ▸ Ich erzähle erst ein mal, was ich gemacht habe/was passiert ist: ...
Rückfragen des Klassen-Coaches	▸ Kannst du dir erklären, wie es dazu gekommen ist? ▸ Was denkst du darüber? ▸ Welche Schlussfolgerungen ziehst du? ▸ Welche Bedingungen sollten erfüllt sein?	▸ Was hast du in der Situation empfunden? ▸ Wie fühlt es sich genau an? ▸ Wie soll es sich anfühlen?	▸ Was genau ist passiert? ▸ Was hast du bereits zur Lösung des Problems vorgenommen? ▸ Was wirst du genau tun? ▸ Was schlägst du vor?

Tab. 12: »Drei-Ebenen-Modell zur Gesprächsführung« (Nowak/Bögel 2015, 224)

2. Fragen

Grundsätzlich unterscheiden sich Fragen hinsichtlich ihrer Funktion. Hierzu folgt ein kurzer exemplarischer Überblick. Wer tiefer in den Bereich der Fragetypen einsteigen möchte, wird bei Wehrle (*2012*) fündig.

Skalierungsfragen

Sie ermöglichen es, sich mit dem aktuellen Ist- und Soll-Zustand zu beschäftigen. Mithilfe einer Skalierungsfrage nimmt der Lernende bewusst wahr, wo er sich in Bezug auf sein Lernthema oder seine Frage befindet. Veränderungsschritte können sukzessive angebahnt werden. Die Skalierungsfrage wird als Methode des Klassen-Coachings ausführlich in Kapitel 4.4 erläutert.

»Auf einer Skala von 1 bis 10 steht 1 dafür, dass du dich dich überhaupt nicht gut auf diese Klausur vorbereitet fühlst; du hast sozusagen keinen Plan. 10 steht dafür, dass du dich fachlich topfit fühlst und sofort losschreiben kannst. Wo befindest du dich jetzt?«

Zirkuläre Fragen

Sie provozieren einen bewussten Perspektivwechsel, etwa indem Sie die Lernenden als Klassen-Coach dazu anregen, sich in bestimmte Gegenstände – Füller, Klausur, Gehirn, Schreibtisch – oder eine andere Person – Schulleitung, Eltern, Lehrperson, Schüler, Chefs, Kollegen – hineinzuversetzen. Nun stellen die Lernenden Mutmaßungen darüber an, wie eine solche Sache oder Person zum Beispiel eine Situation wahrnimmt, die Beziehung zum Lernenden empfindet oder das Verhalten des Lernenden einschätzt; es werden Mutmaßungen angestellt, wie jemand oder etwas Außenstehendes die Geschehnisse einschätzt. Anstatt die Person selbst zu fragen, werden die Lernenden selbst dazu angeregt, sich empathisch in die andere Person oder den betreffenden Gegenstand hineinzuversetzen.

»Wenn sich deine Lehrer im Lehrerzimmer über deine mündliche Leistung unterhalten – was sagen sie dann wohl?«

Hypothetische Fragen

Sie regen die Lernenden dazu an, neue Möglichkeiten, Varianten oder Szenarios durchzugehen. Der eingeengte Blickwinkel soll erweitert und ein Suchprozess angeregt werden; neue Ideen und Gedanken entstehen. Es wird etwas »angenommen«, dass (noch) nicht eingetroffen ist. Das verleiht den hypothetischen Fragen ihren Charme, sie wirken befreiend und dürfen gern fantasievoll gestellt werden. Sie lenken die Aufmerksamkeit der Lernenden produktiv in Richtung Zukunft. Klassischerweise beginnen hypothetische Fragen mit vorwegnehmenden Satzanfängen (*Hardeland 2016*):

> »Mal angenommen, du hast auf einmal eine unbändige Mathelust – was wäre an deinem Lernen dann anders?«

Reframing

Beim Reframing wird erfragt, was wohl das Gute im Schlechten ist. Beim Reframing betrachtet man sozusagen die Kehrseite der Medaille und will Dinge in einen anderen Bezugsrahmen stellen. Dabei ergeben sich häufig neue, überraschende Erkenntnisse:

> »Bitte stelle dir vor, dein Prüfungsstress hätte einen Nutzen. Welcher könnte das sein?»

Ressourcenorientierte Fragen

Diese Fragen unterstützen, dass Lernende bewusst auf ihre Ressourcen wie soziale Kontakte, persönliche Stärken, Kompetenzen, Erfahrungen blicken. Entdecken Lernende ihre Ressourcen, so können sie diese bewusst nutzen, um schwierige Situationen oder Herausforderungen zu meistern (*Wehrle 2012*).

> »Erinnere dich an eine ähnlich stressige Situation, die du gemeistert hast. Was hat dir dabei geholfen, es zu schaffen? Was davon könntest du jetzt wieder tun?«

3. Beispiel für eine Fantasie-/Gedankenreise

»Jetzt möchte ich euch erst einmal mit einer kleinen Gedankenreise auf das Klassen-Coaching einstimmen:

Setze dich bequem auf deinen Stuhl, deine beiden Beine stehen auf dem Boden. Die Hände legst du auf deinen Beinen ab. Deine Augen entspannen sich, wenn du magst, kannst du sie auch schließen. Nun spürst du deinen Atem, wie er kommt und geht. [Pause] Lasse die letzten X Schulwochen in deinen Gedanken an dir vorbeiziehen. Erinnere dich an Situationen, in denen du mit dir und deinem Lernen zufrieden warst. [Pause] Wann ist etwas gut gelaufen, womit du zufrieden warst? [Pause] Was hast du erlebt, wo du gedacht hast: ›Jetzt bin ich aber positiv überrascht.‹ [Pause] Während deine Gedanken kommen und gehen, atmest du kräftig ein und aus. [Pause] Nun atmest du noch einmal einen ganz tiefen Zug ein. du kannst dich strecken, recken und bist gedanklich wieder hier im Klassenzimmer angekommen.«